HEISSE GIRLS IN REIZWÄSCHE

-

HOT GIRLS IN DESSOUS

Historische Aktfotografie

Jürgen Prommersberger: Heisse Girls in Reizwäsche – Hot Girls in Dessous
Regenstauf , Februar 2016

Alle Rechte am Werk liegen beim Autor:
Jürgen Prommersberger
Händelstr 17
93128 Regenstauf

Erstauflage
Herstellung: CreateSpace Independent Publishing Platform

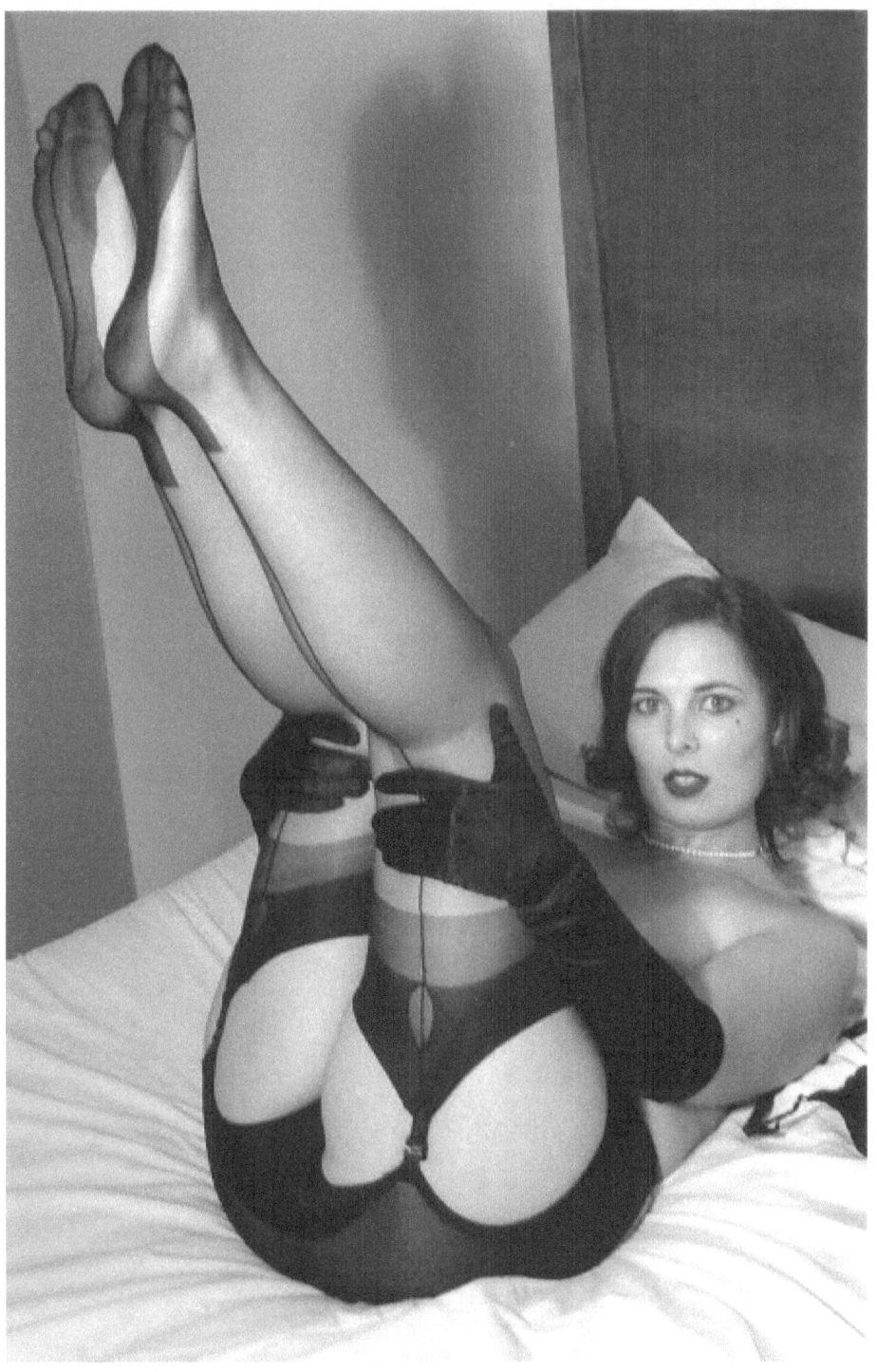

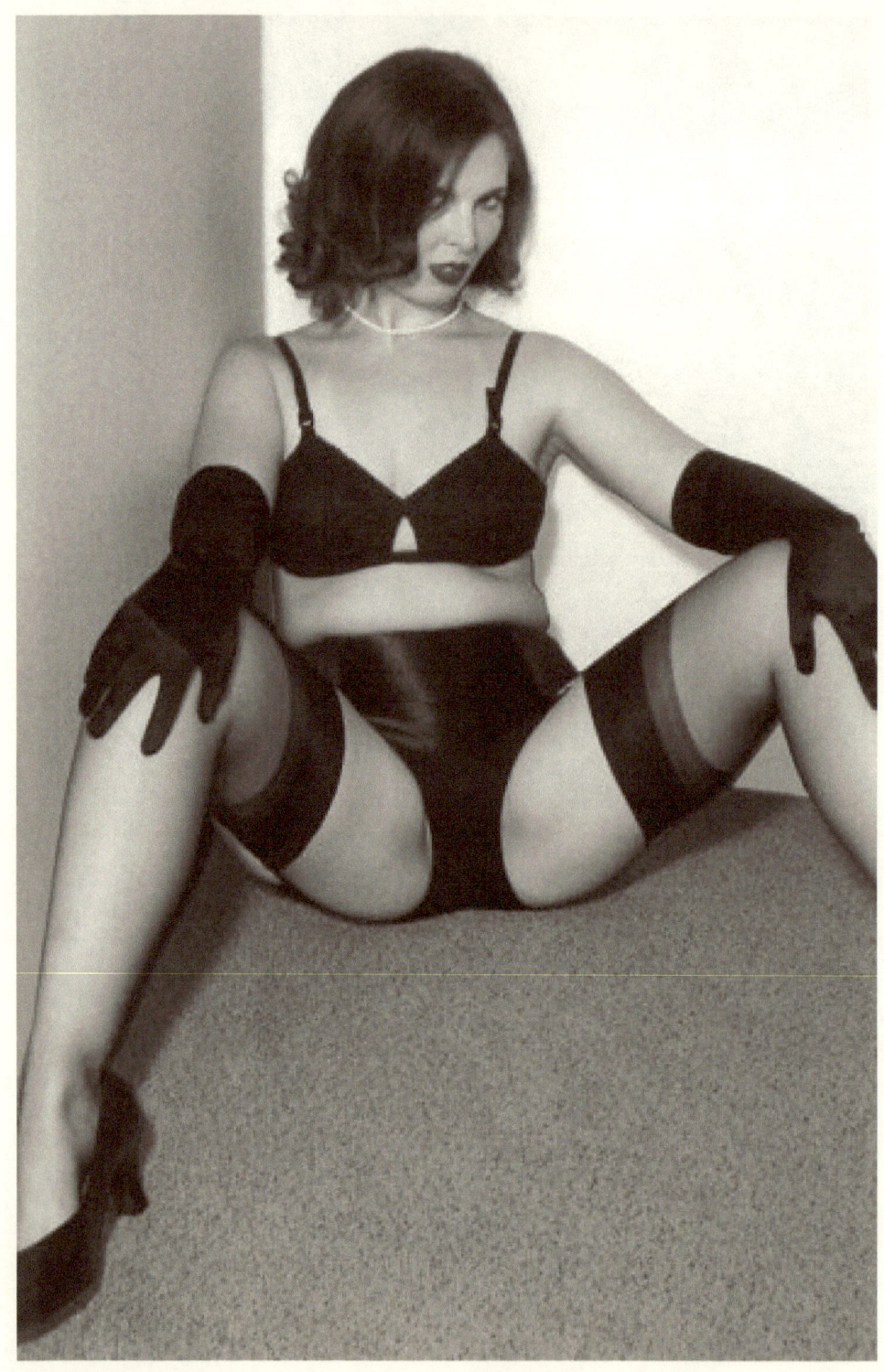

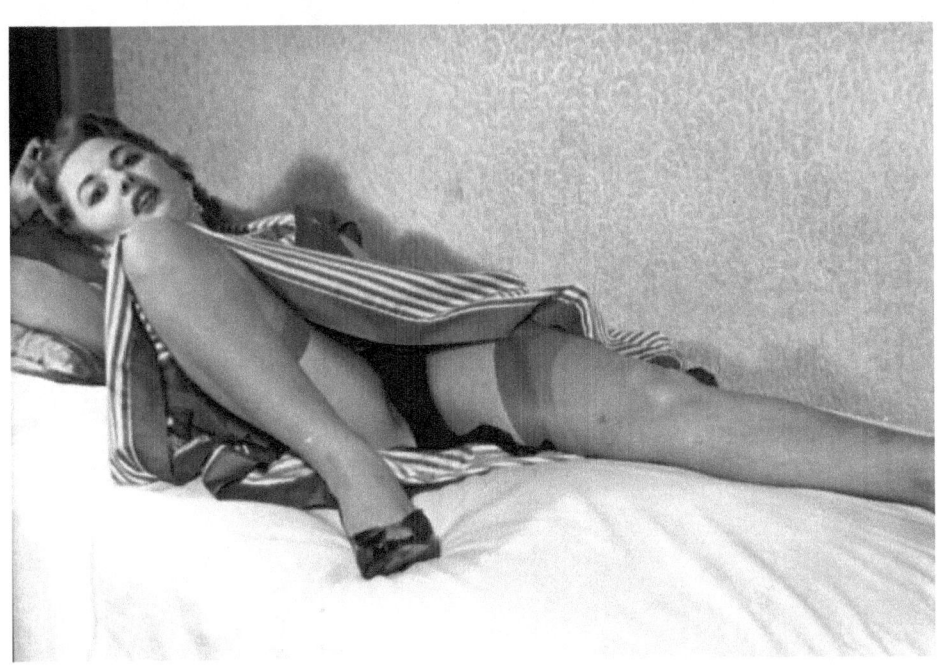

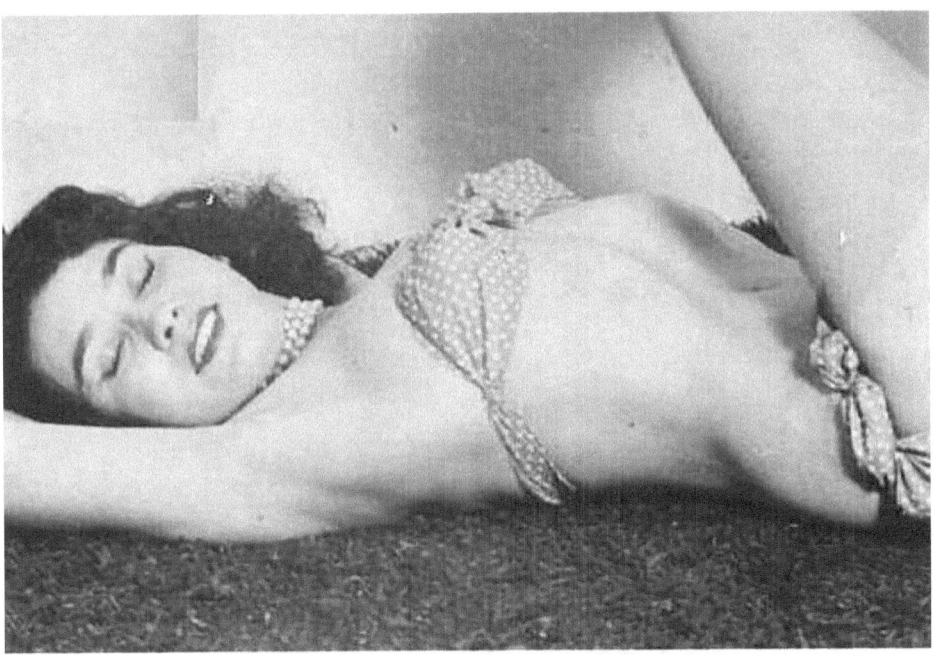

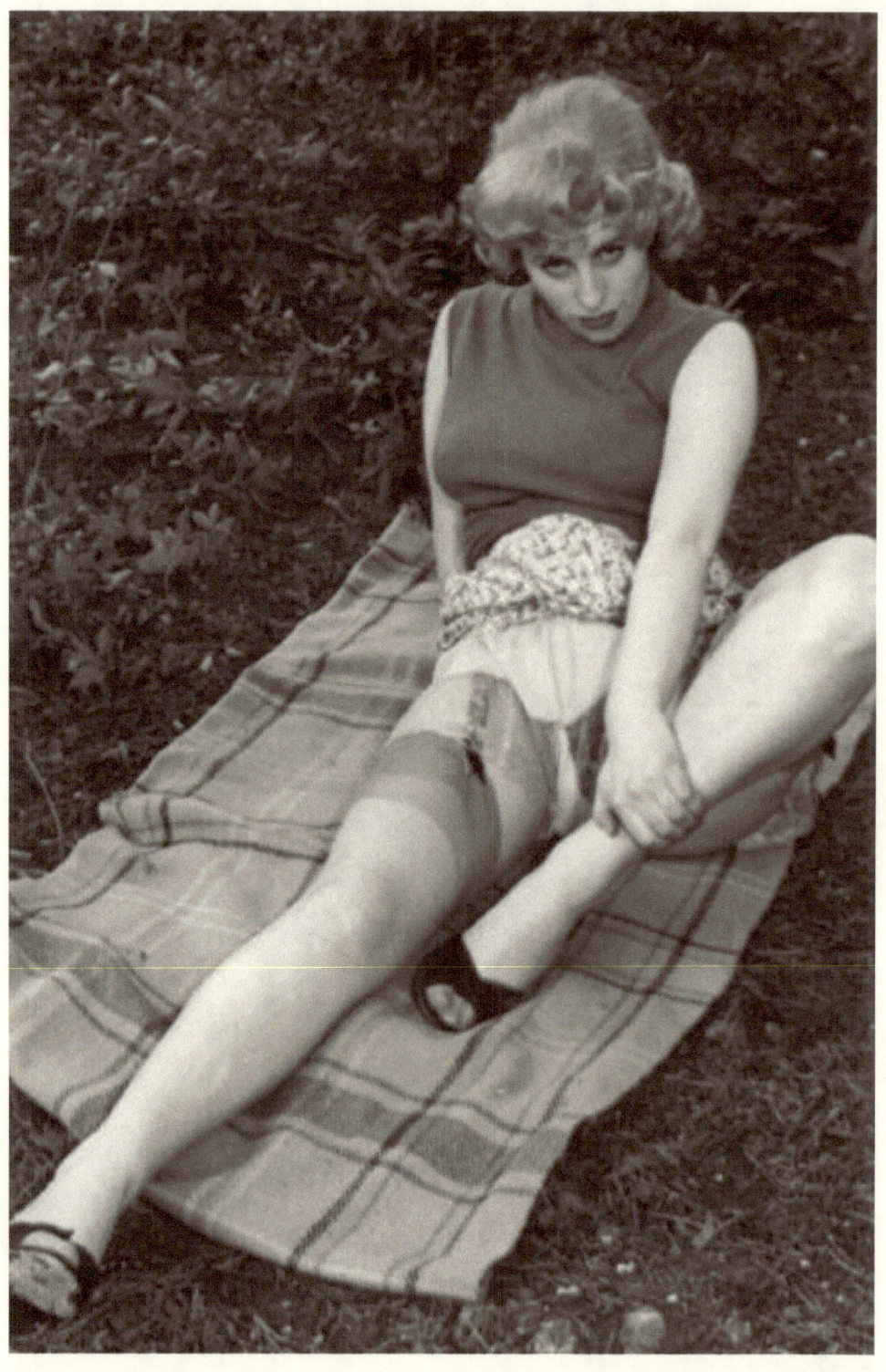

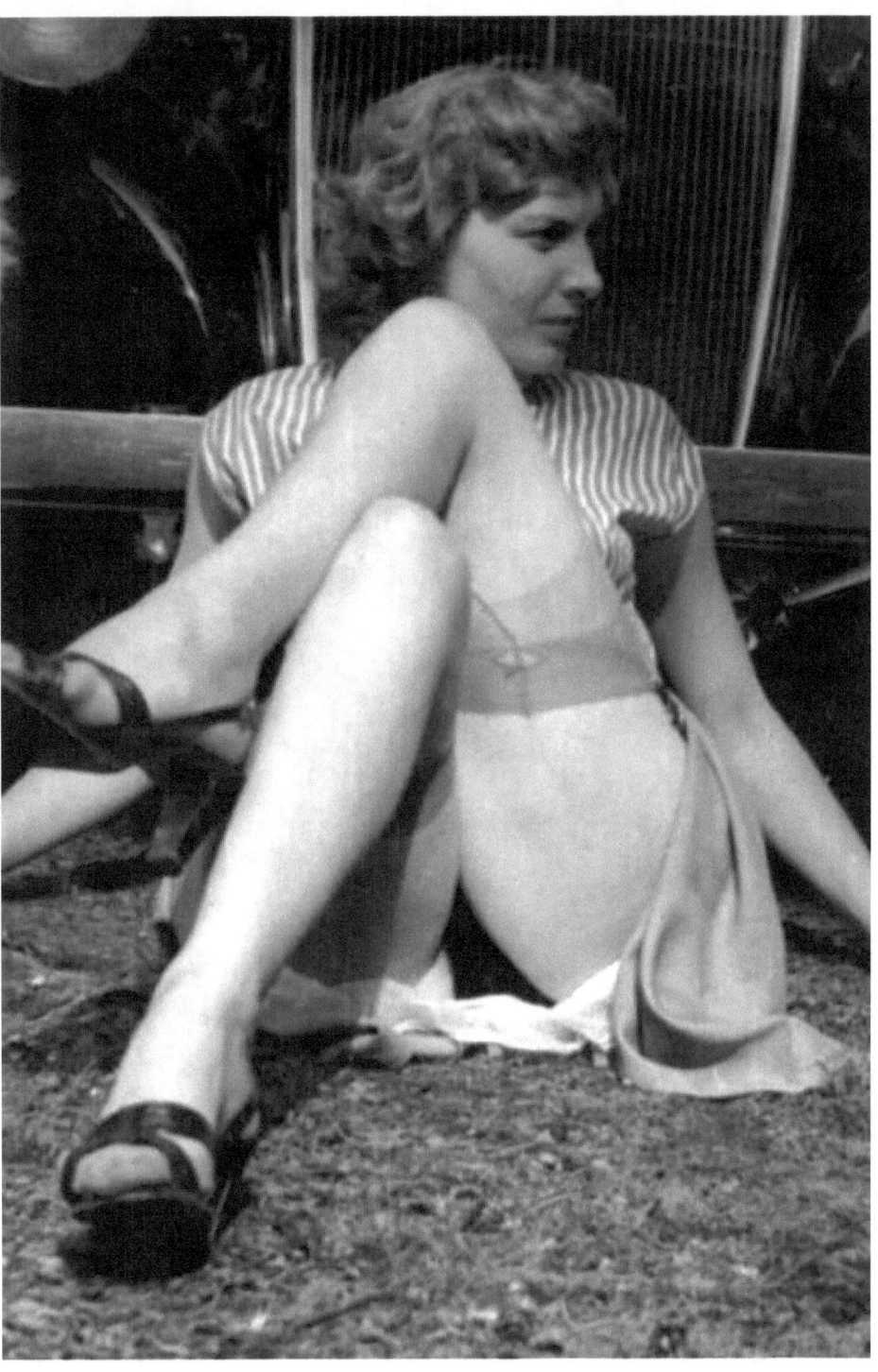

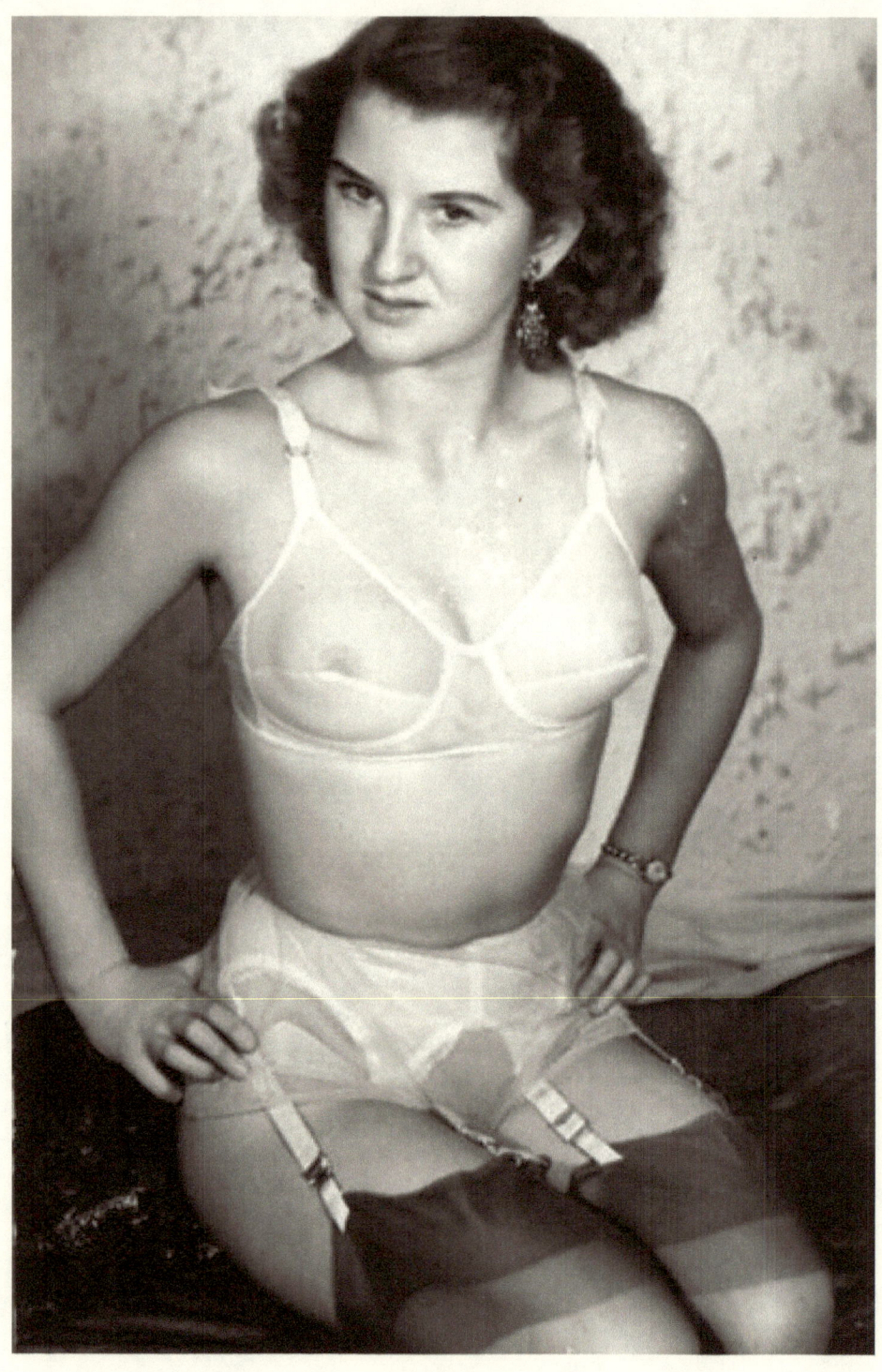

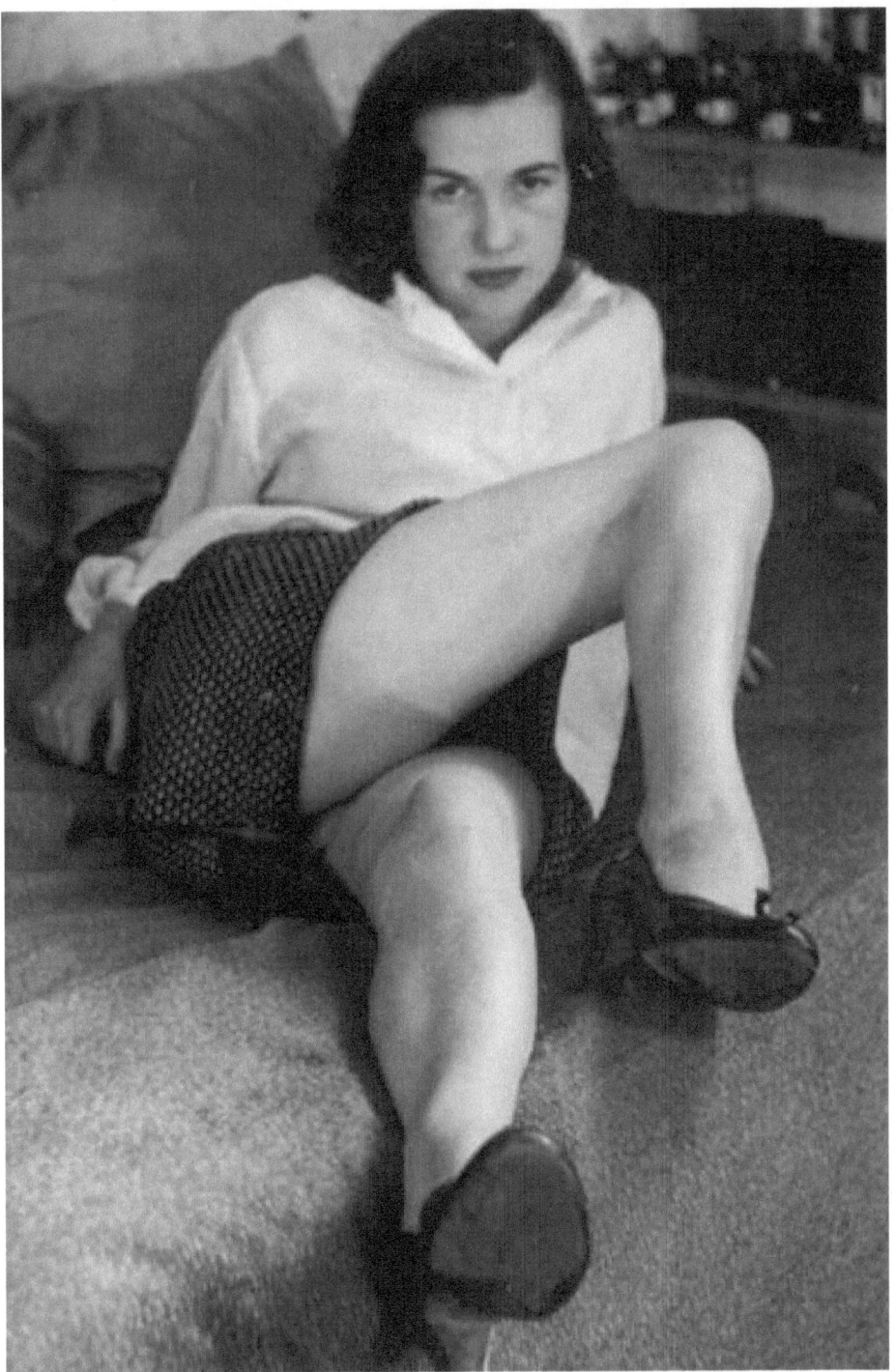

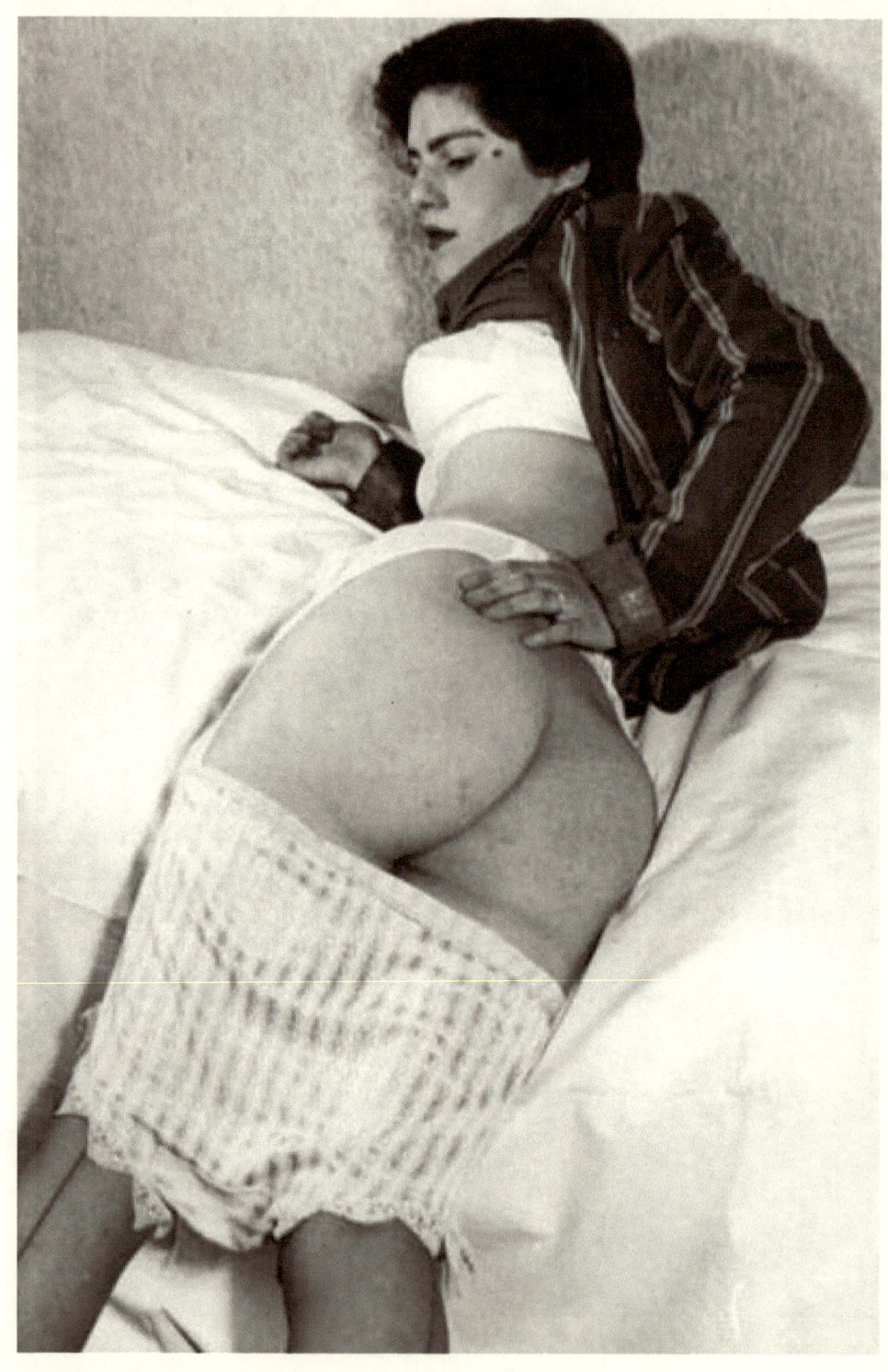

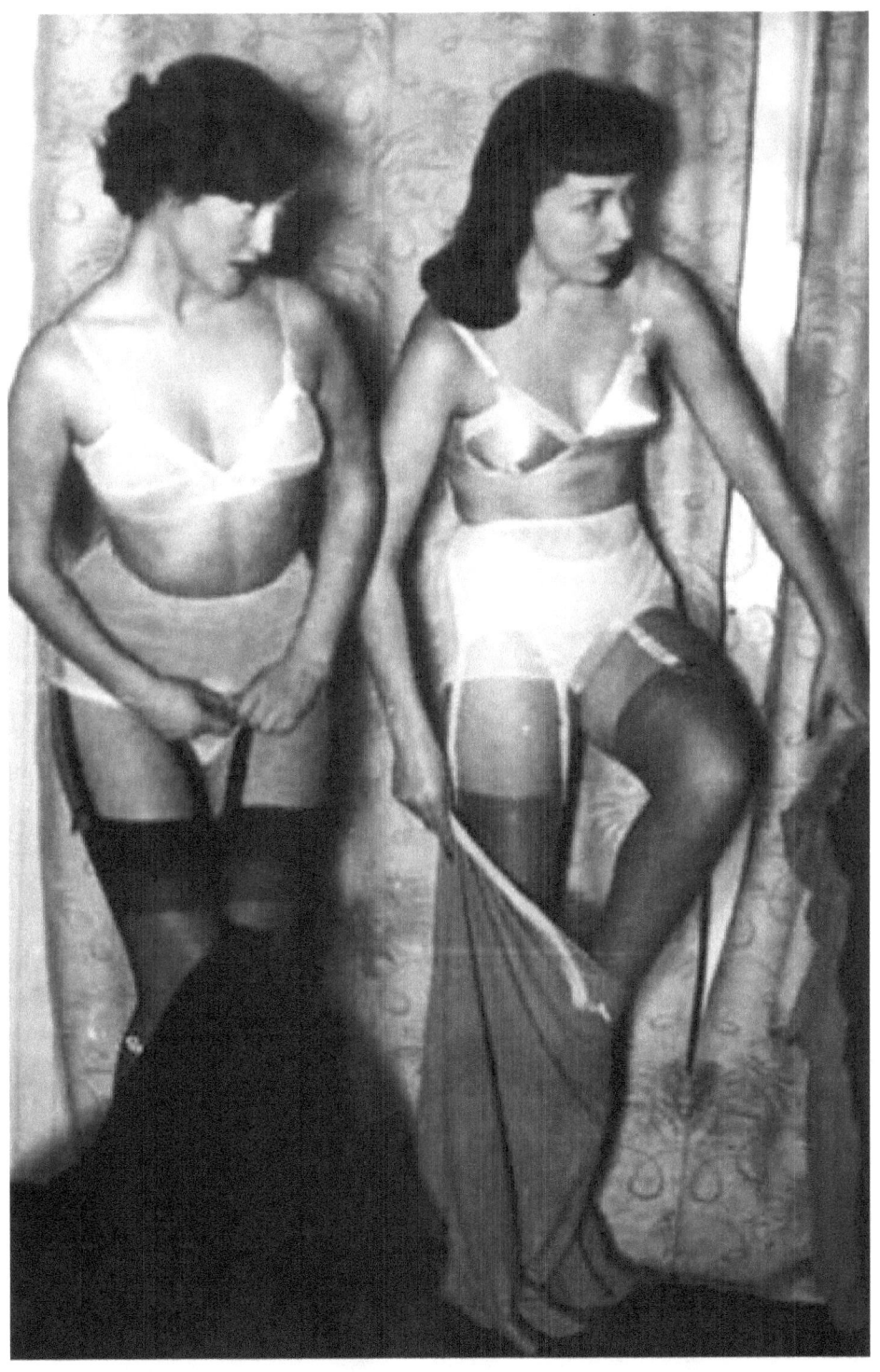

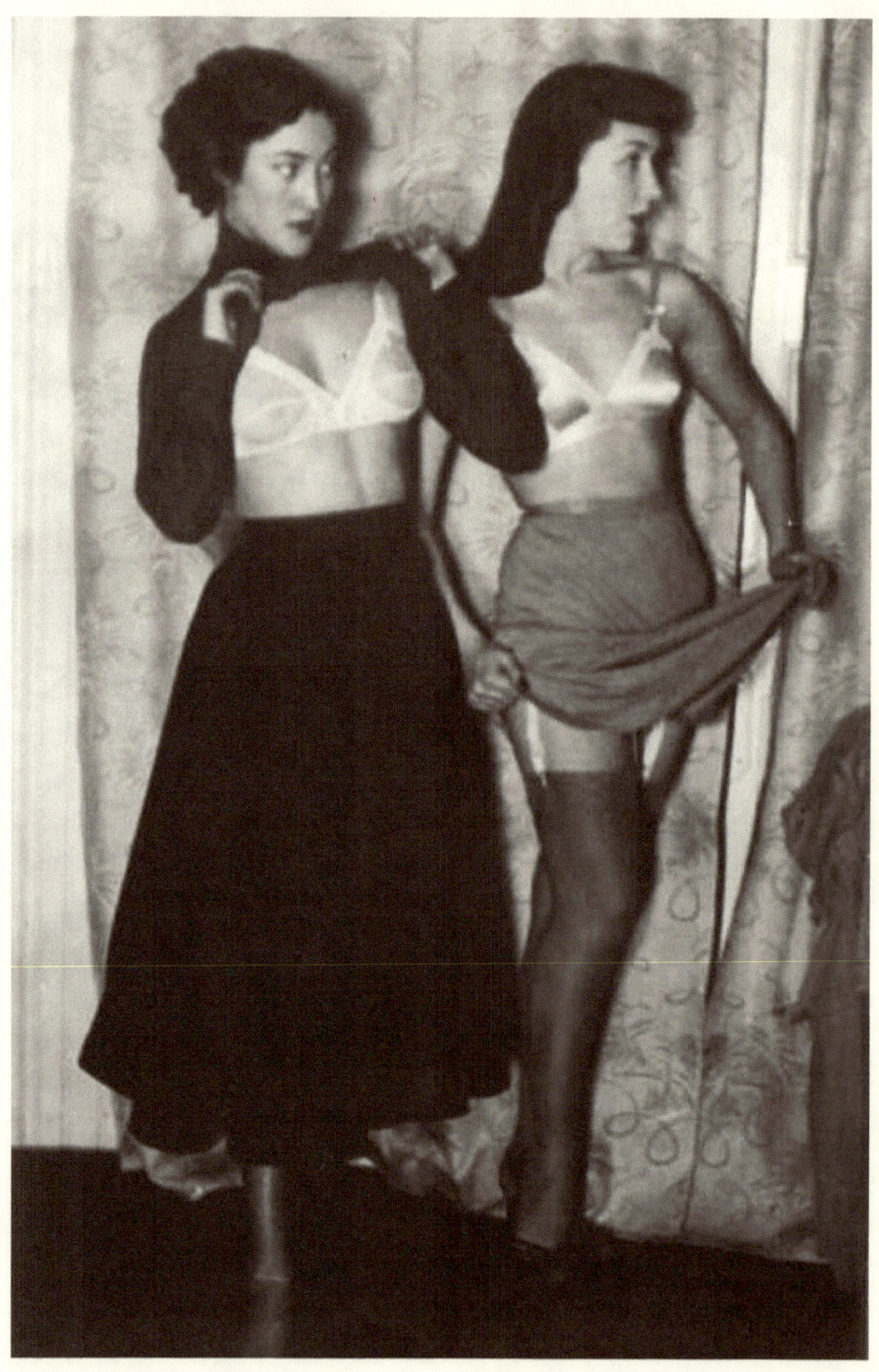

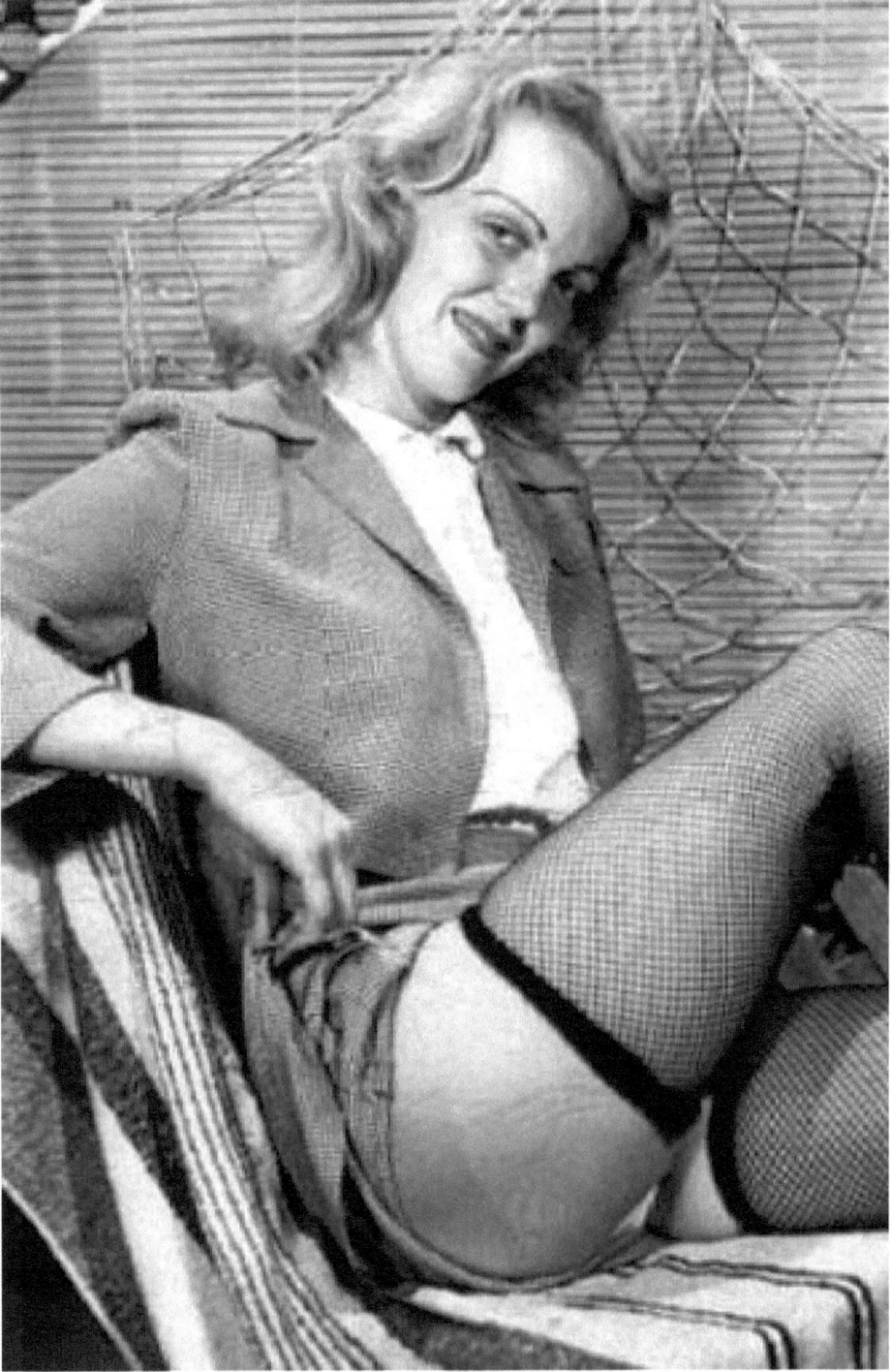

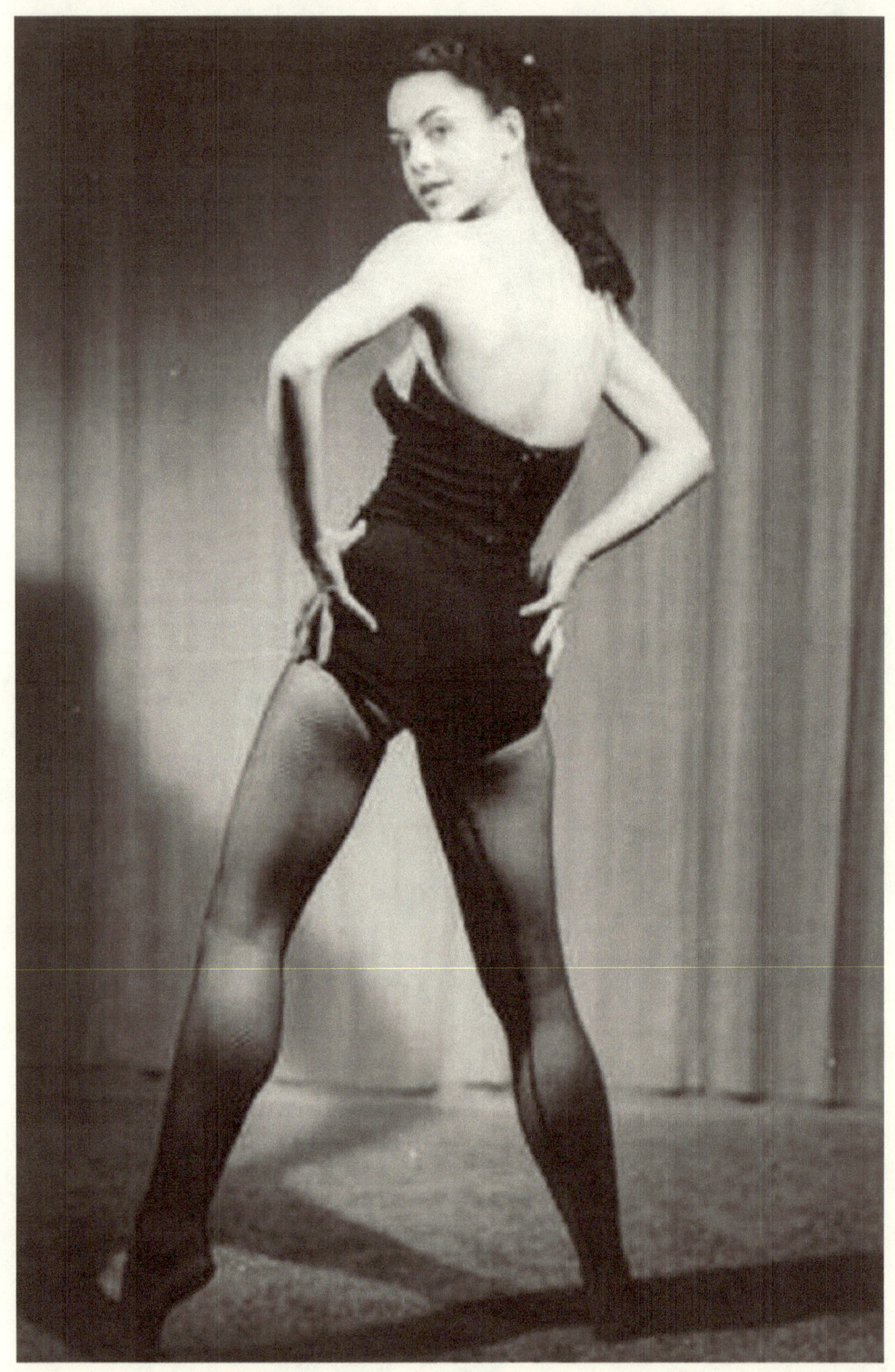

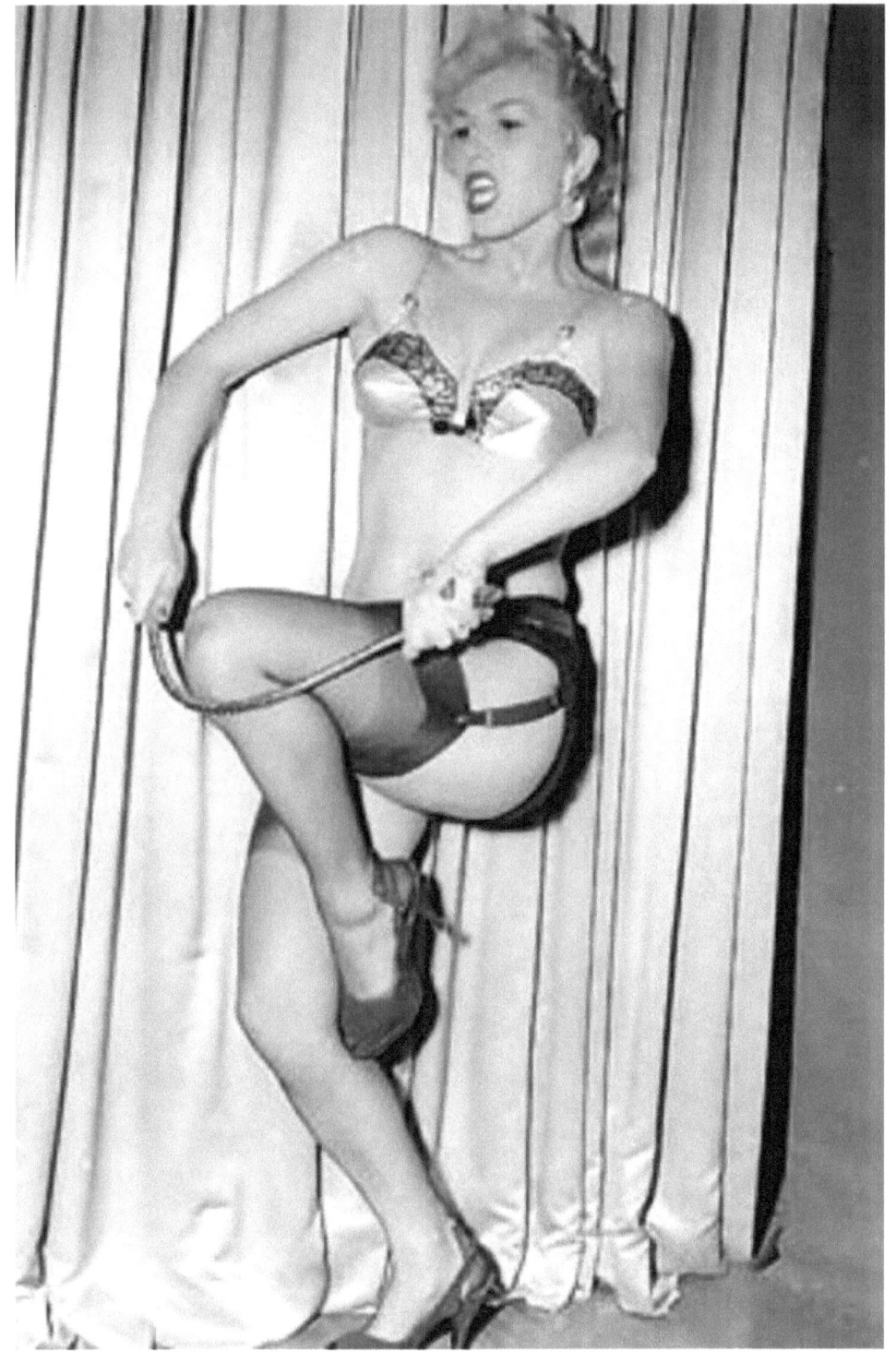

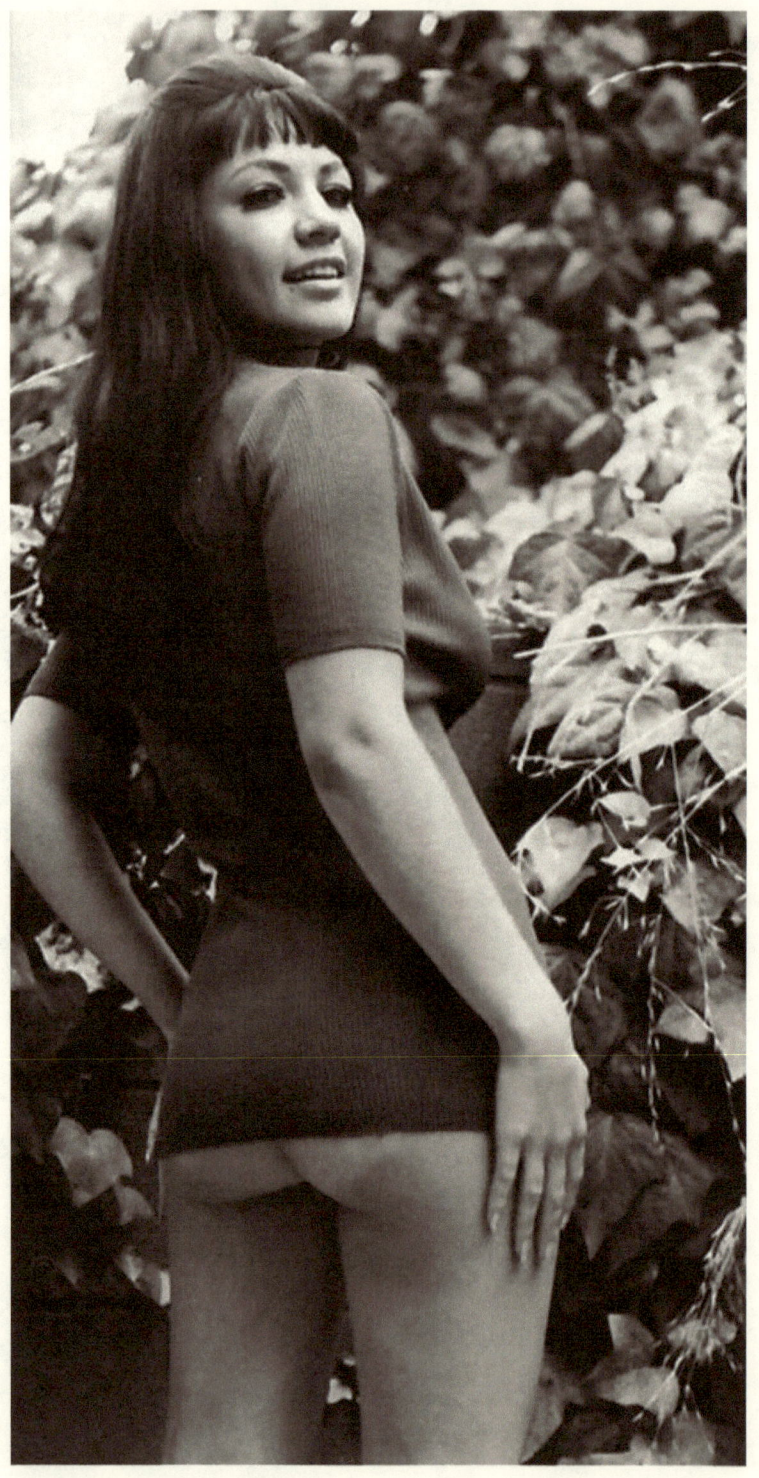

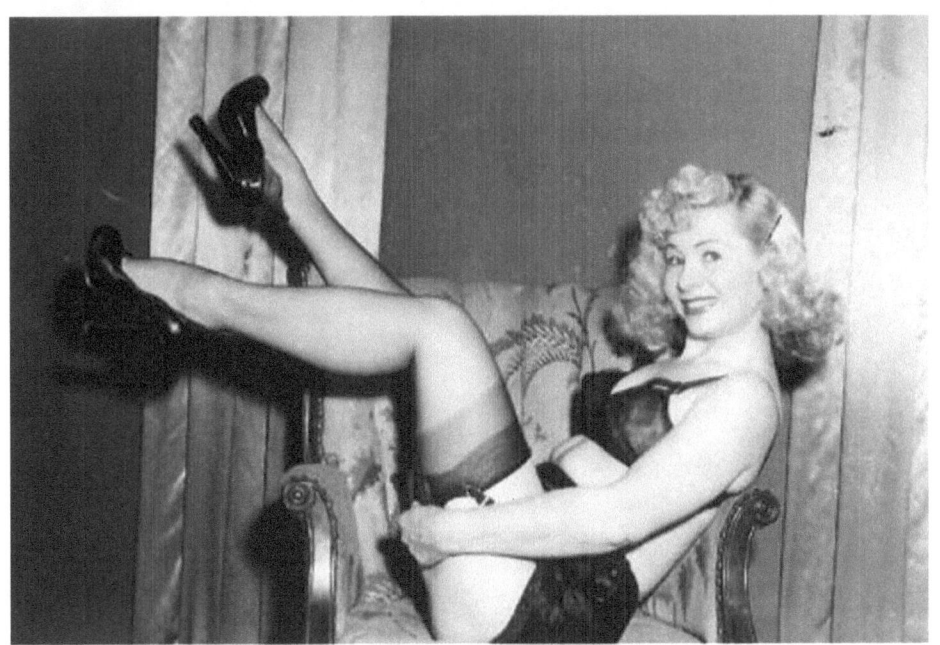

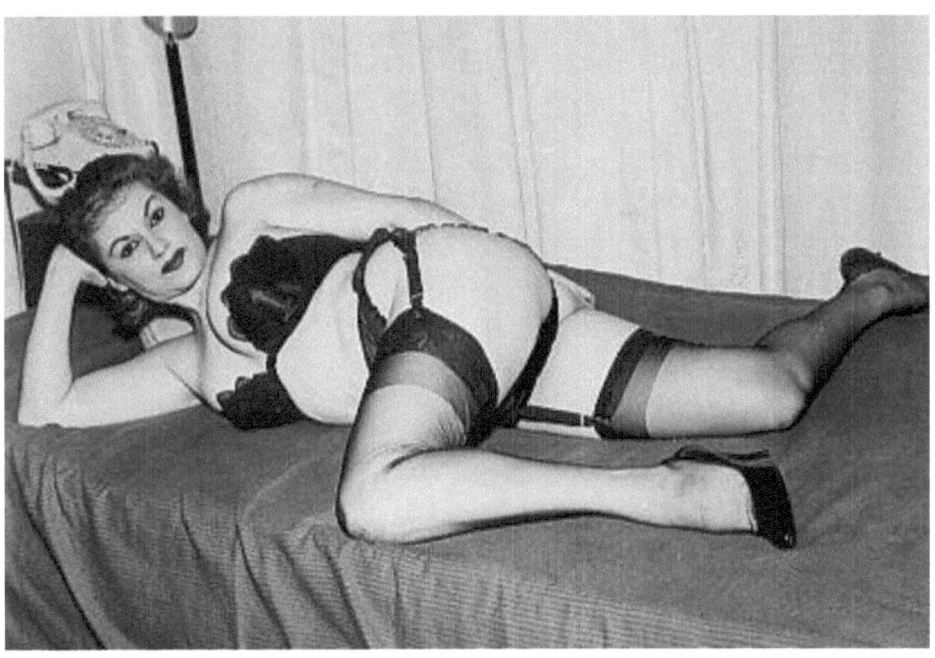

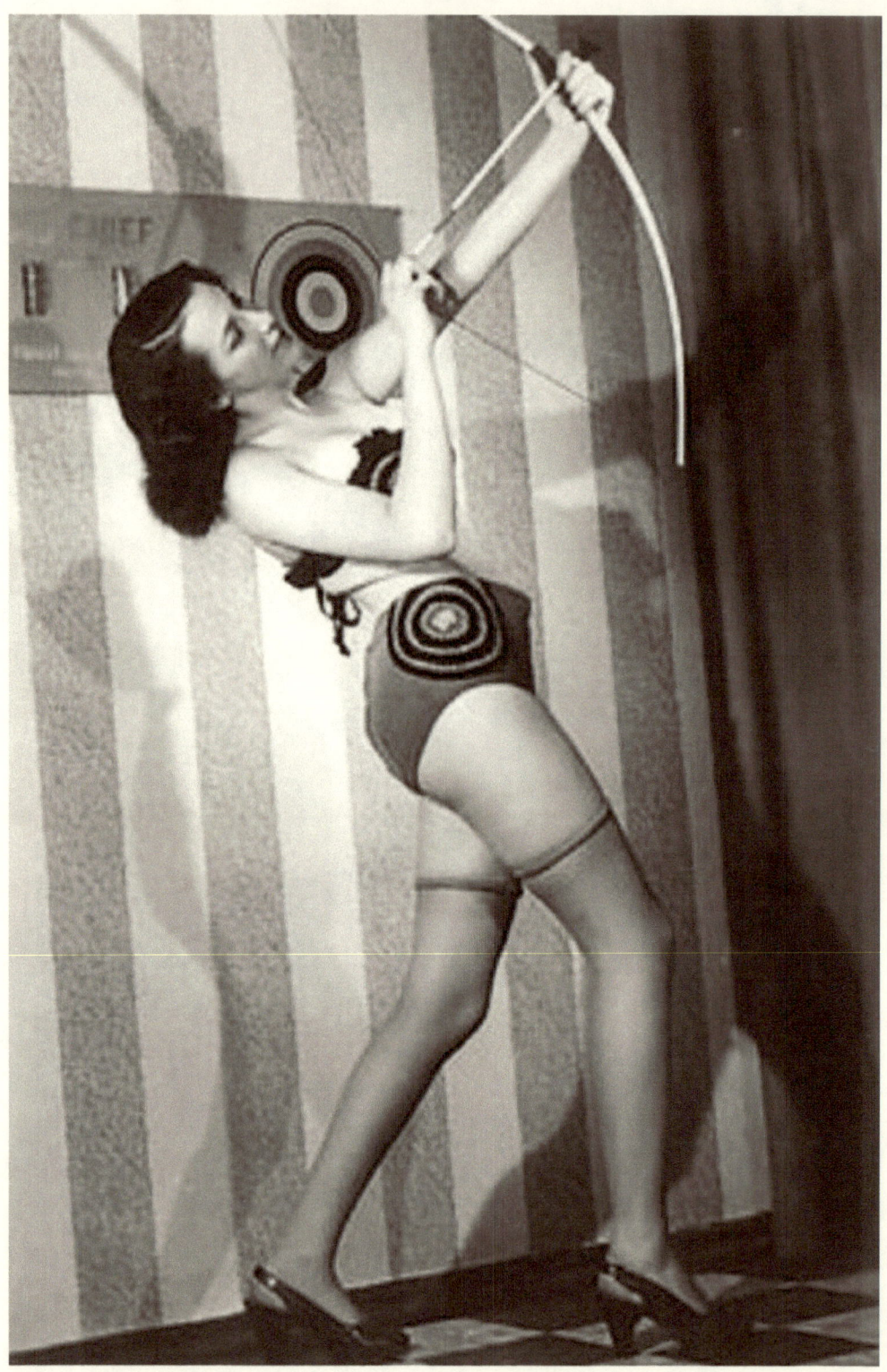

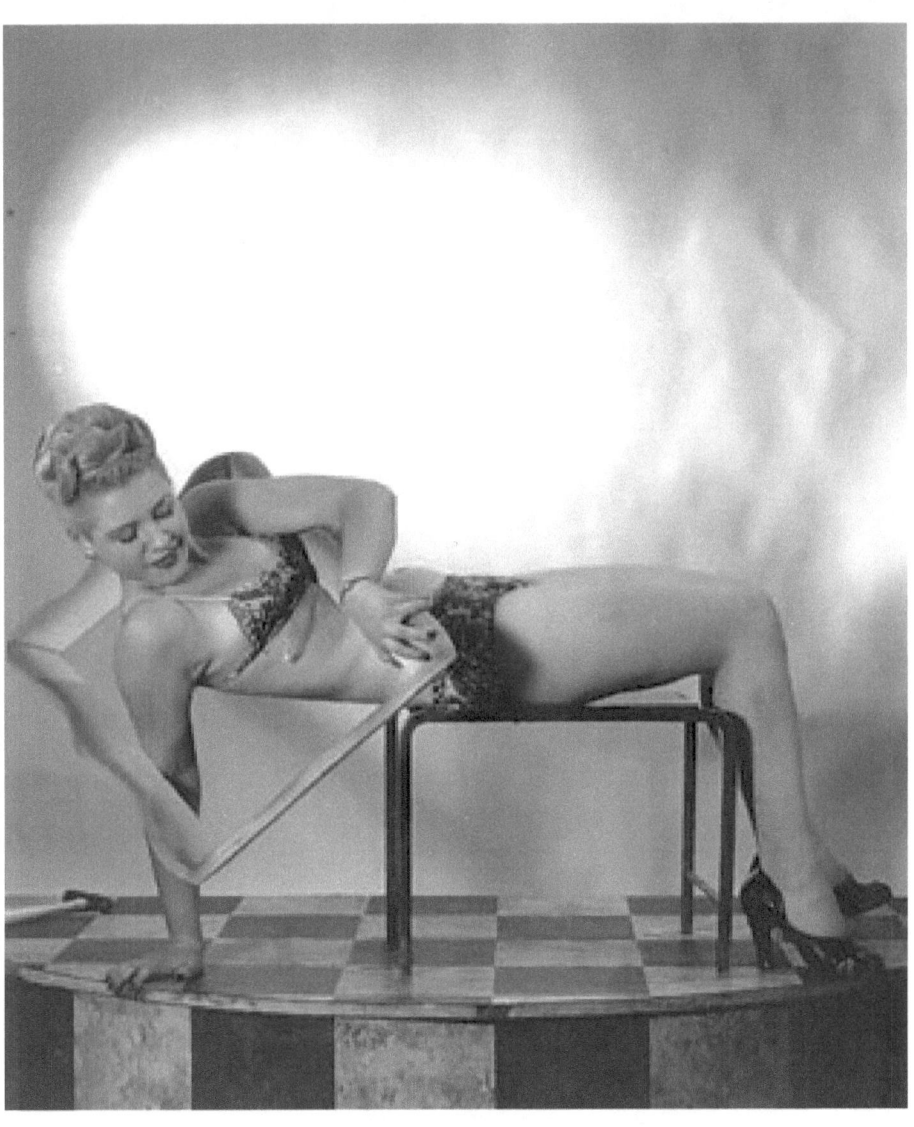

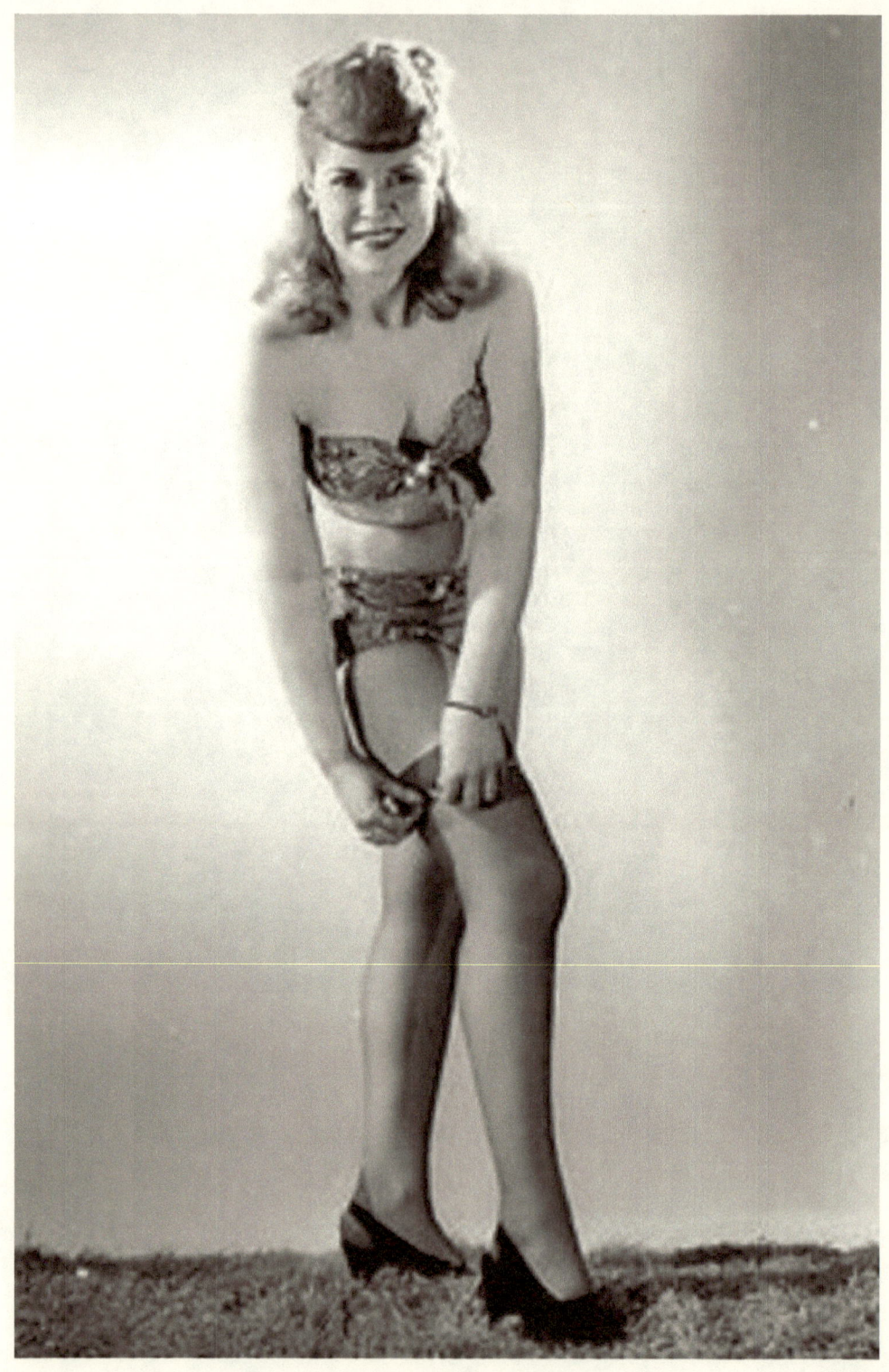

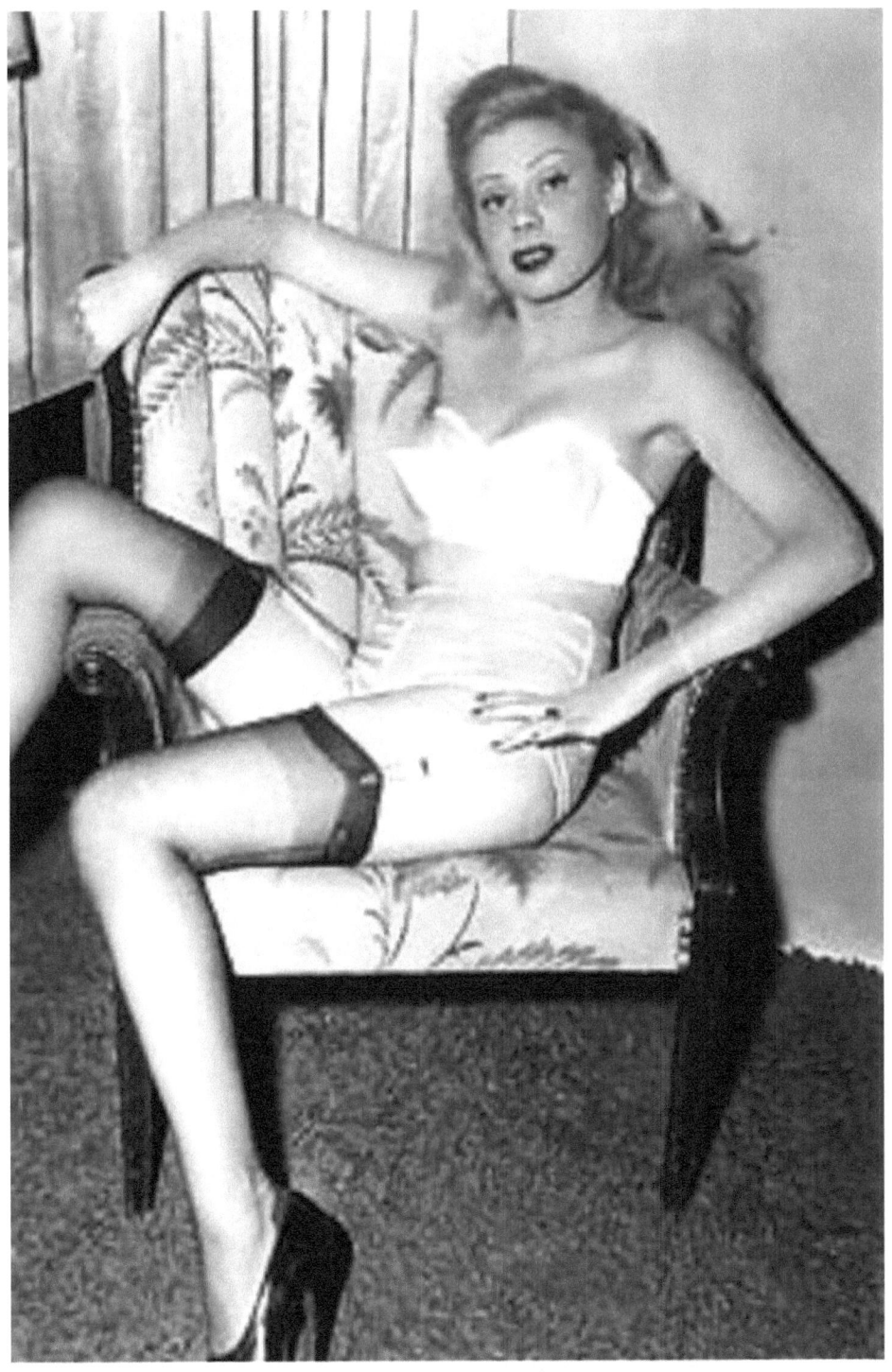

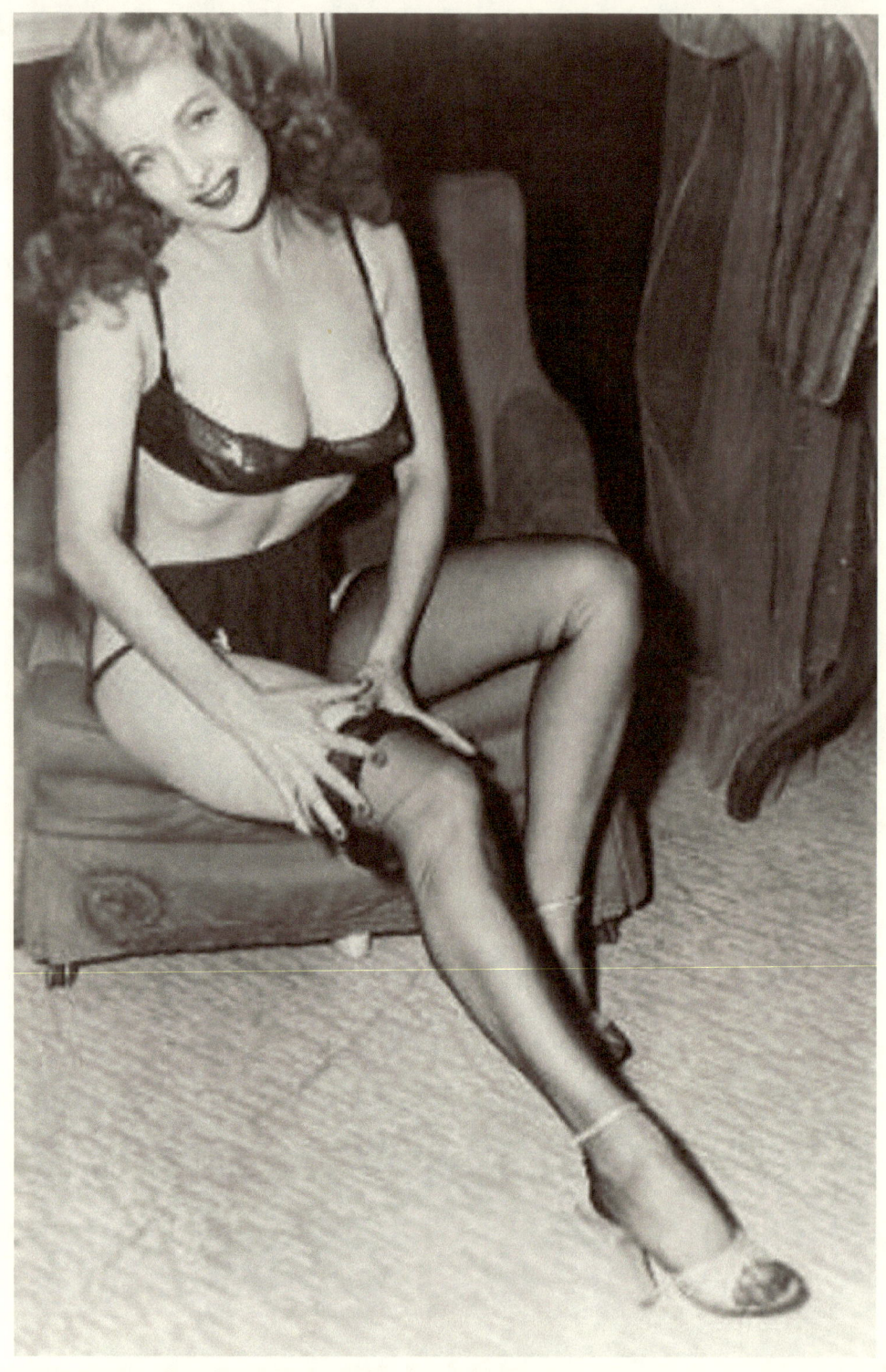

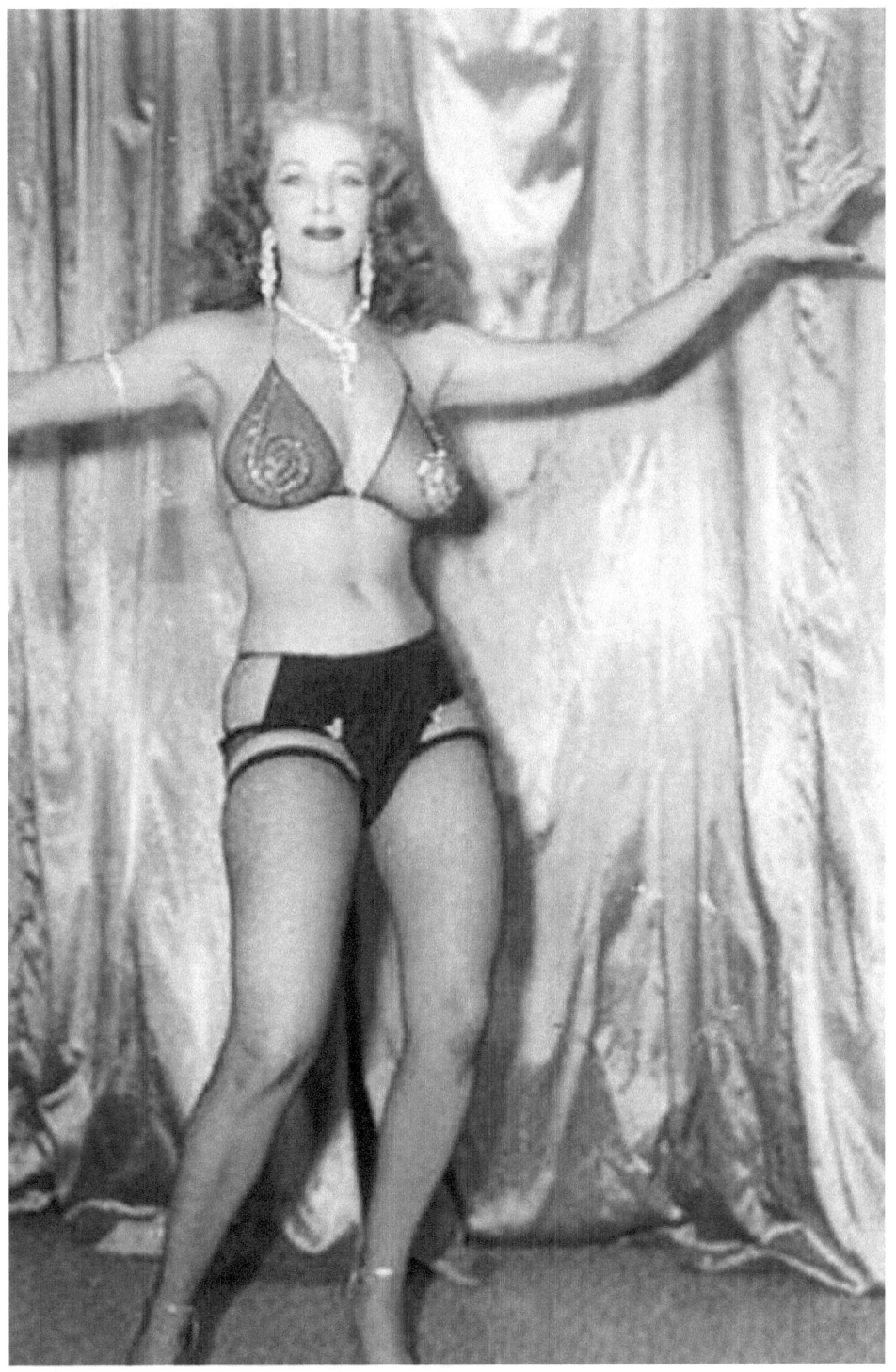

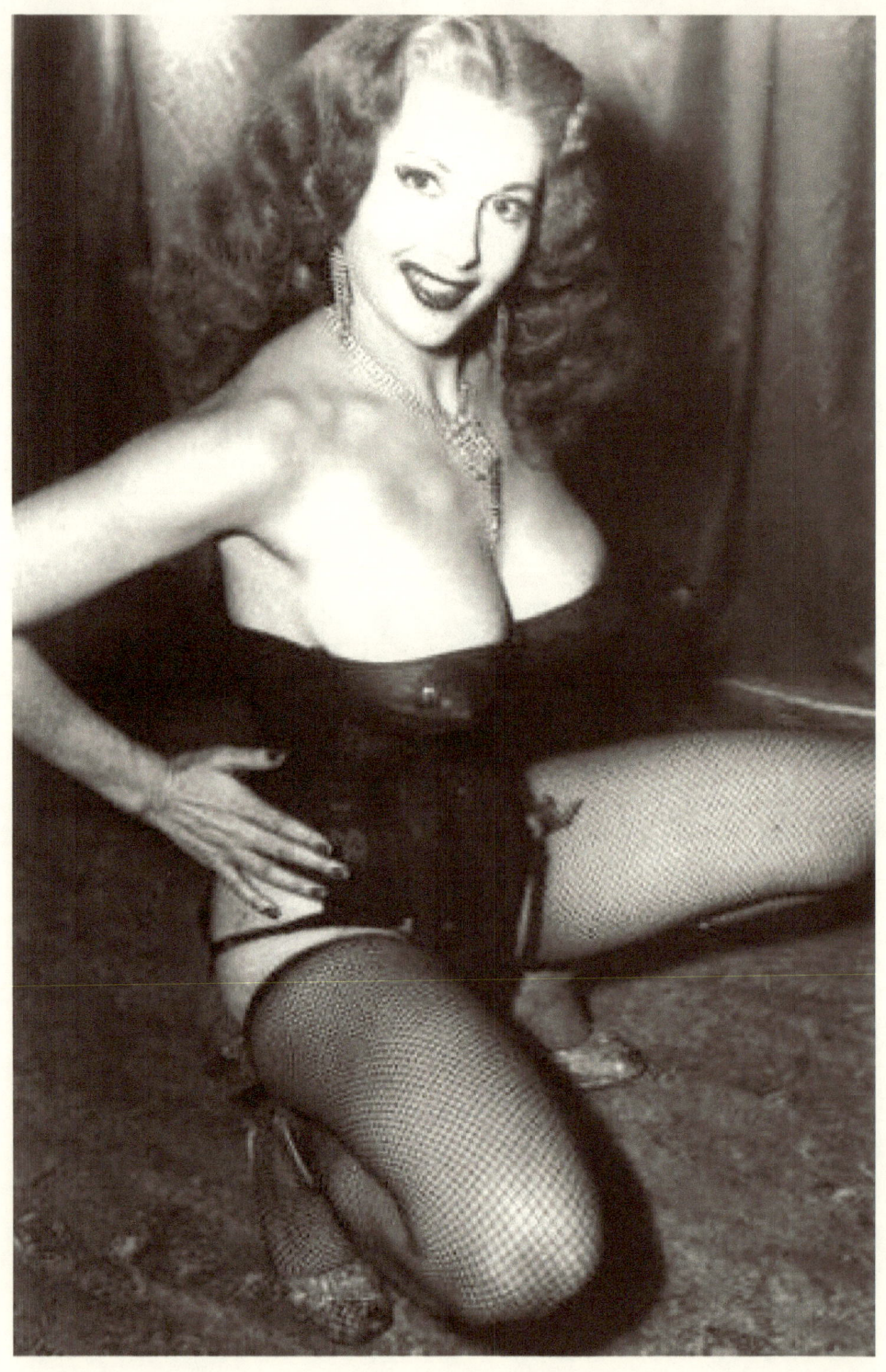

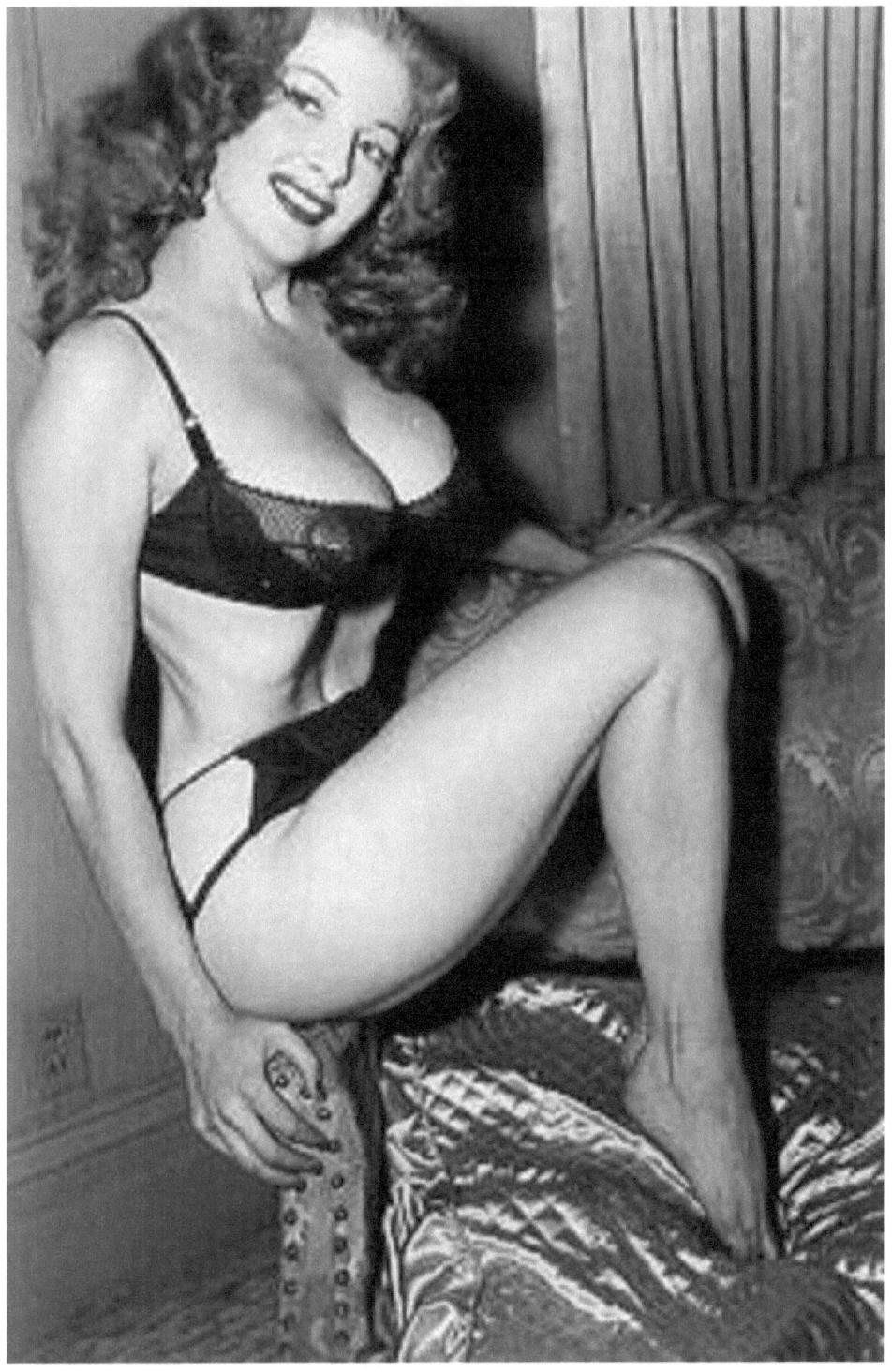

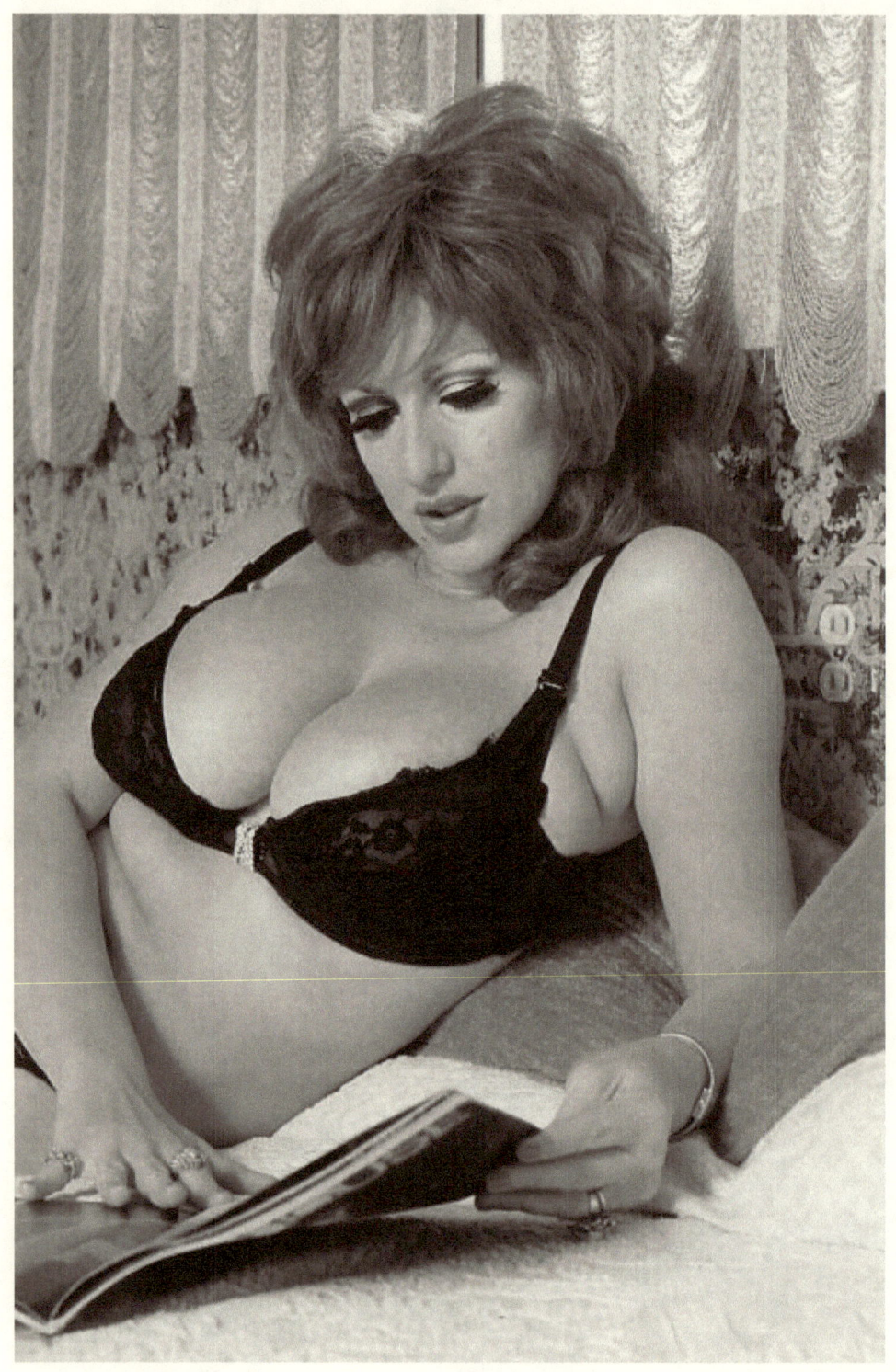

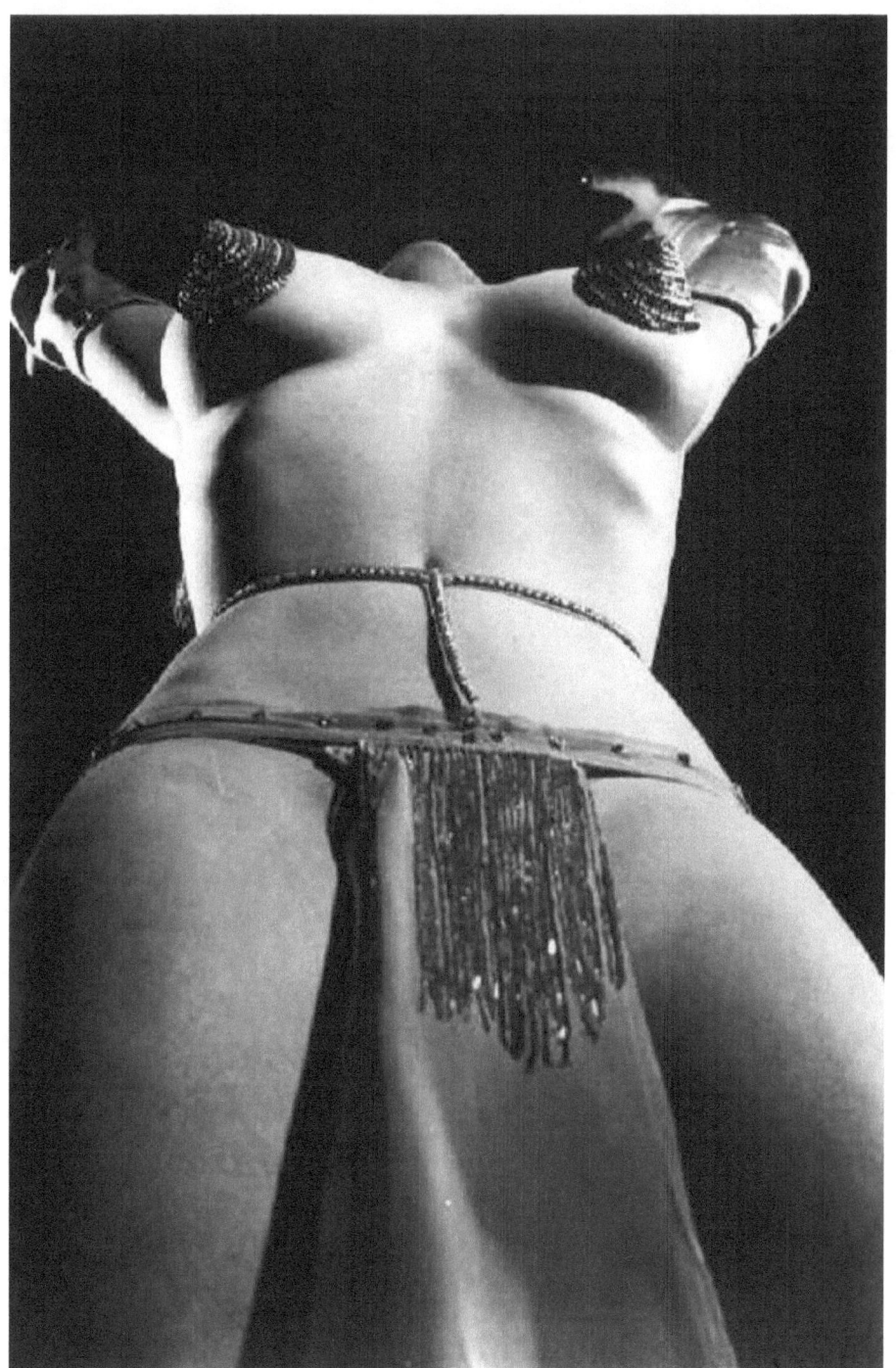

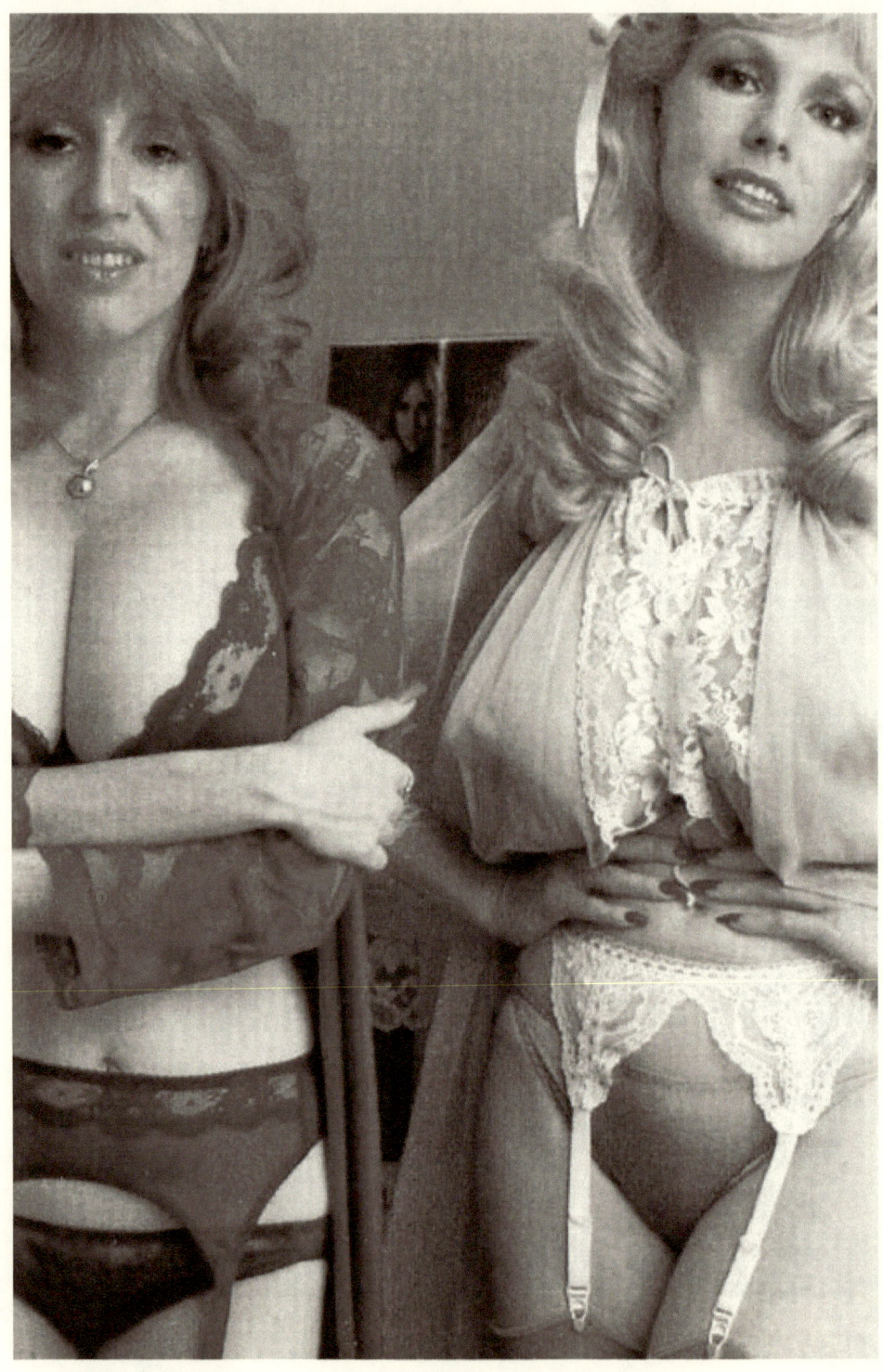

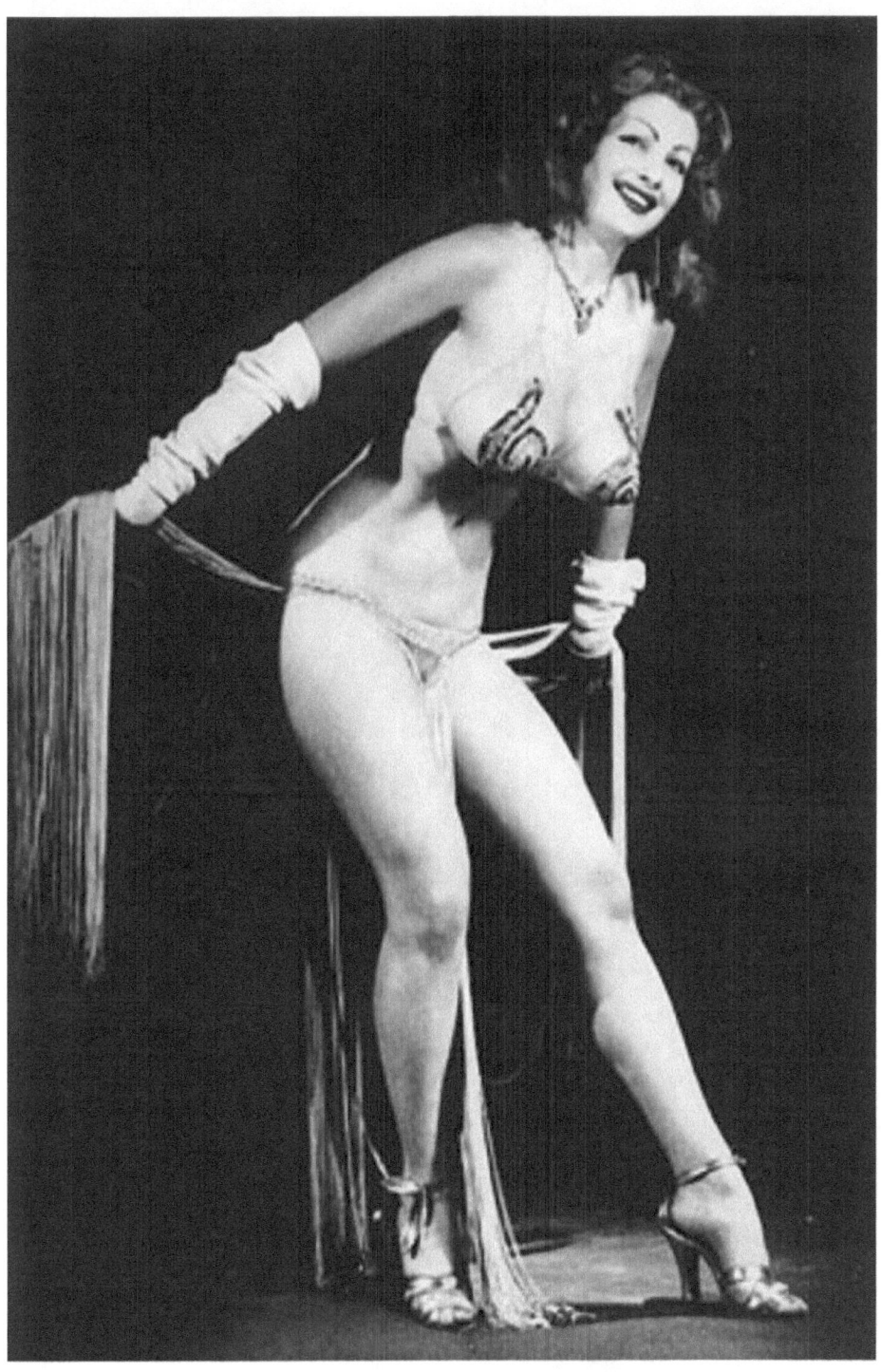

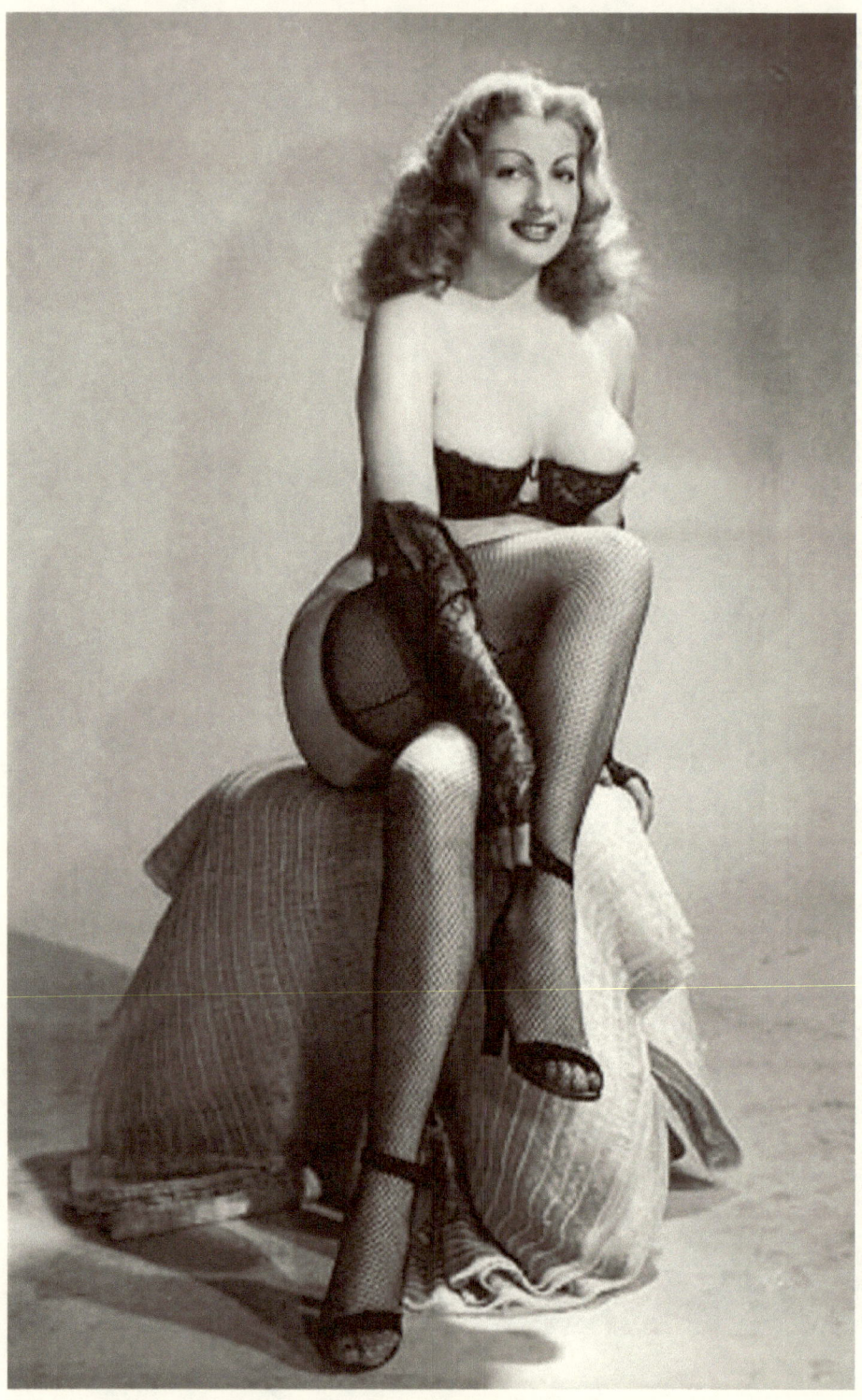

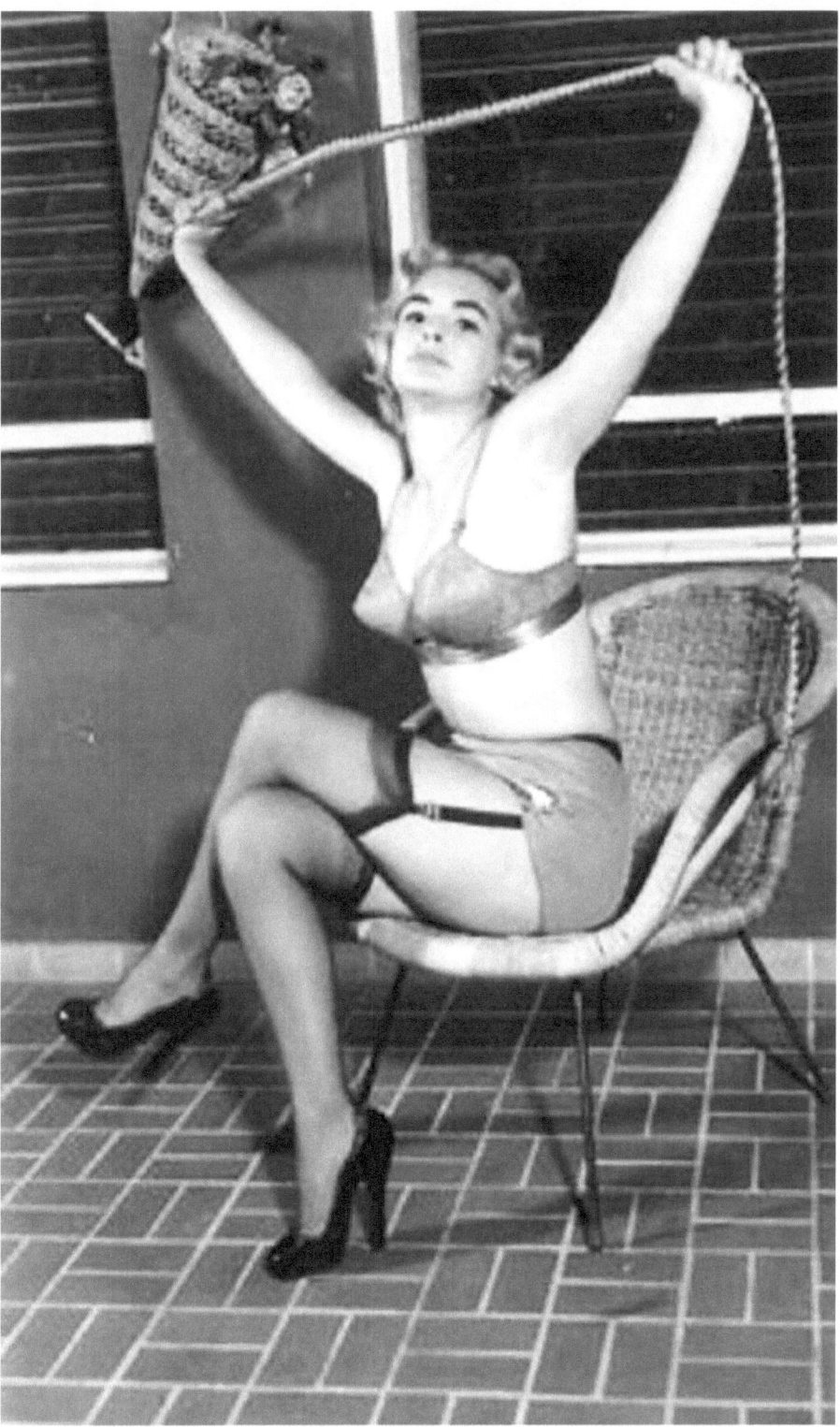

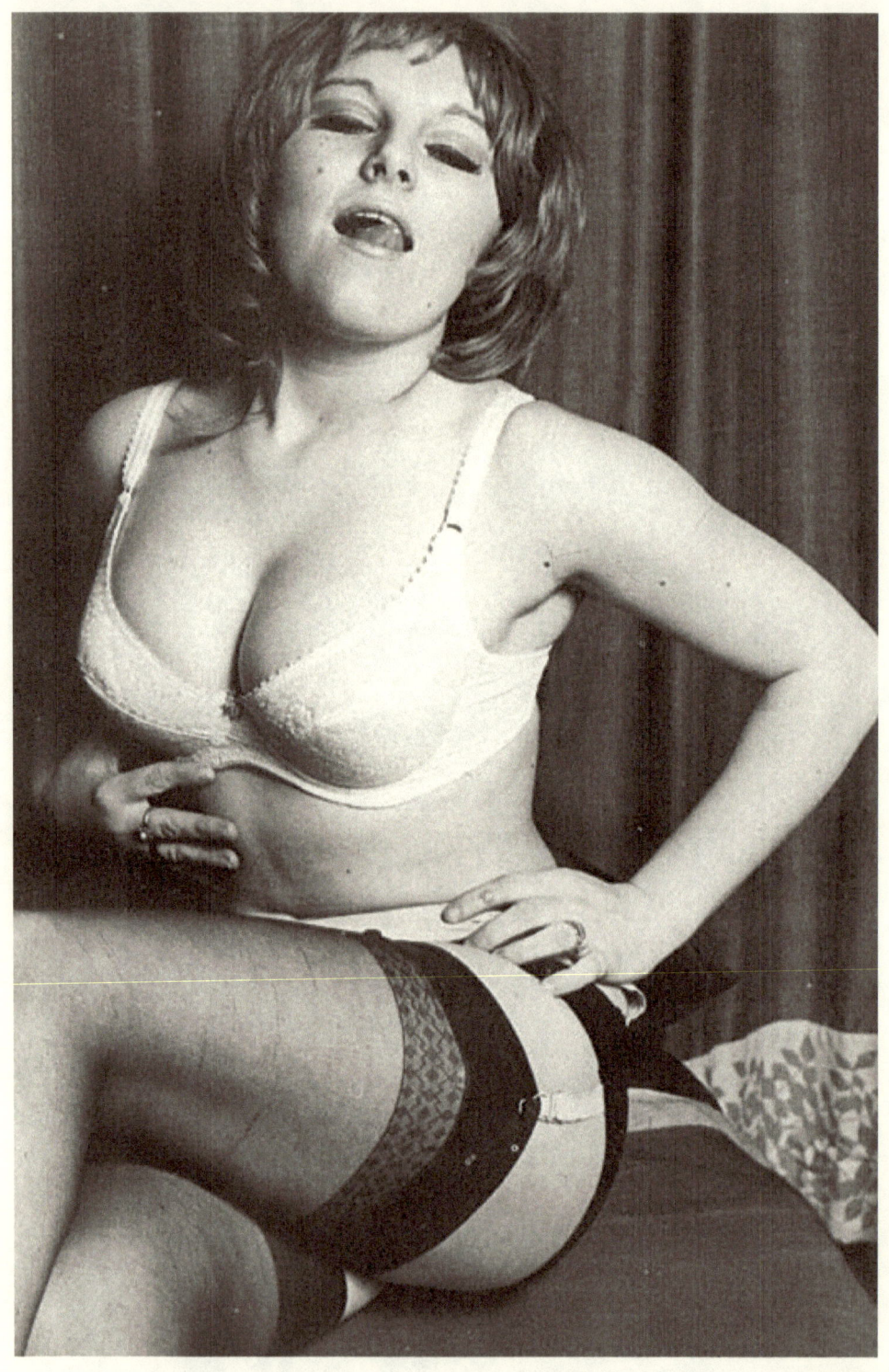

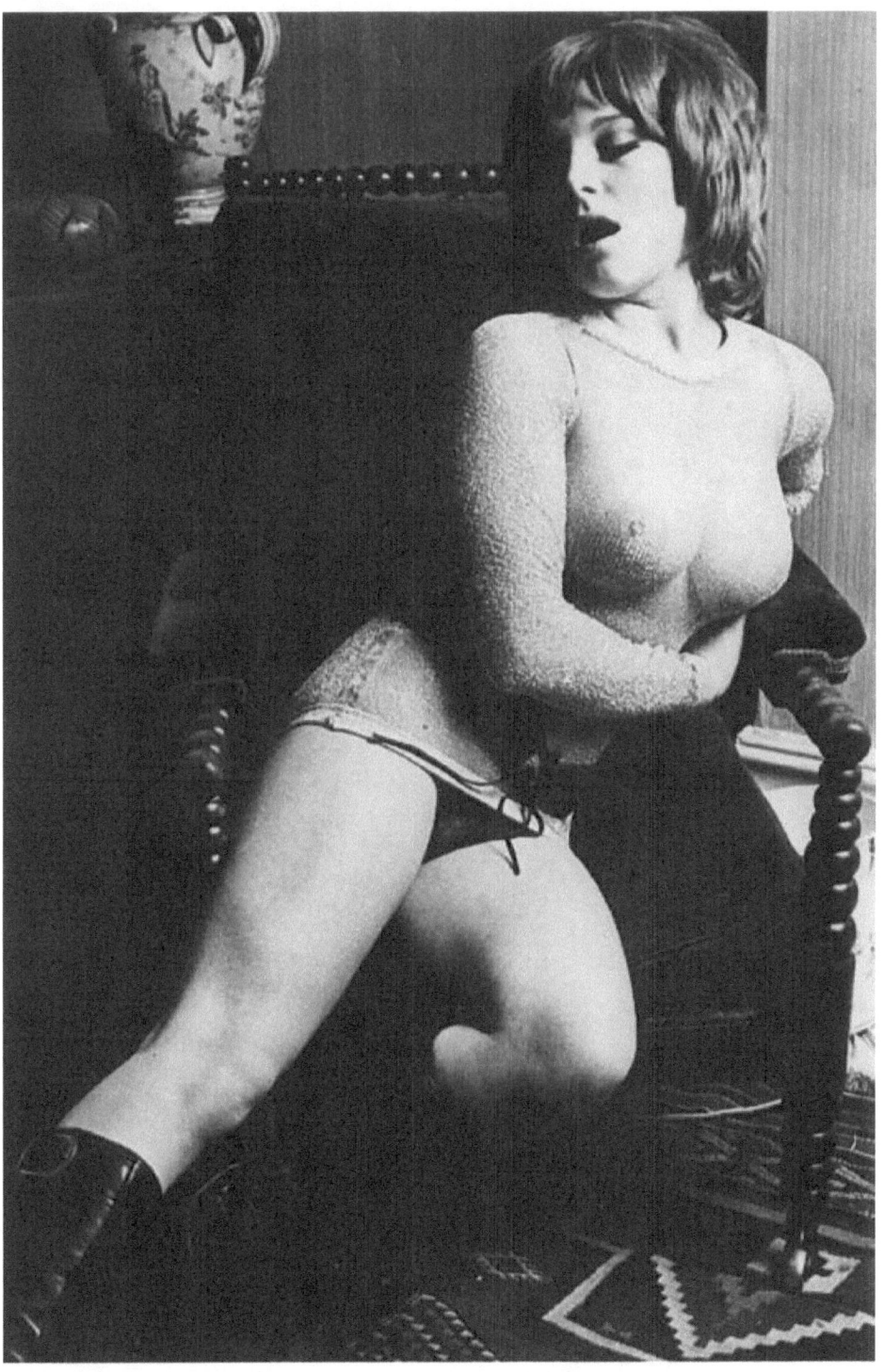

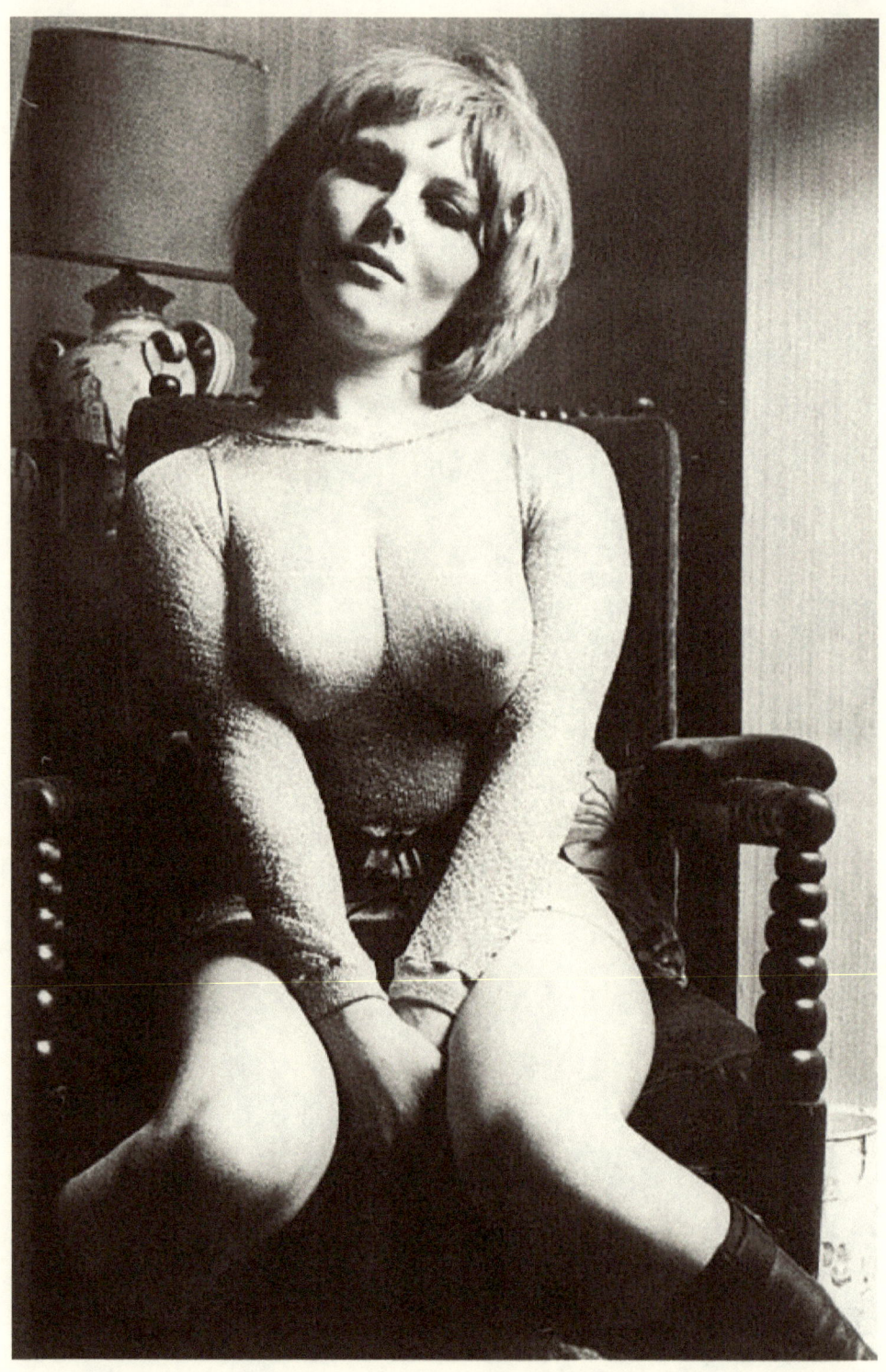

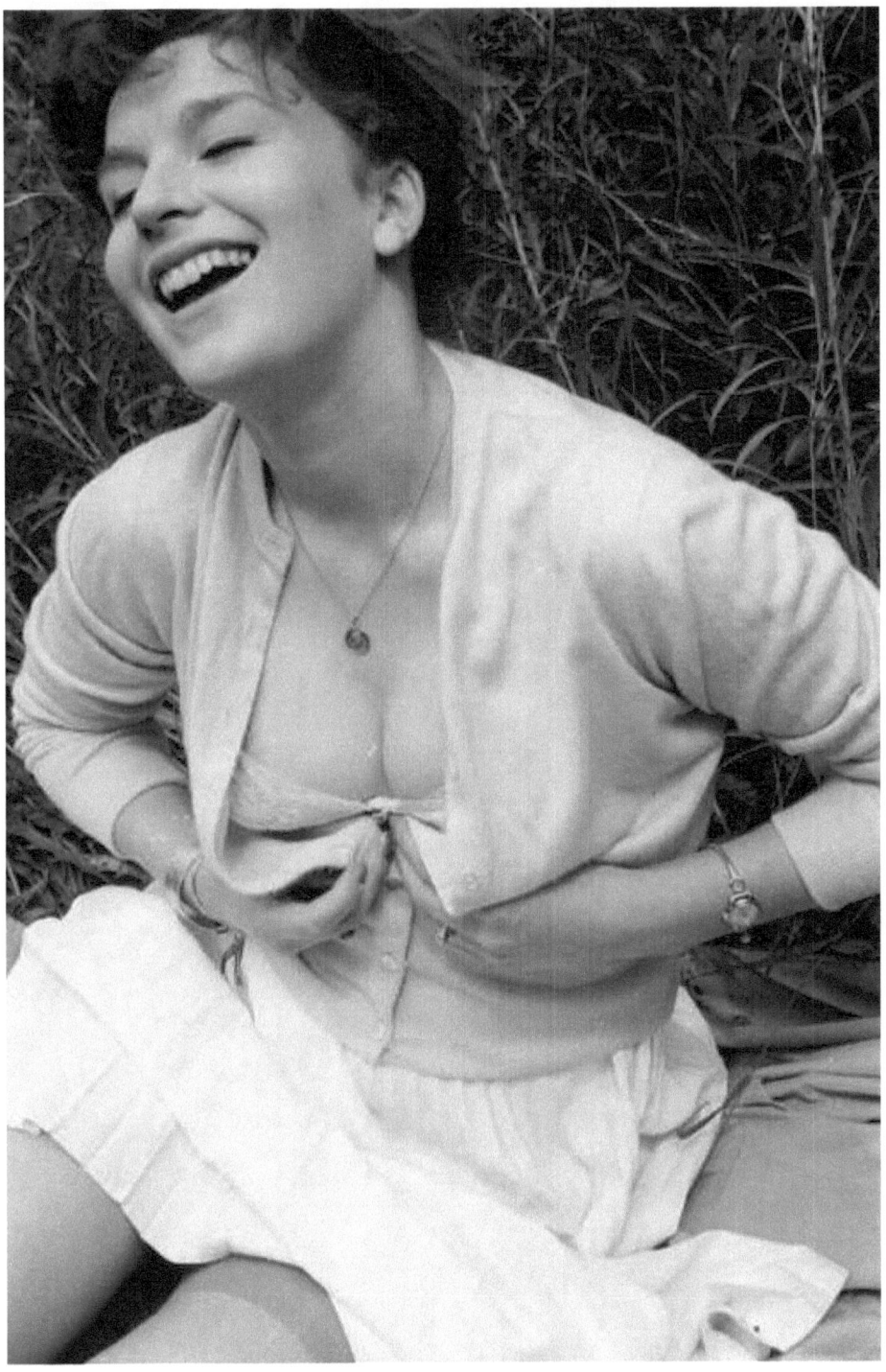

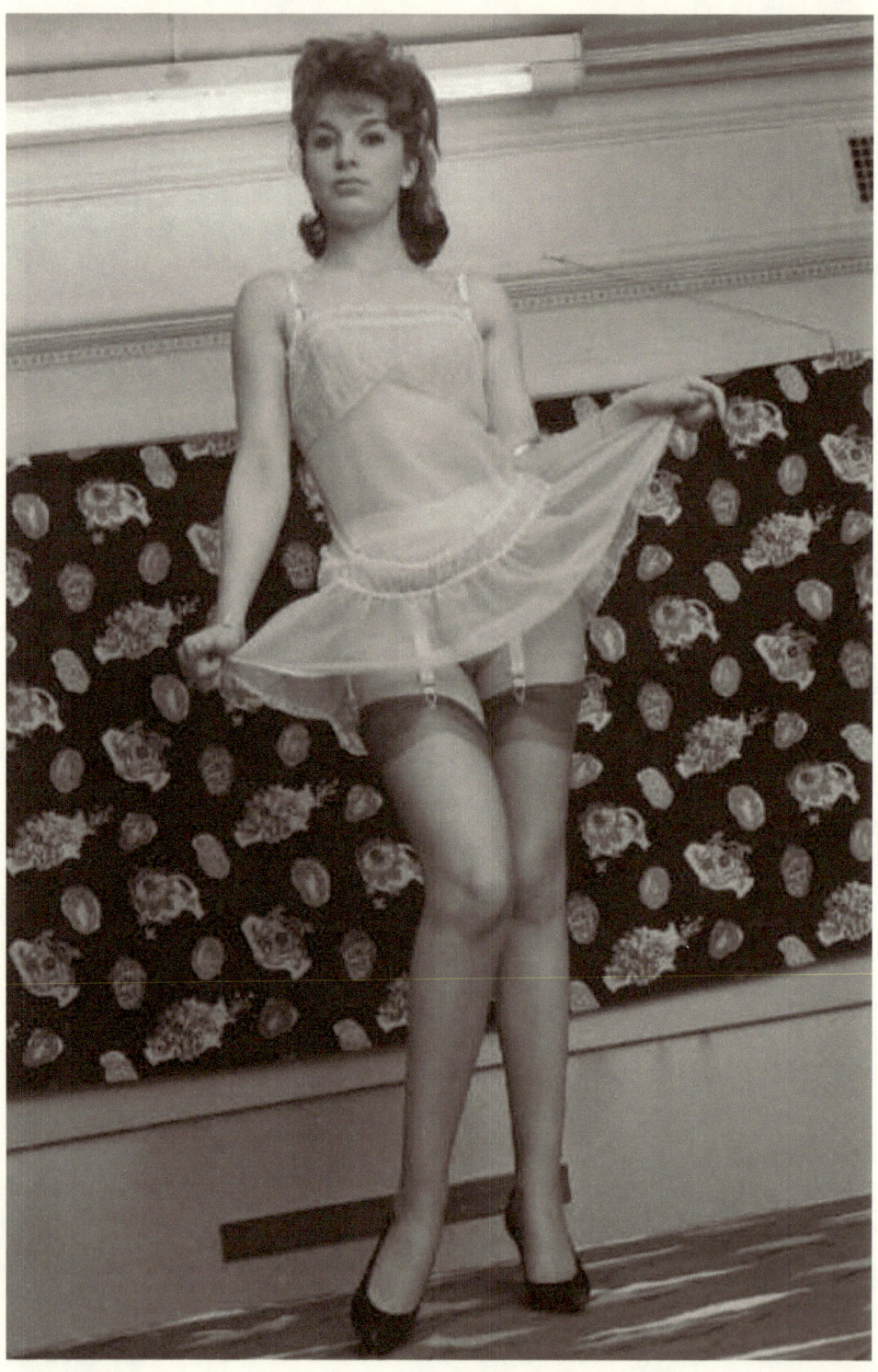

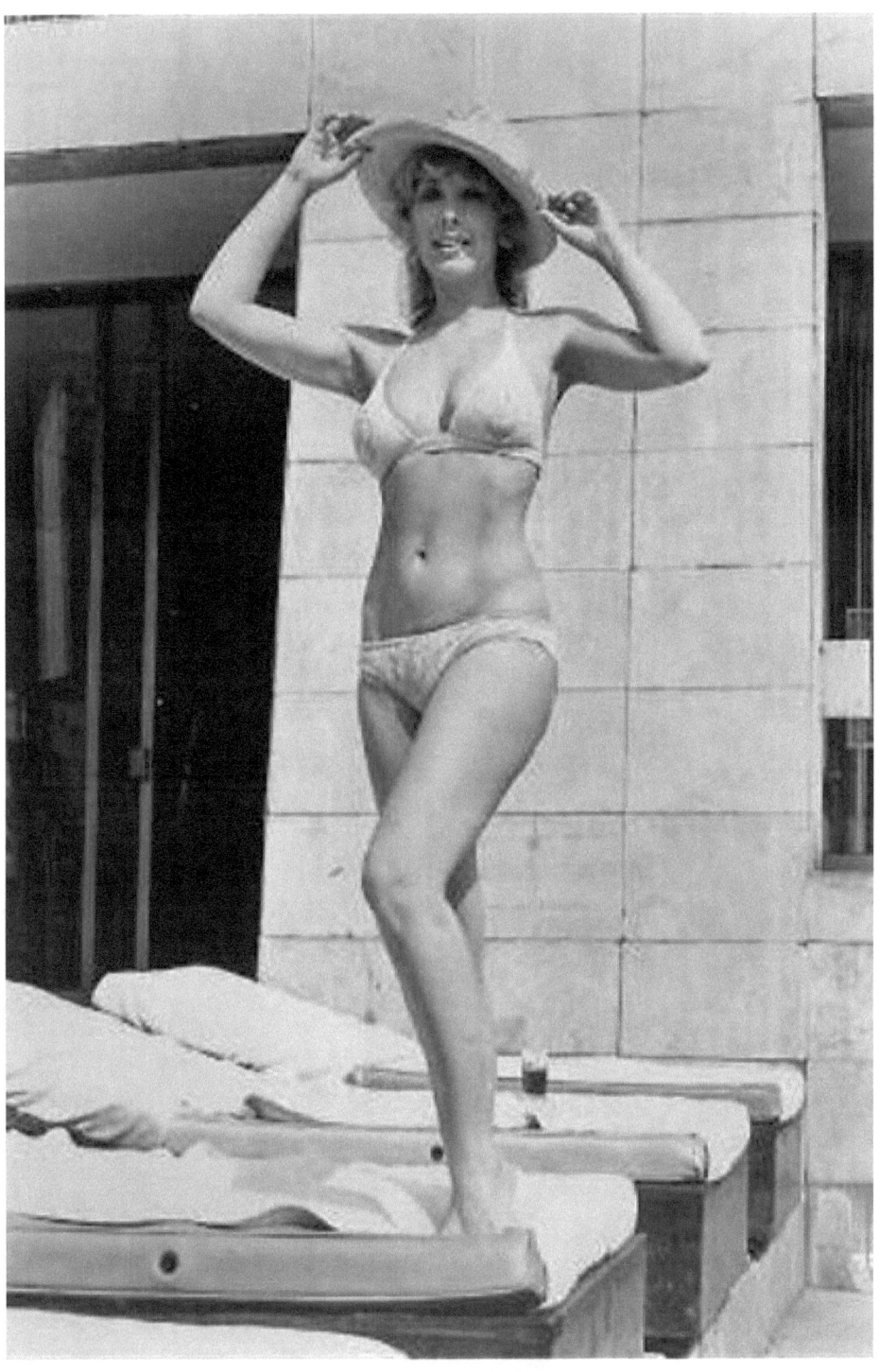

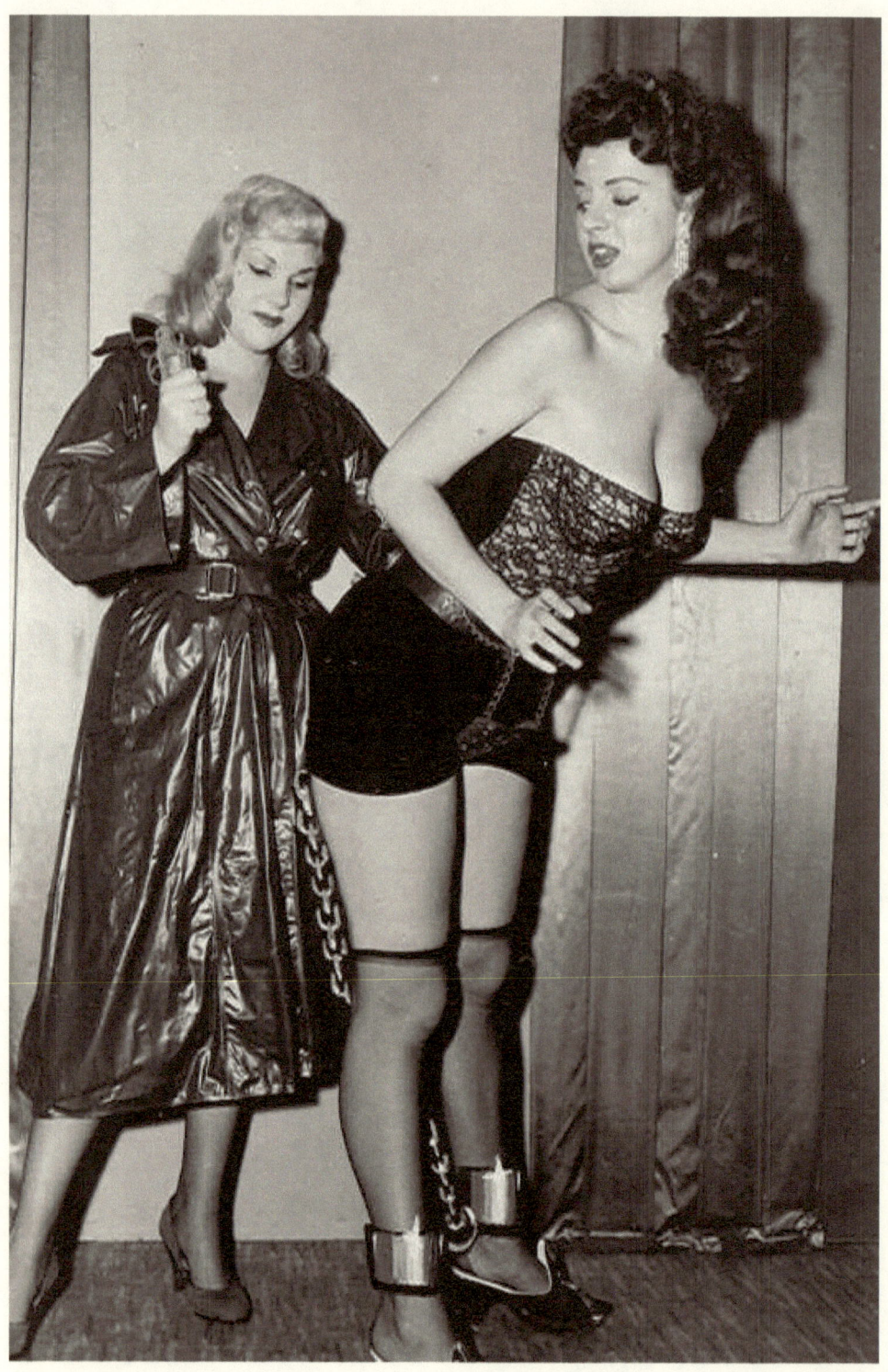

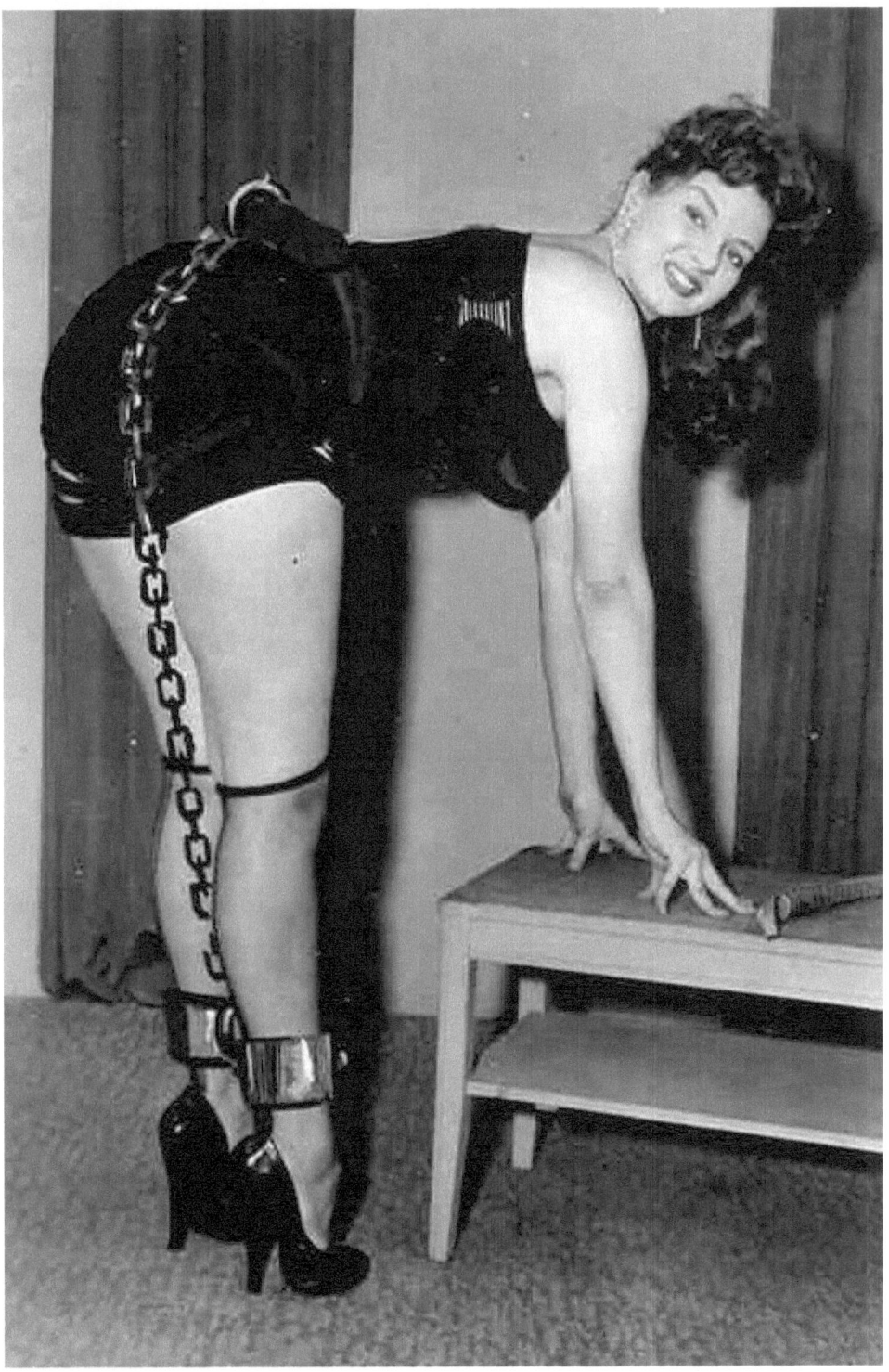

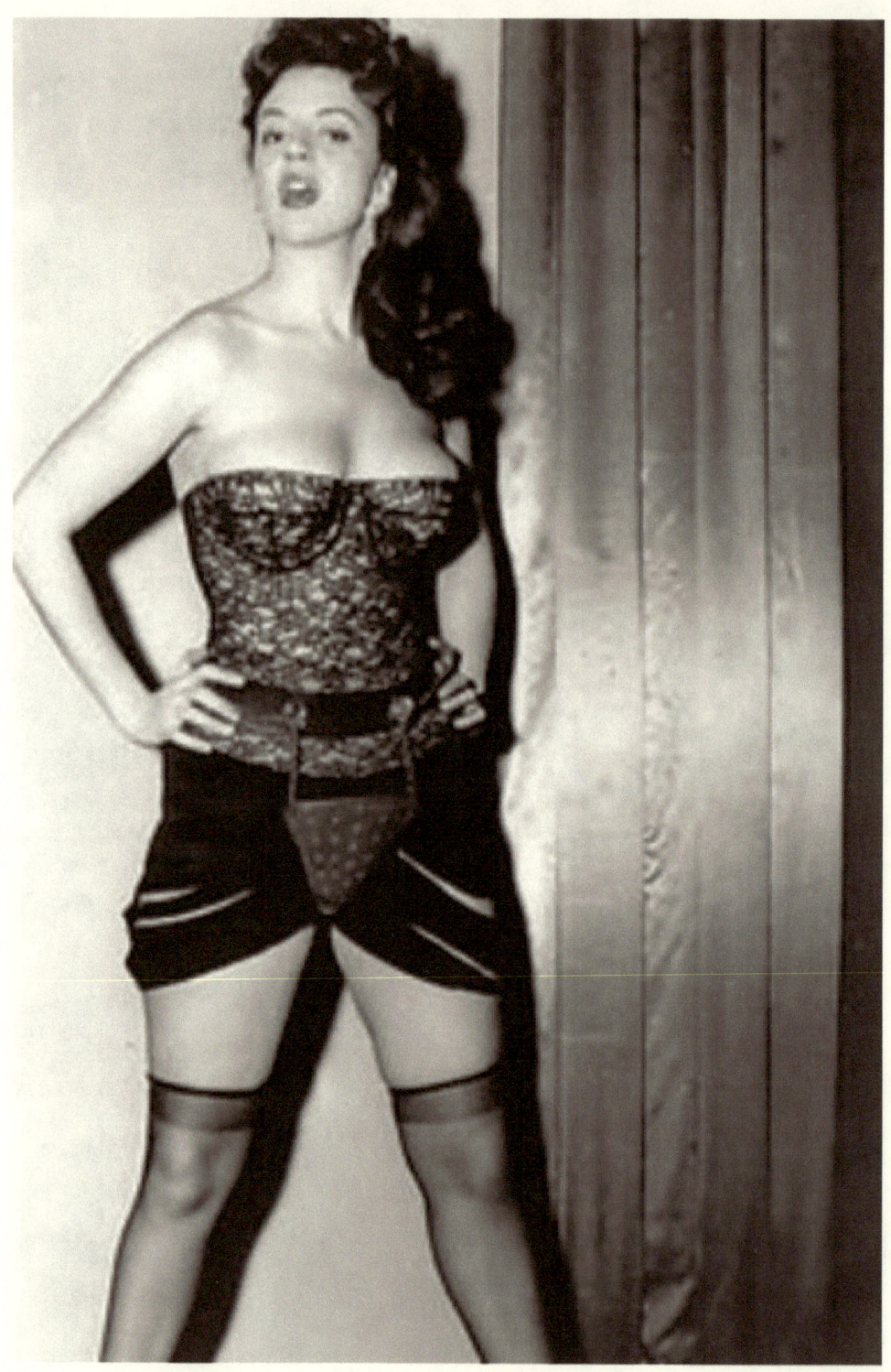

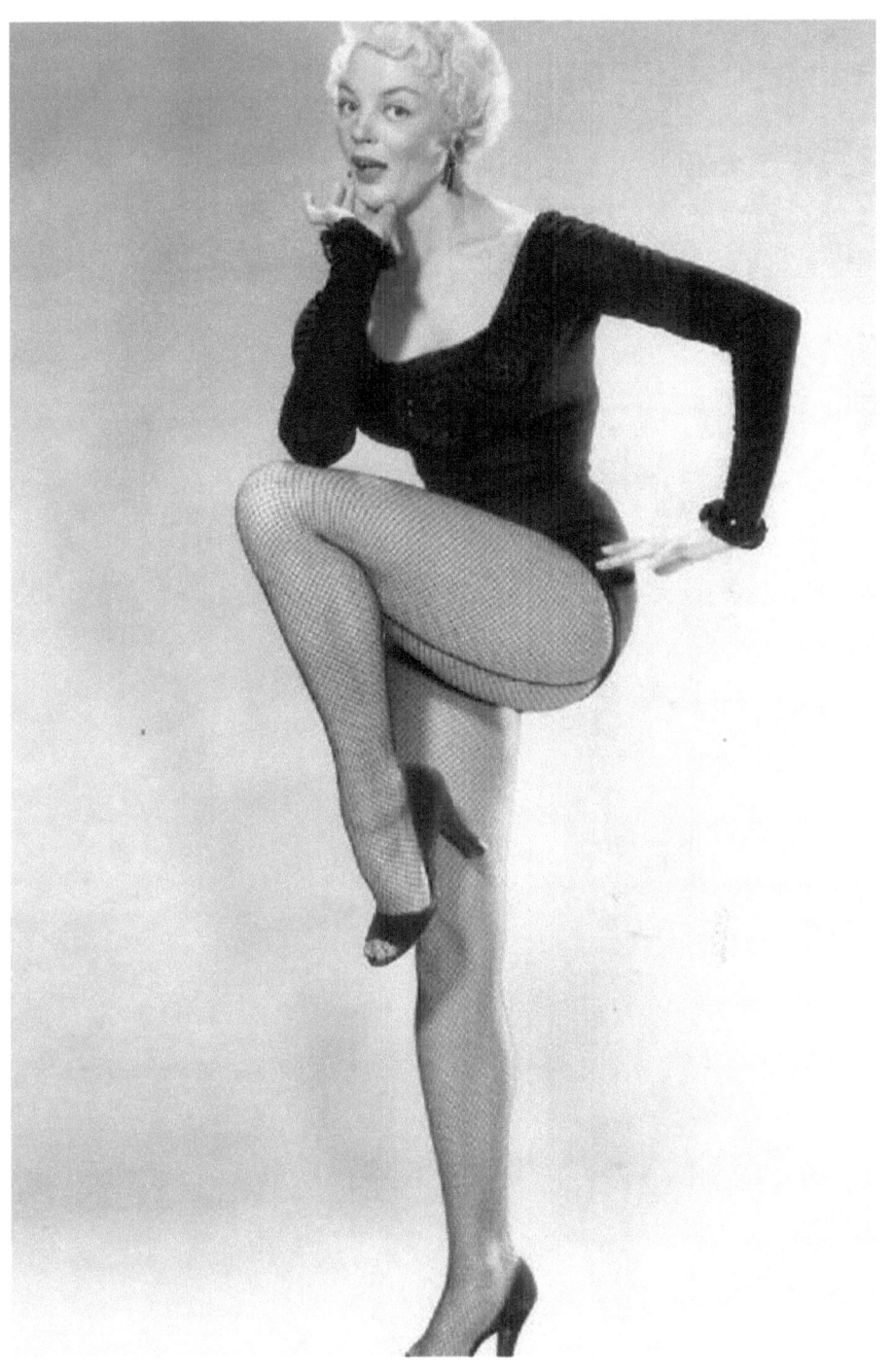

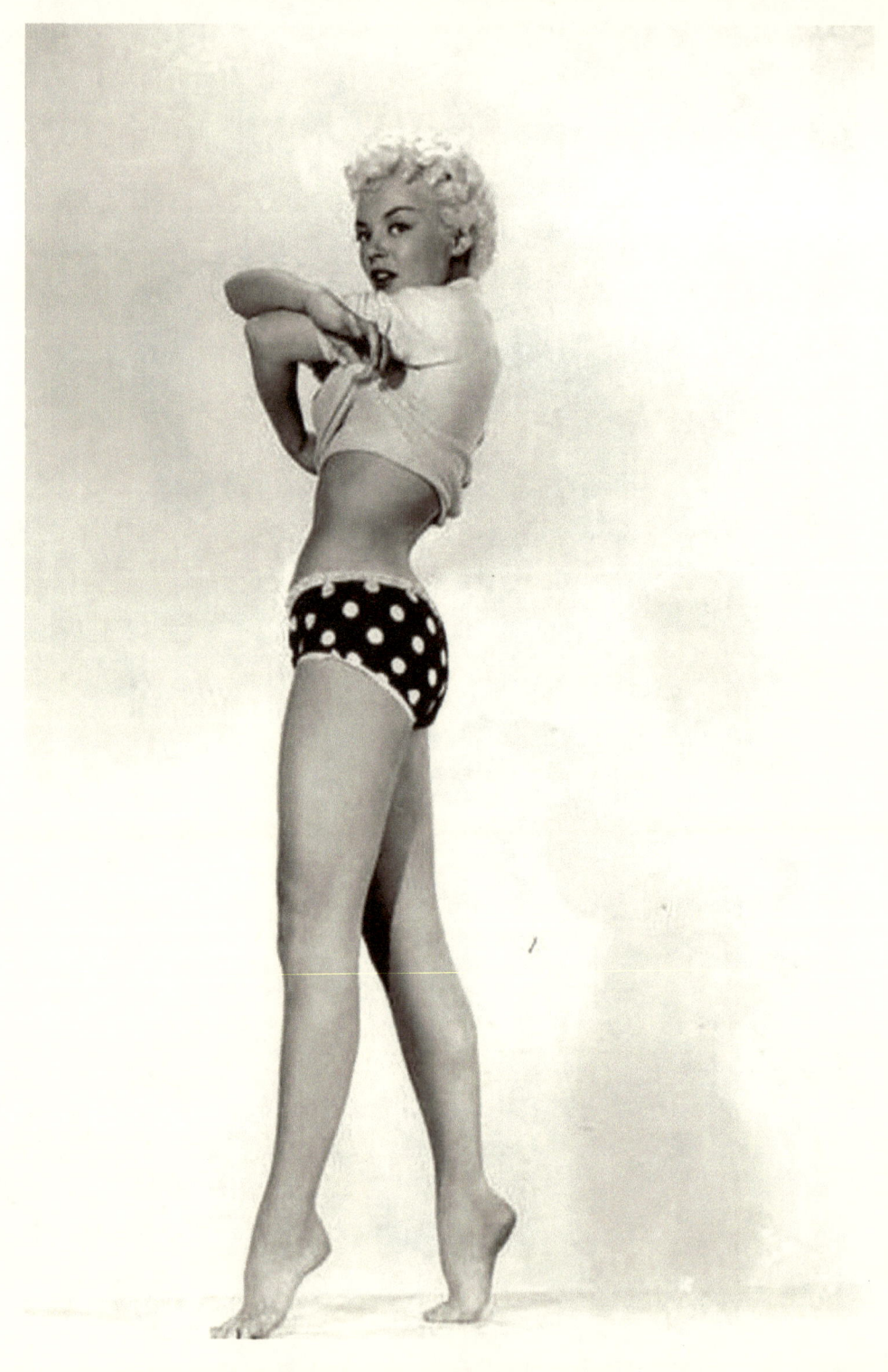

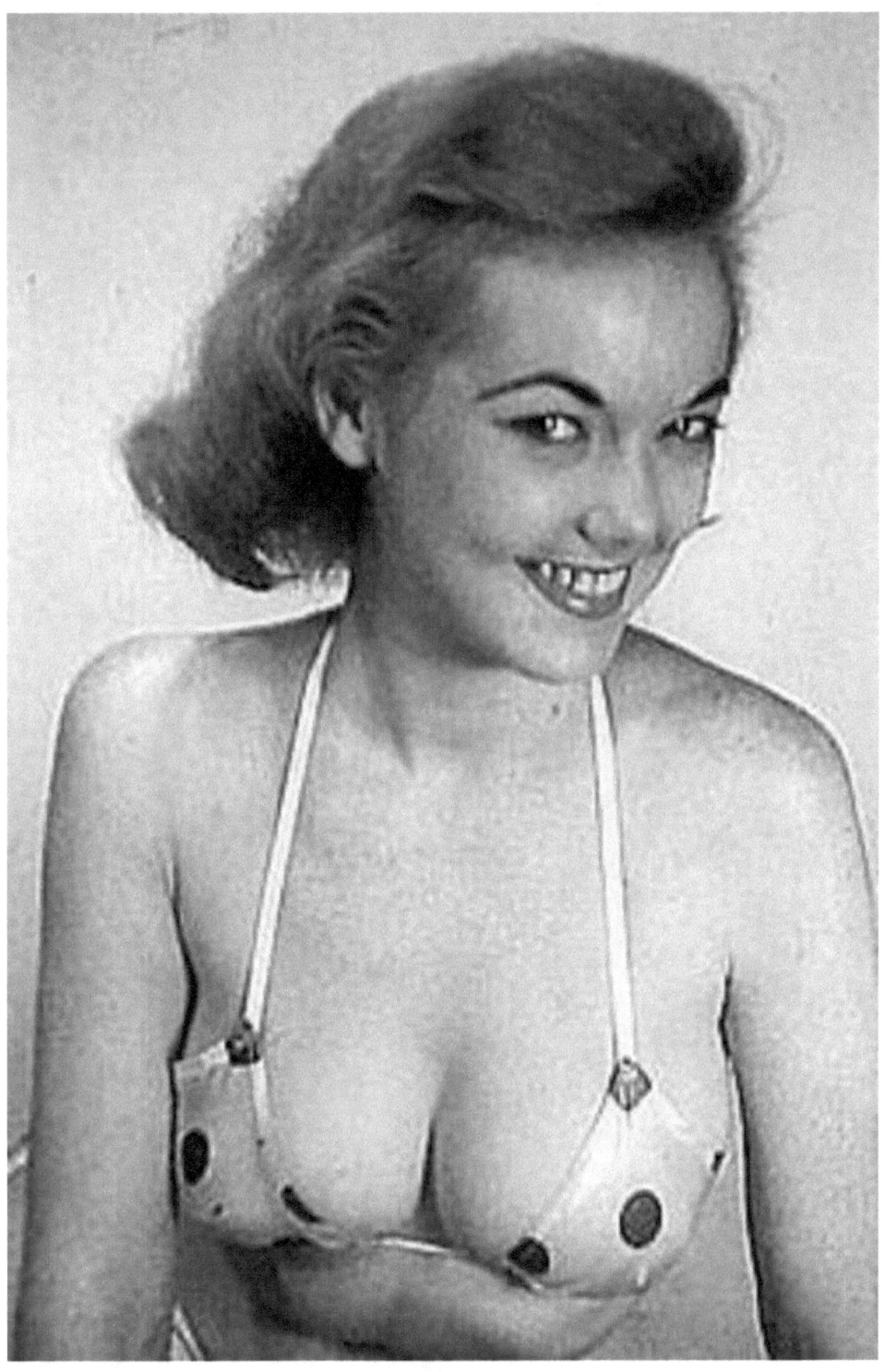

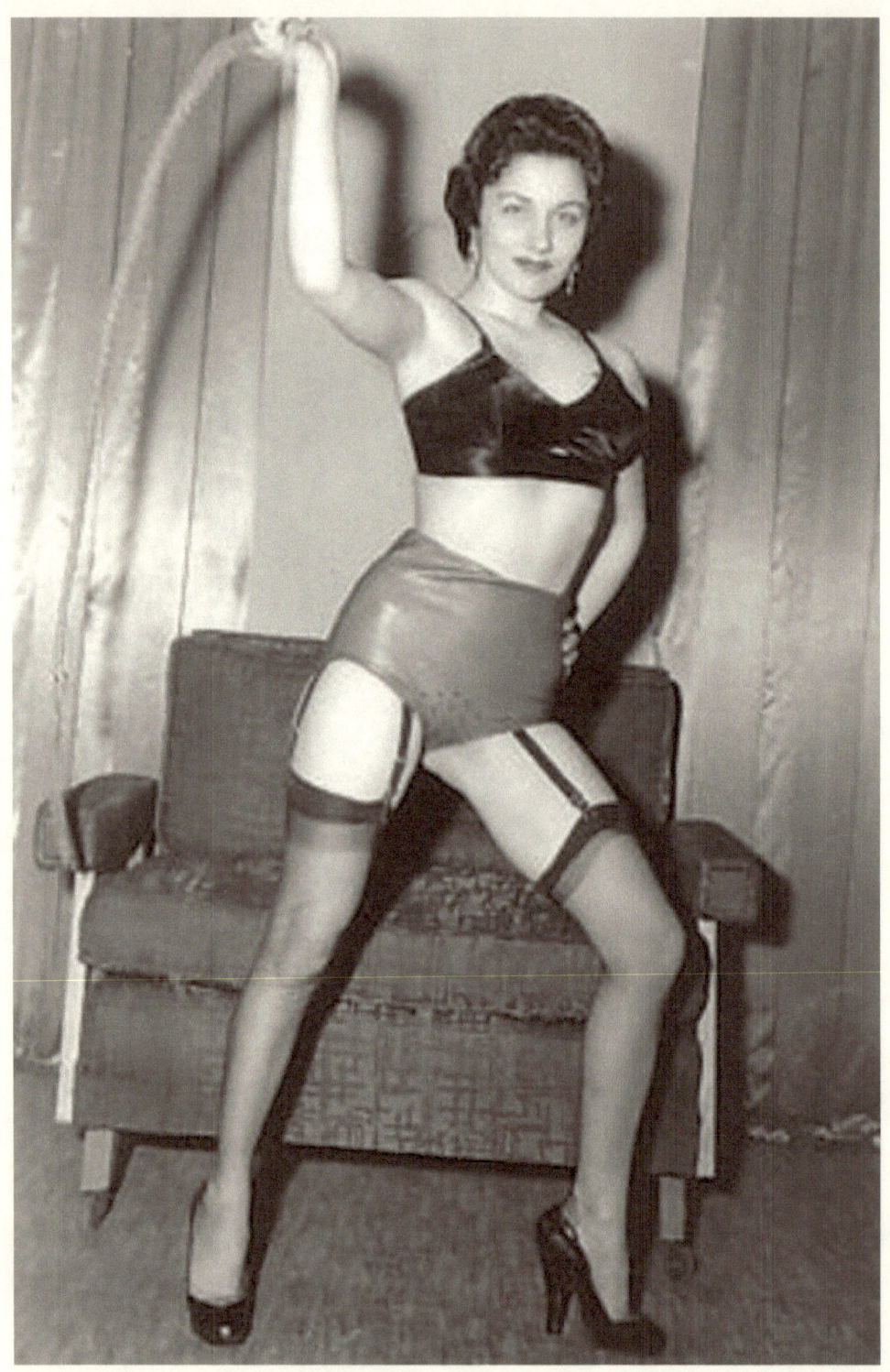

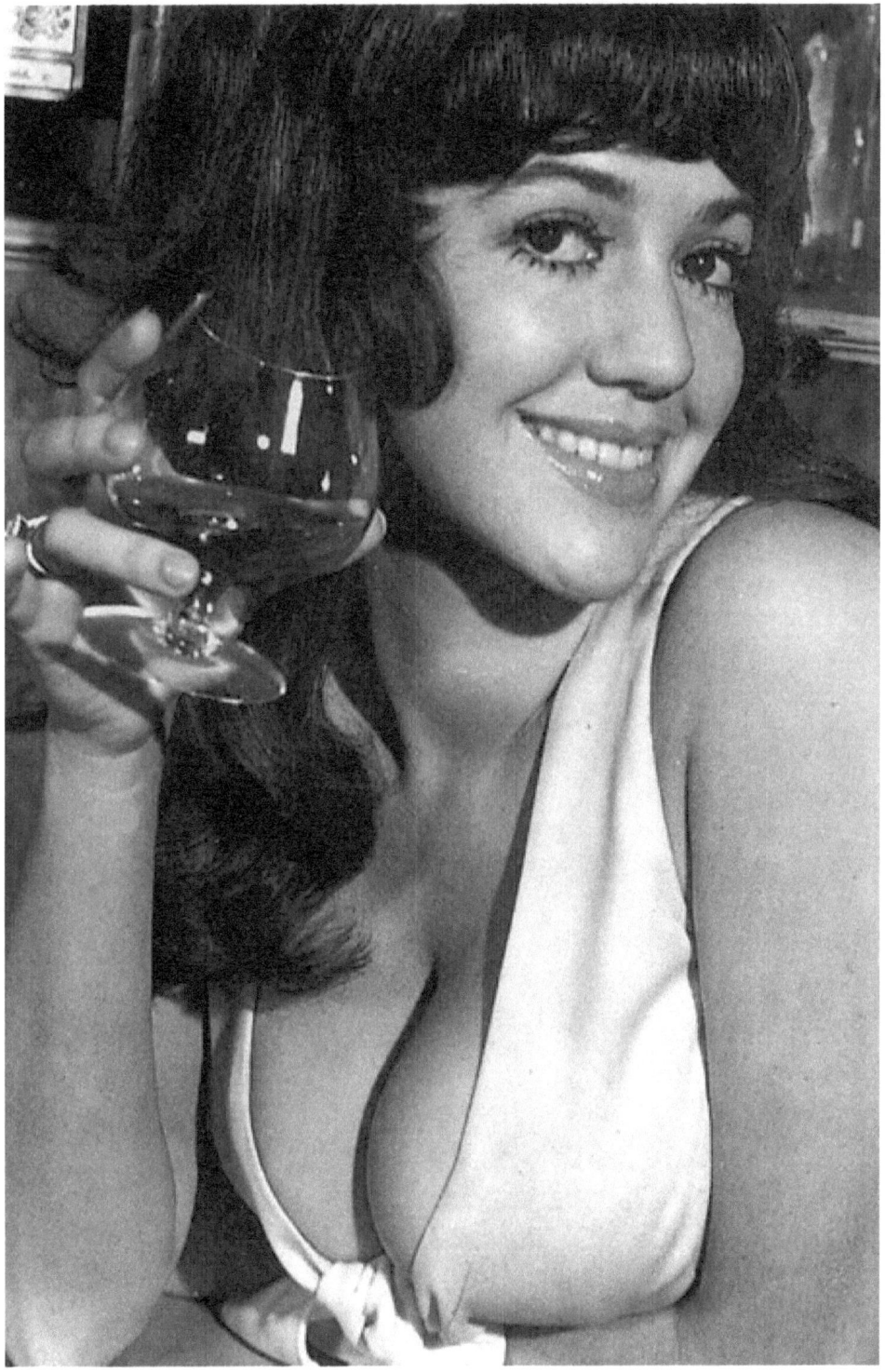

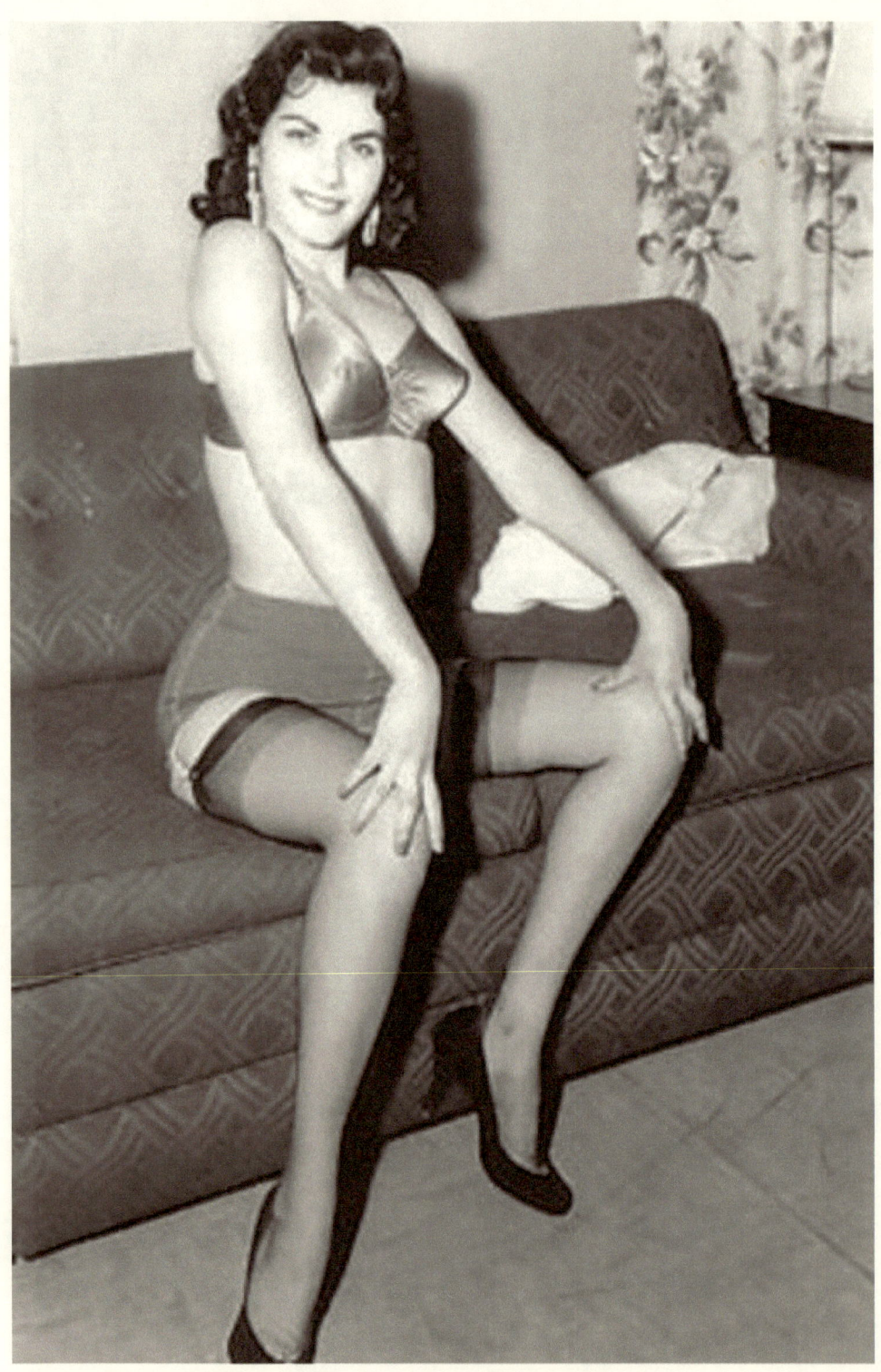

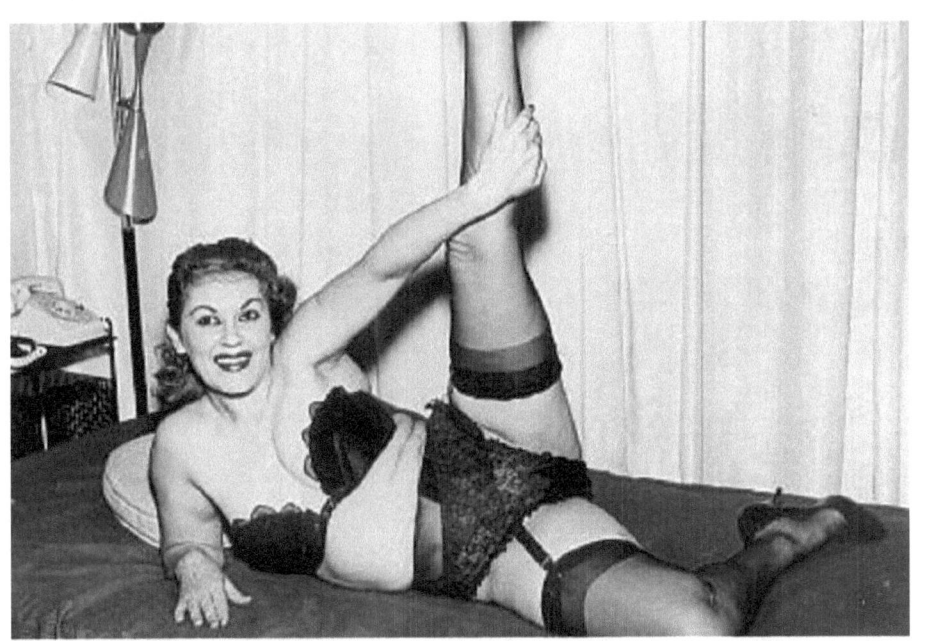

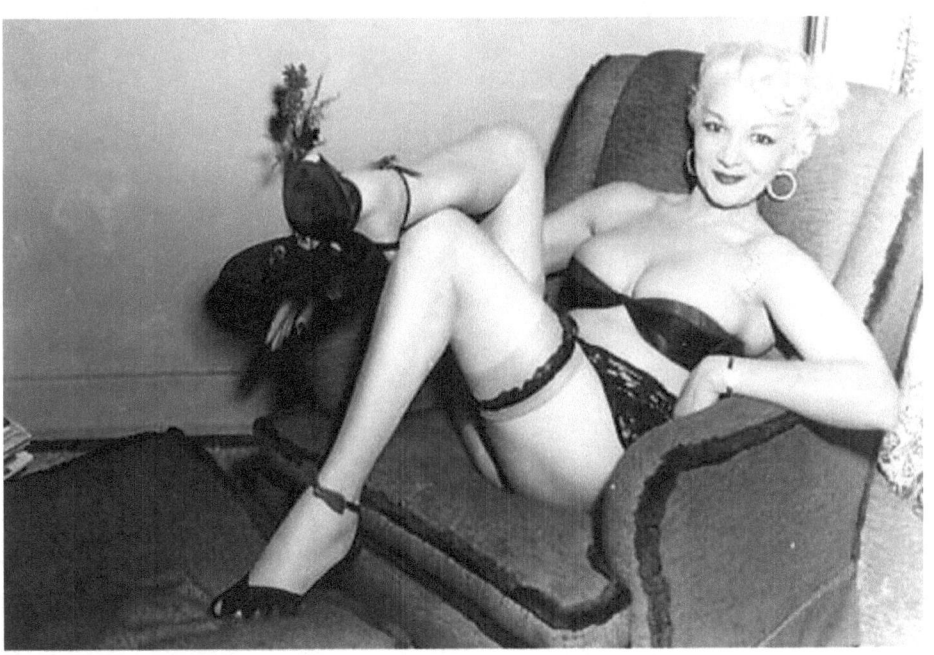

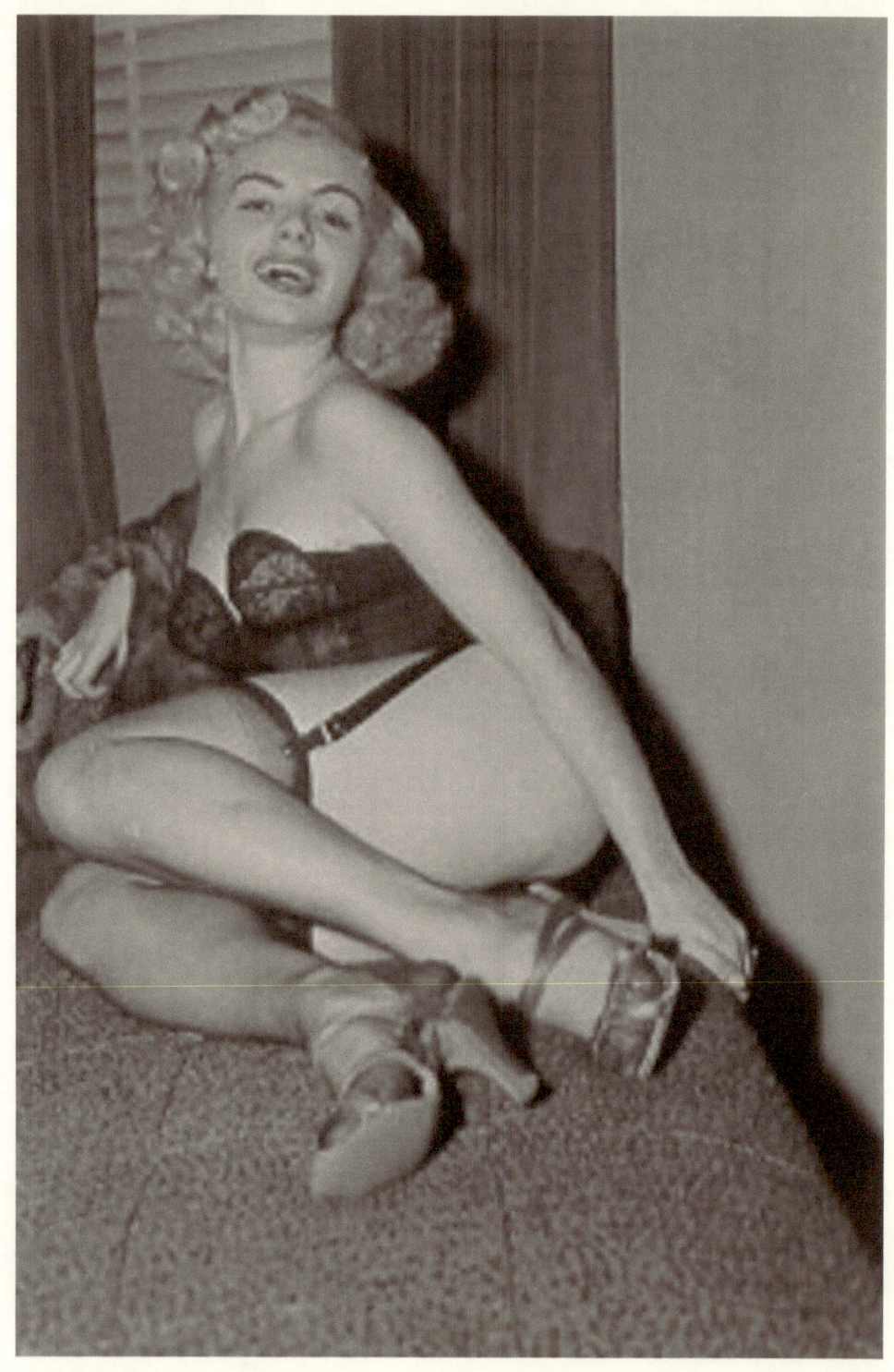

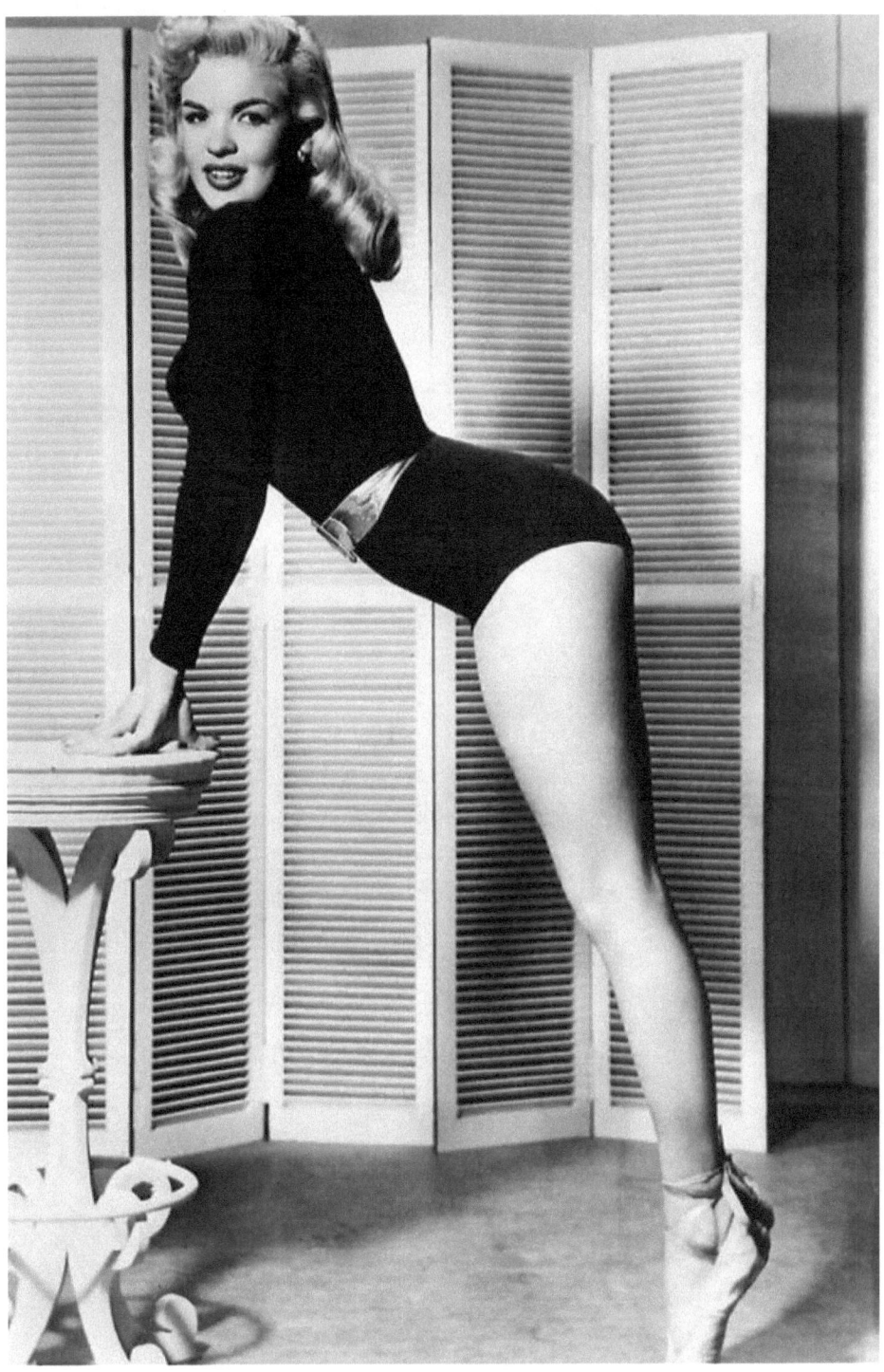

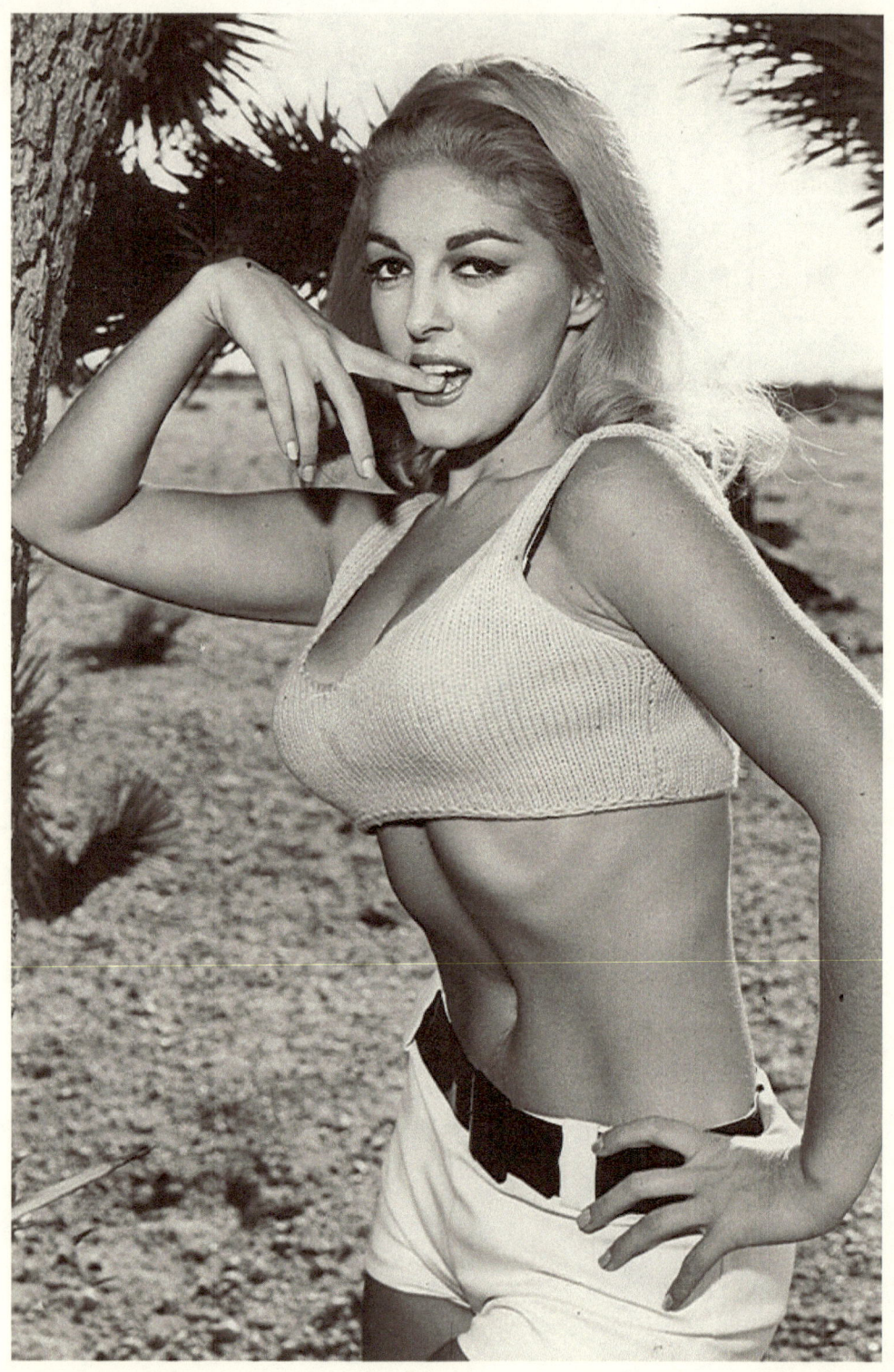

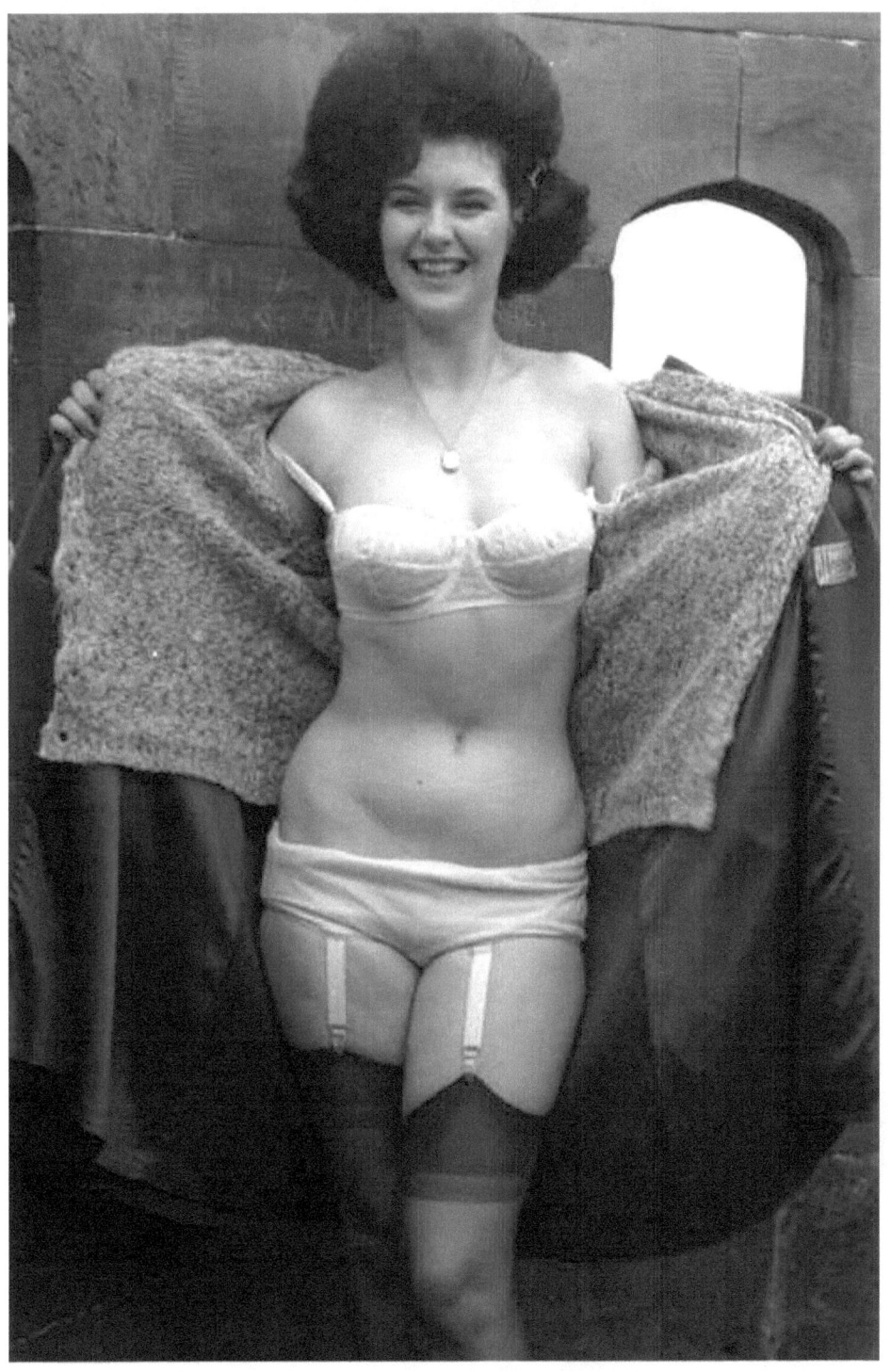

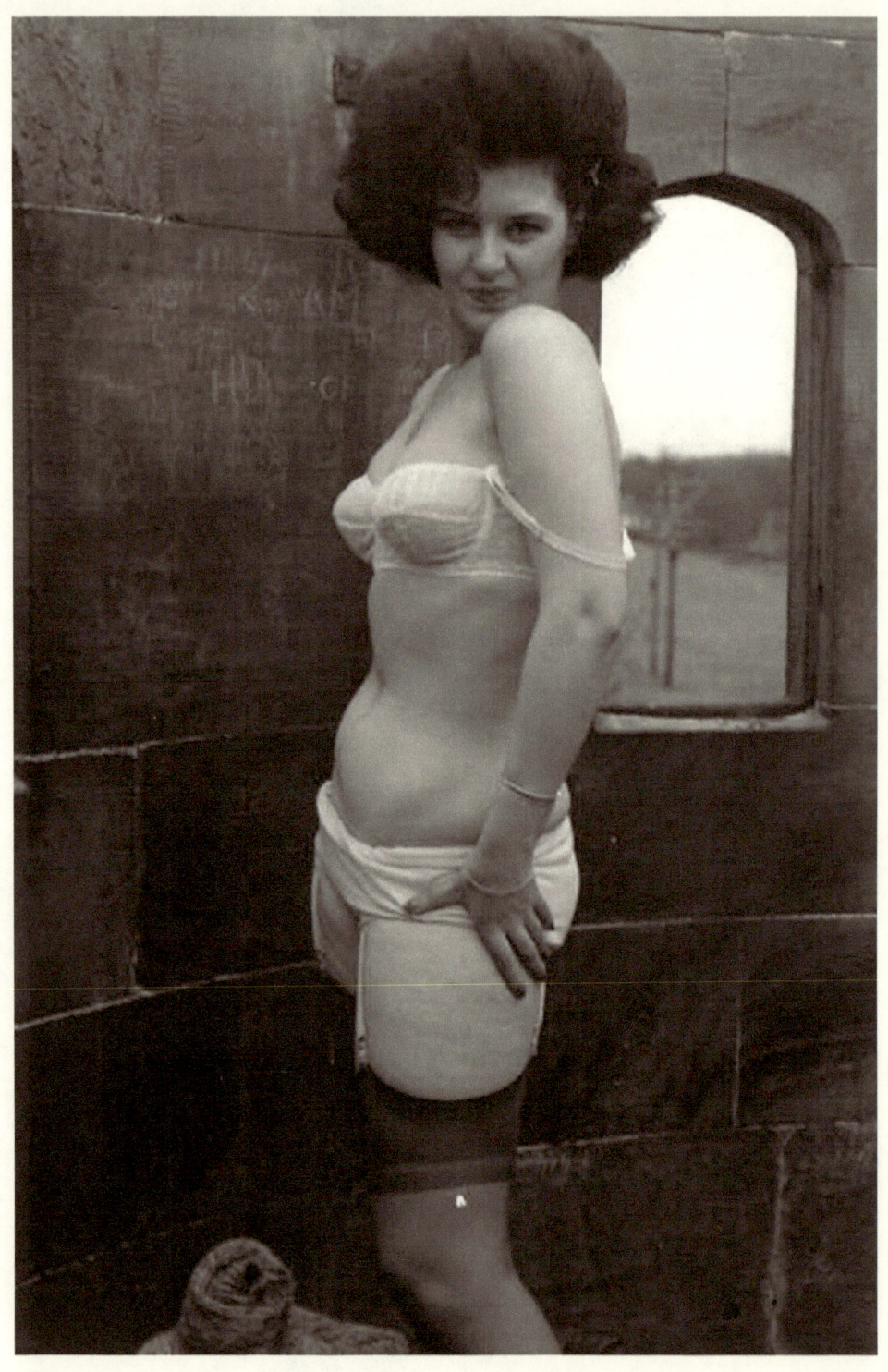

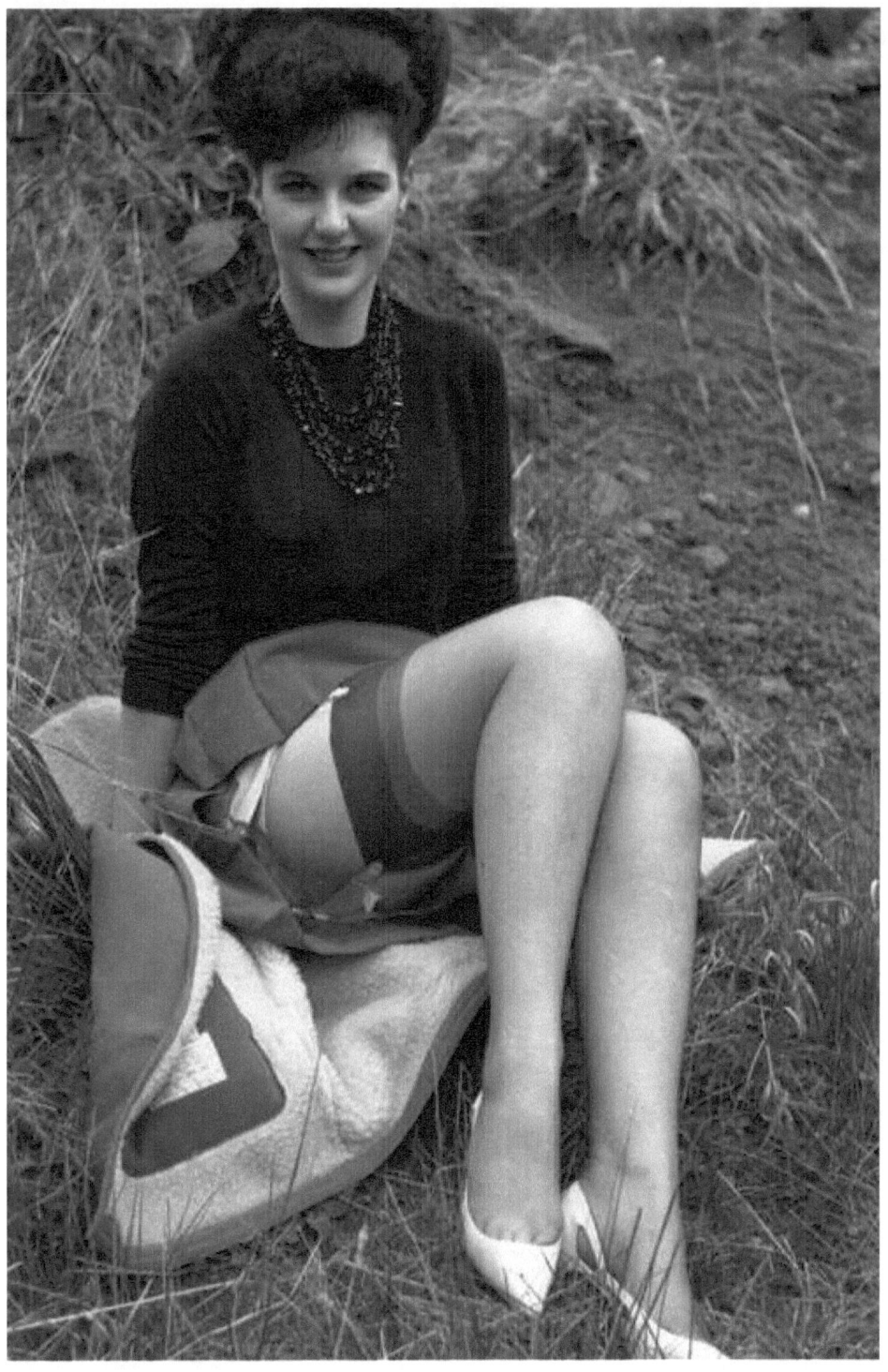

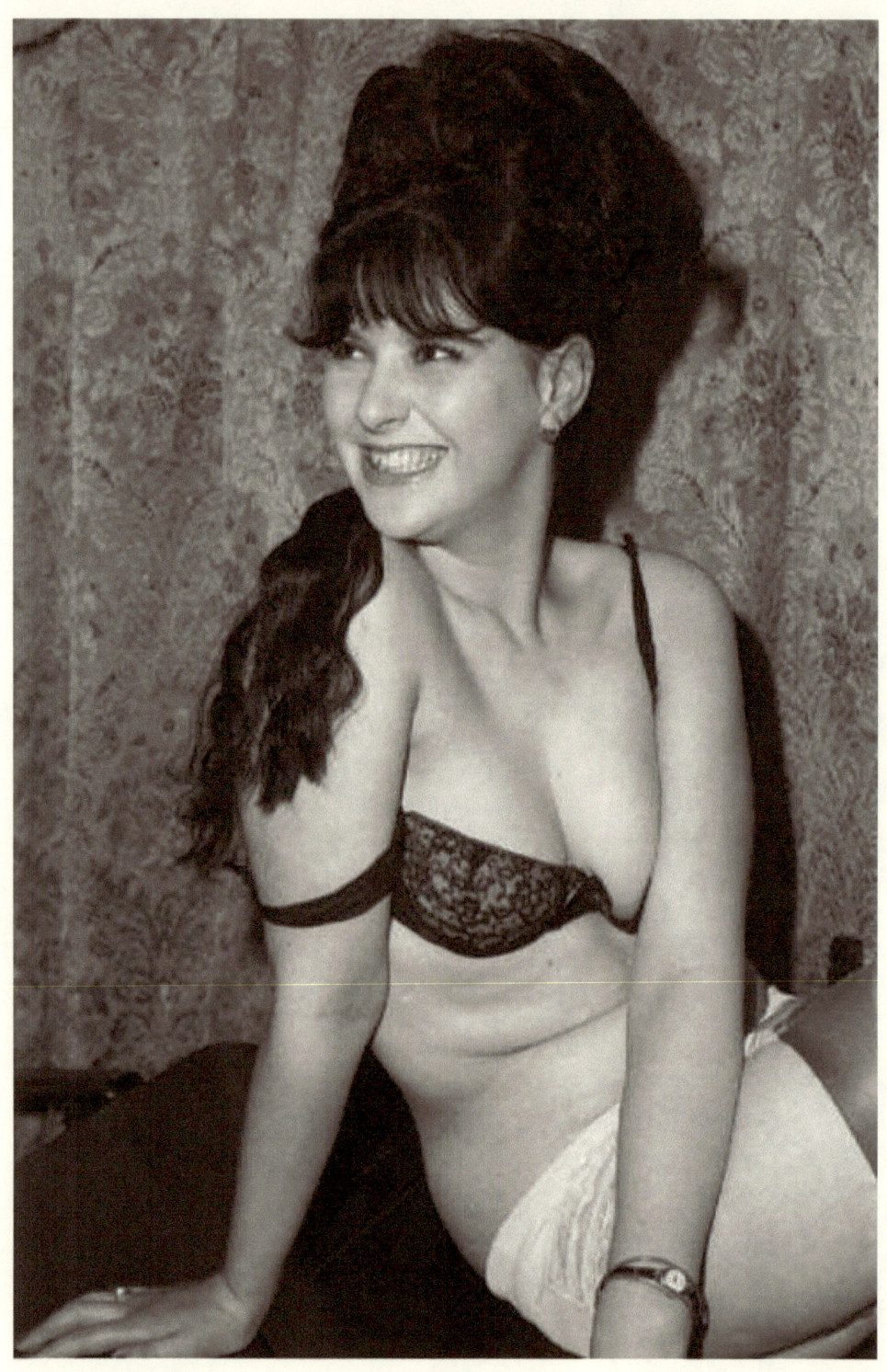

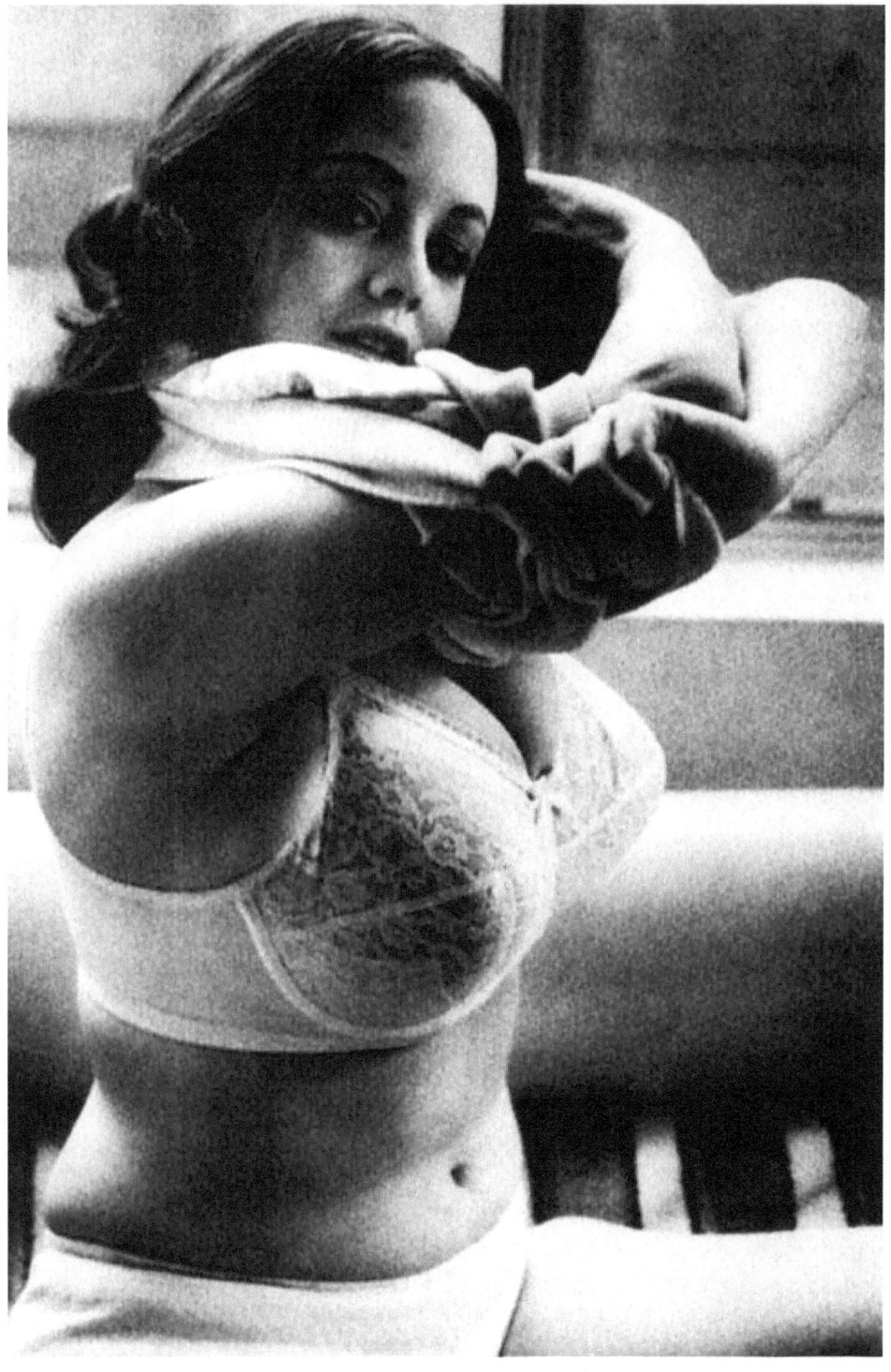

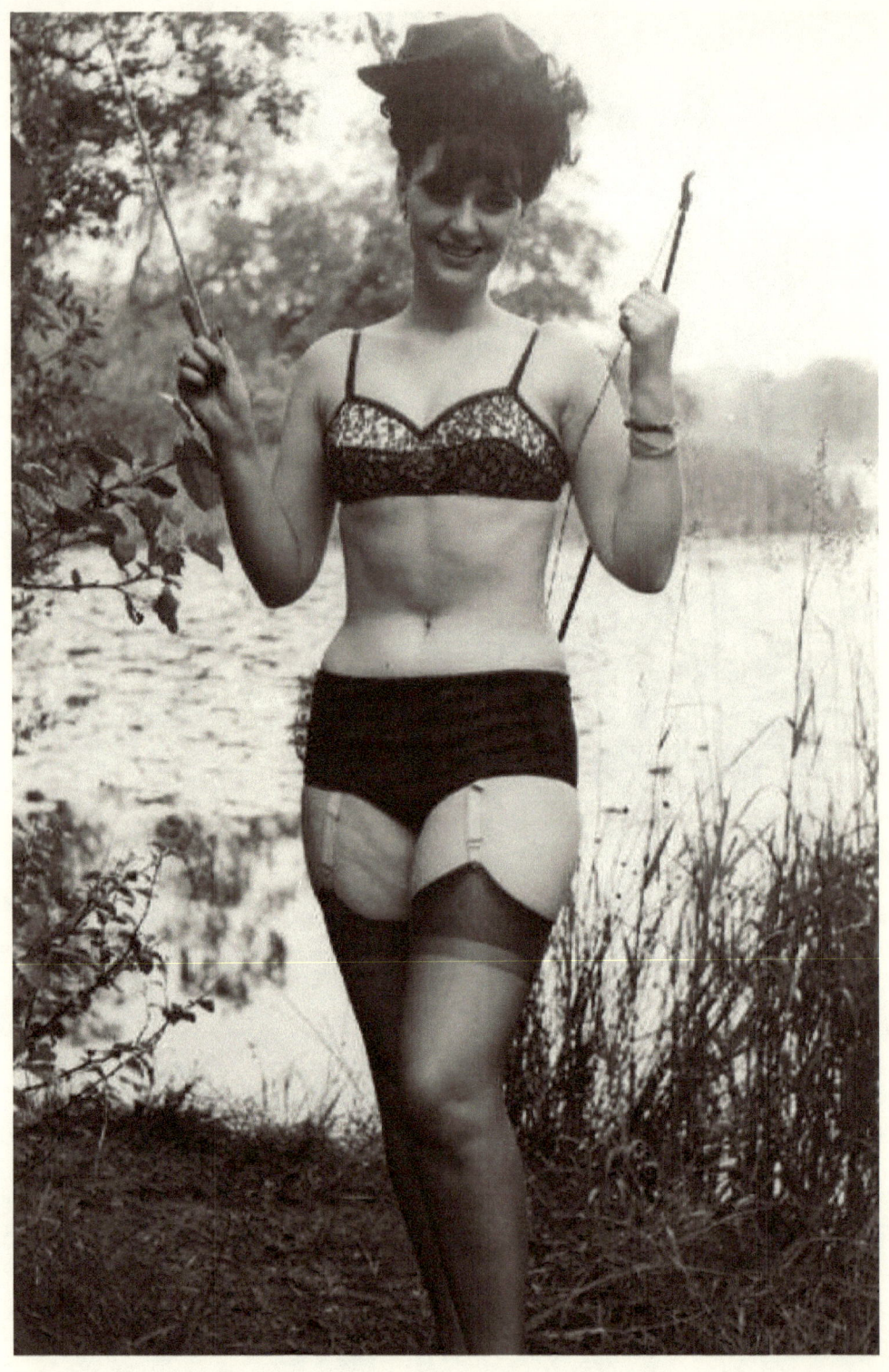

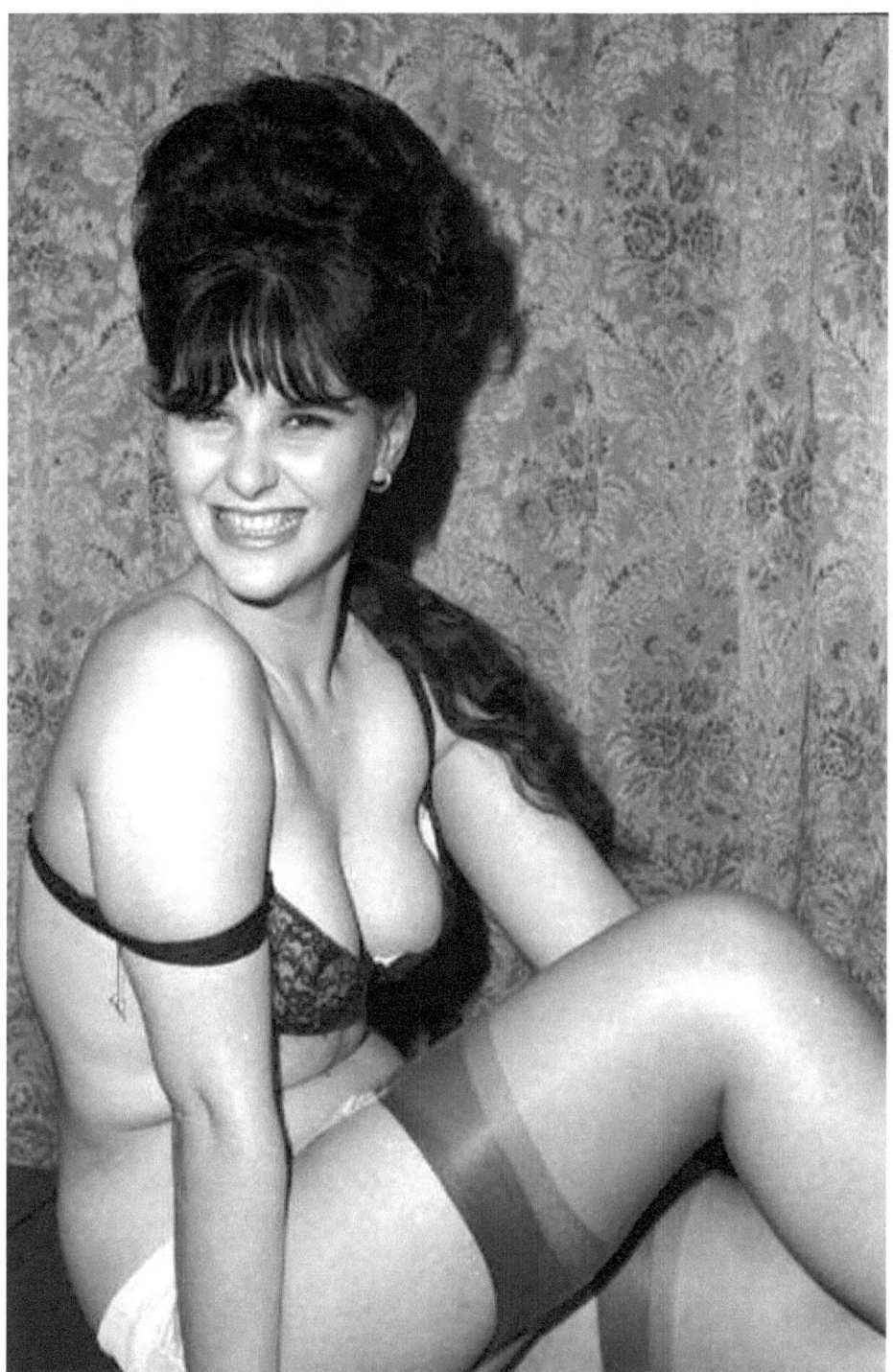

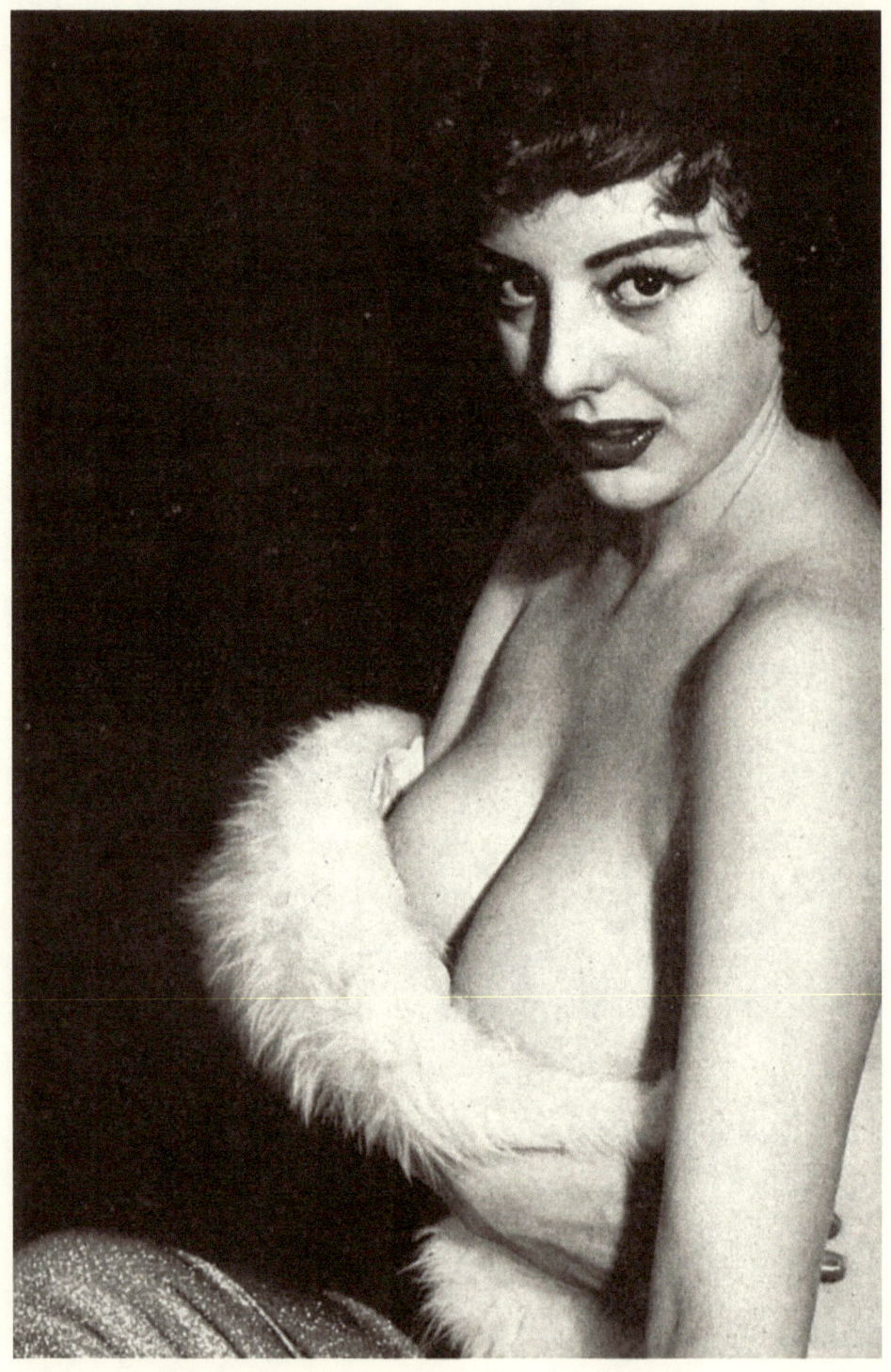

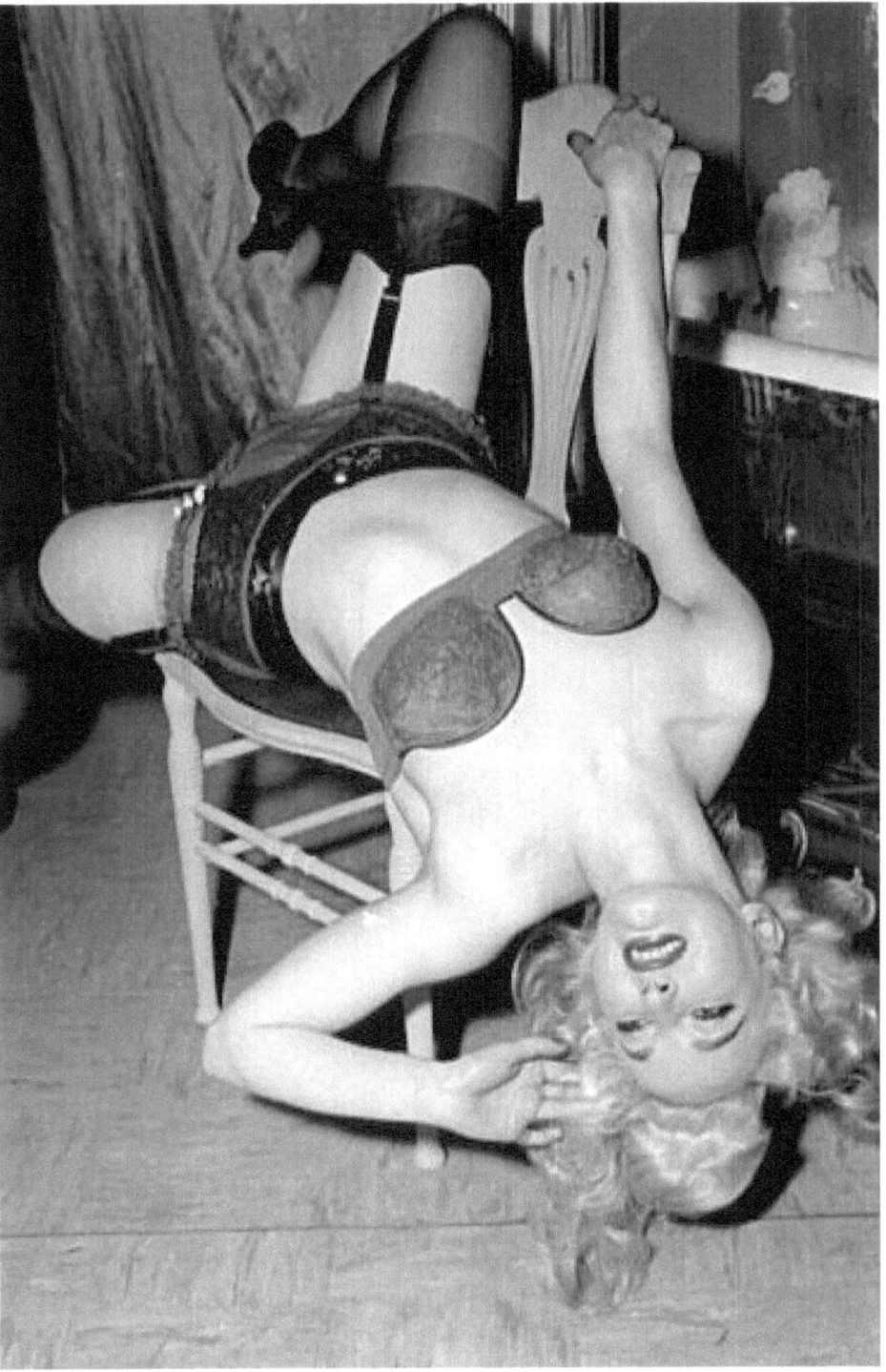

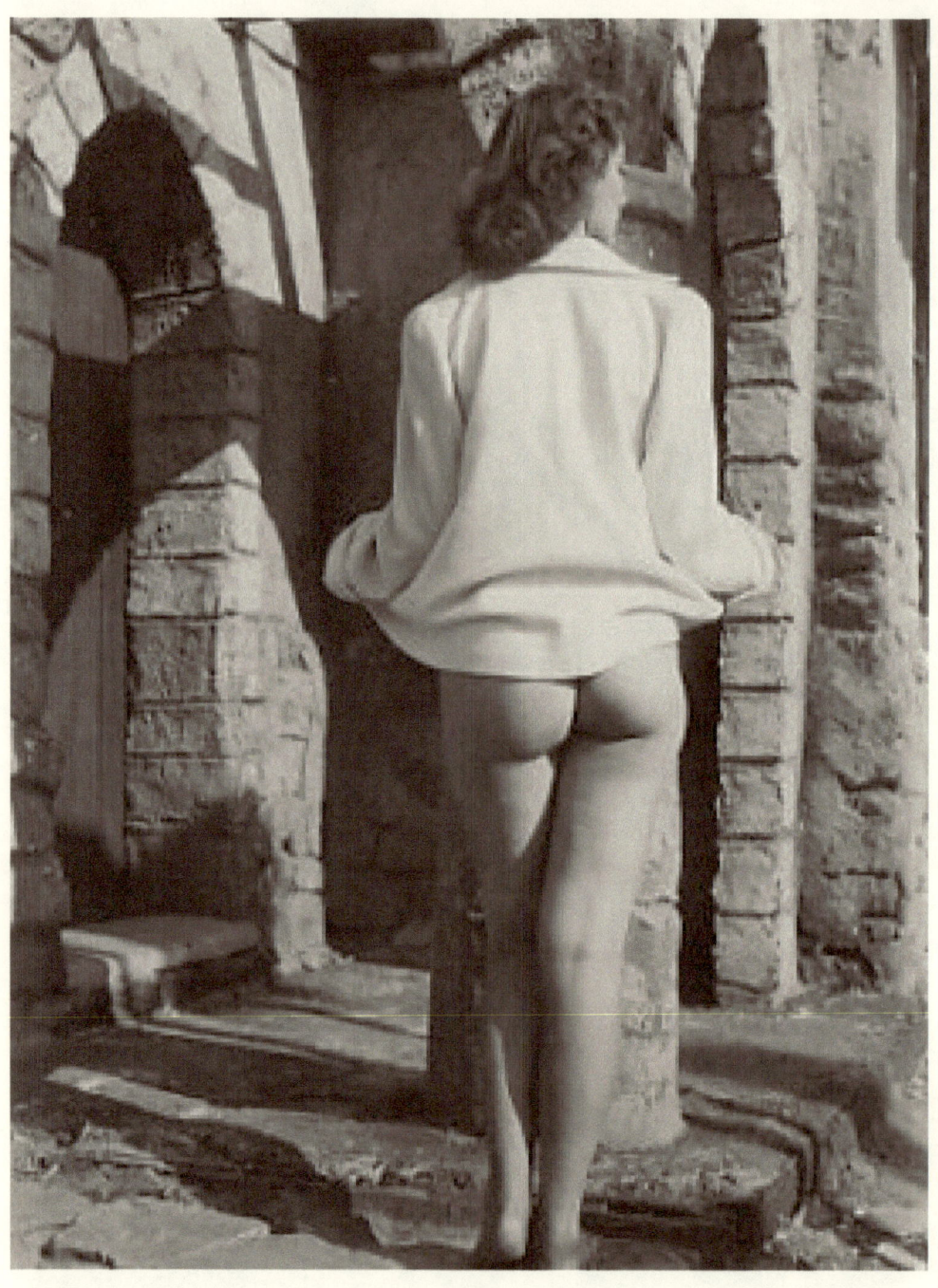

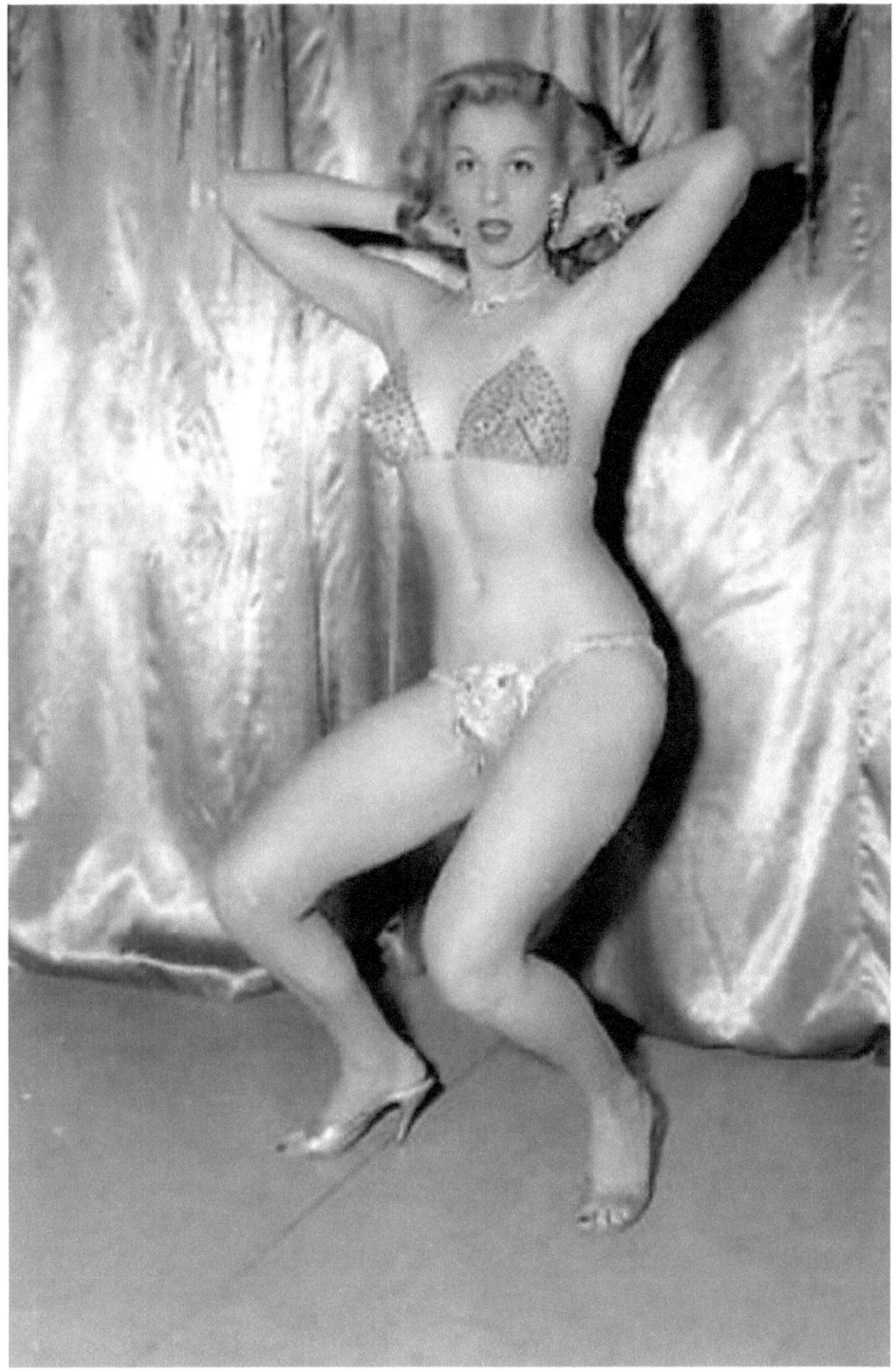

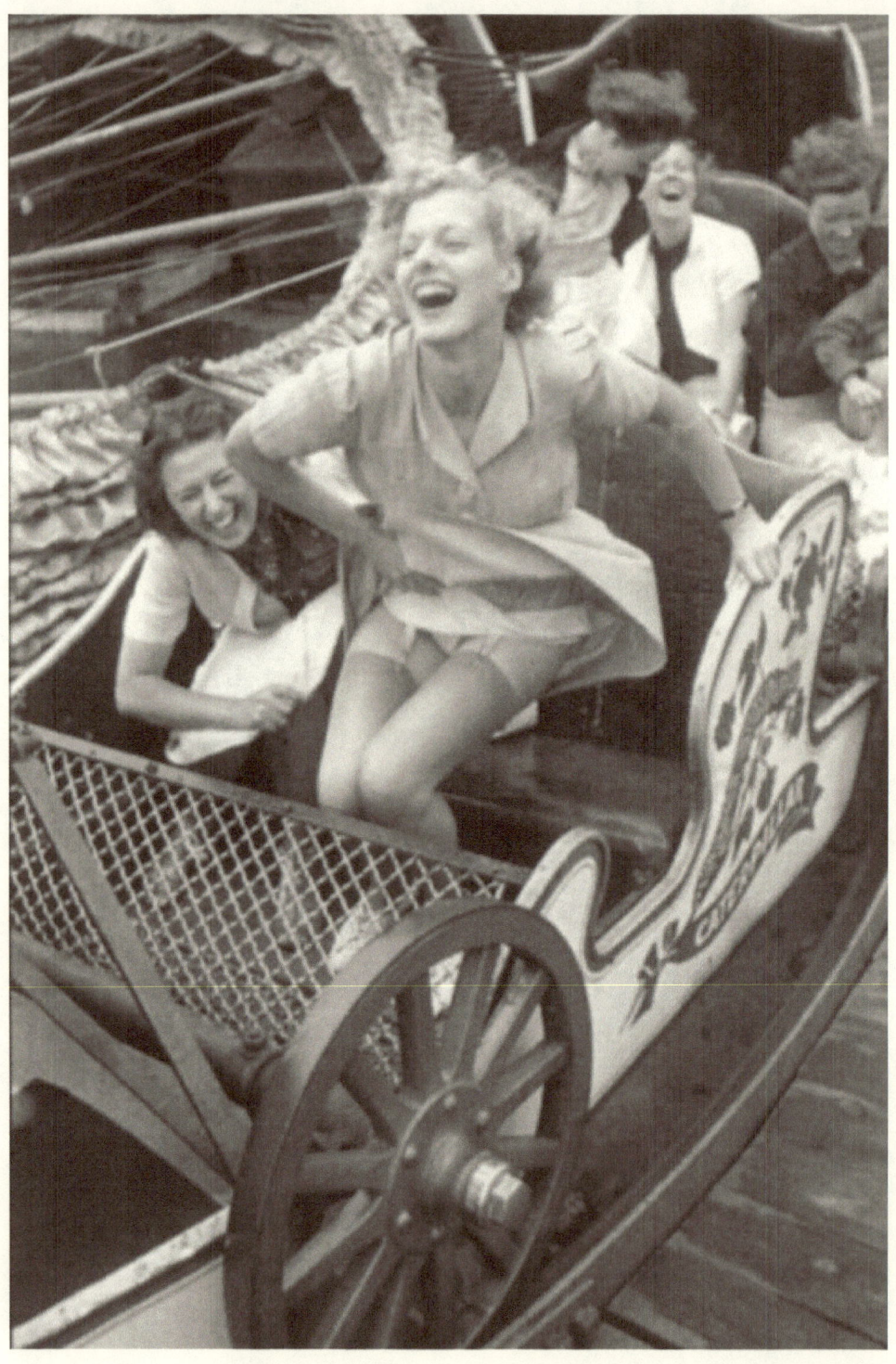

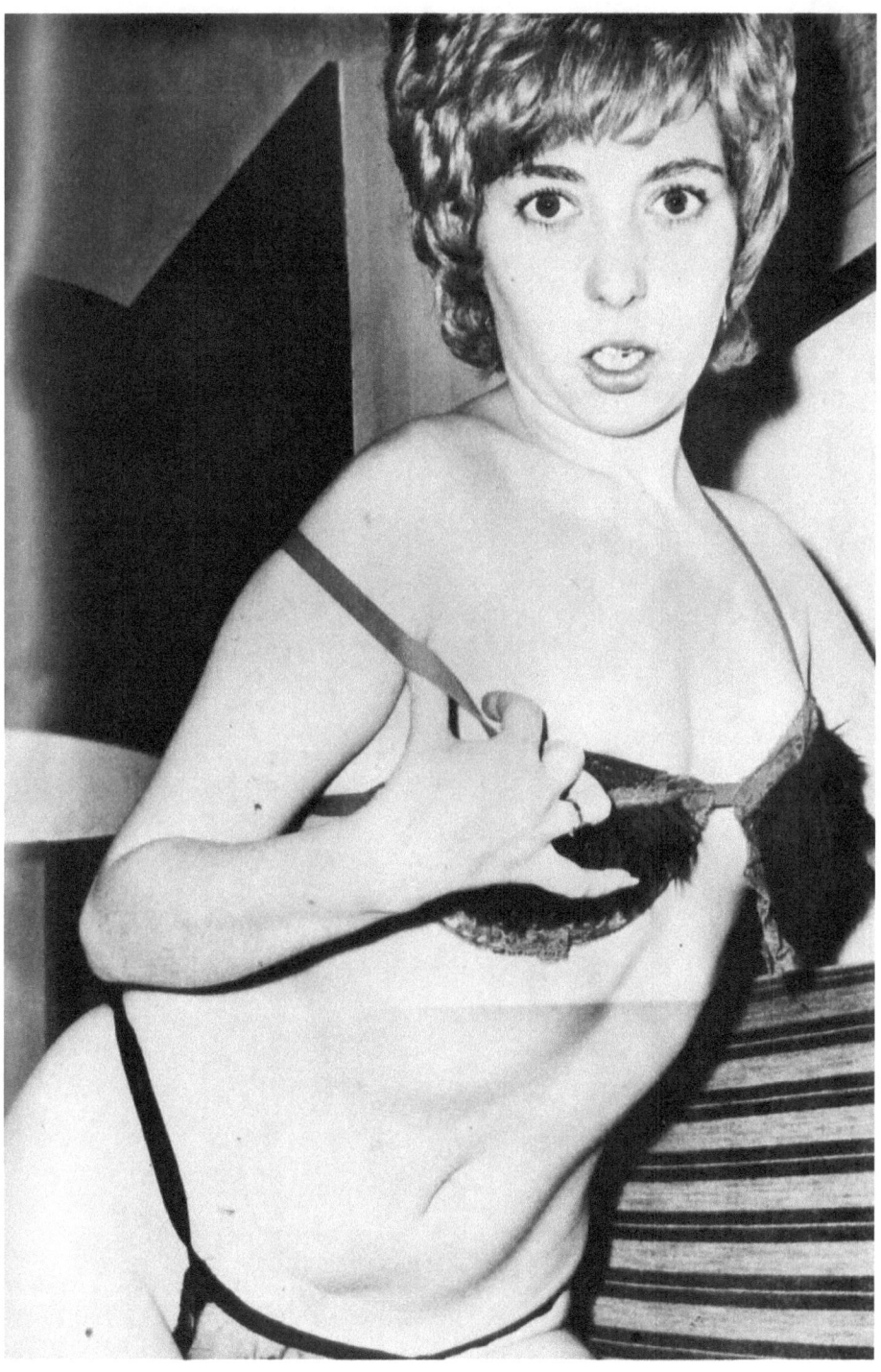

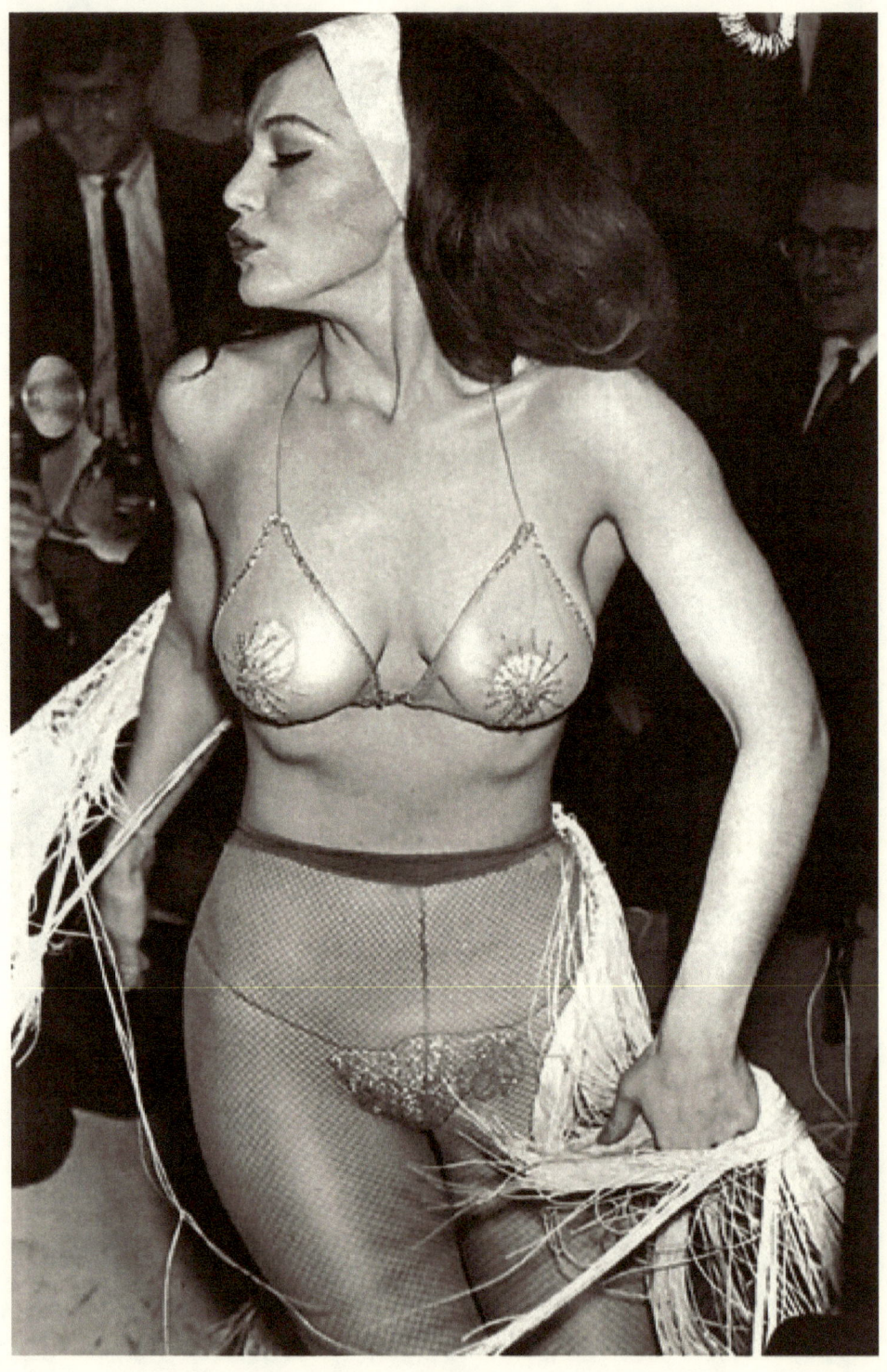

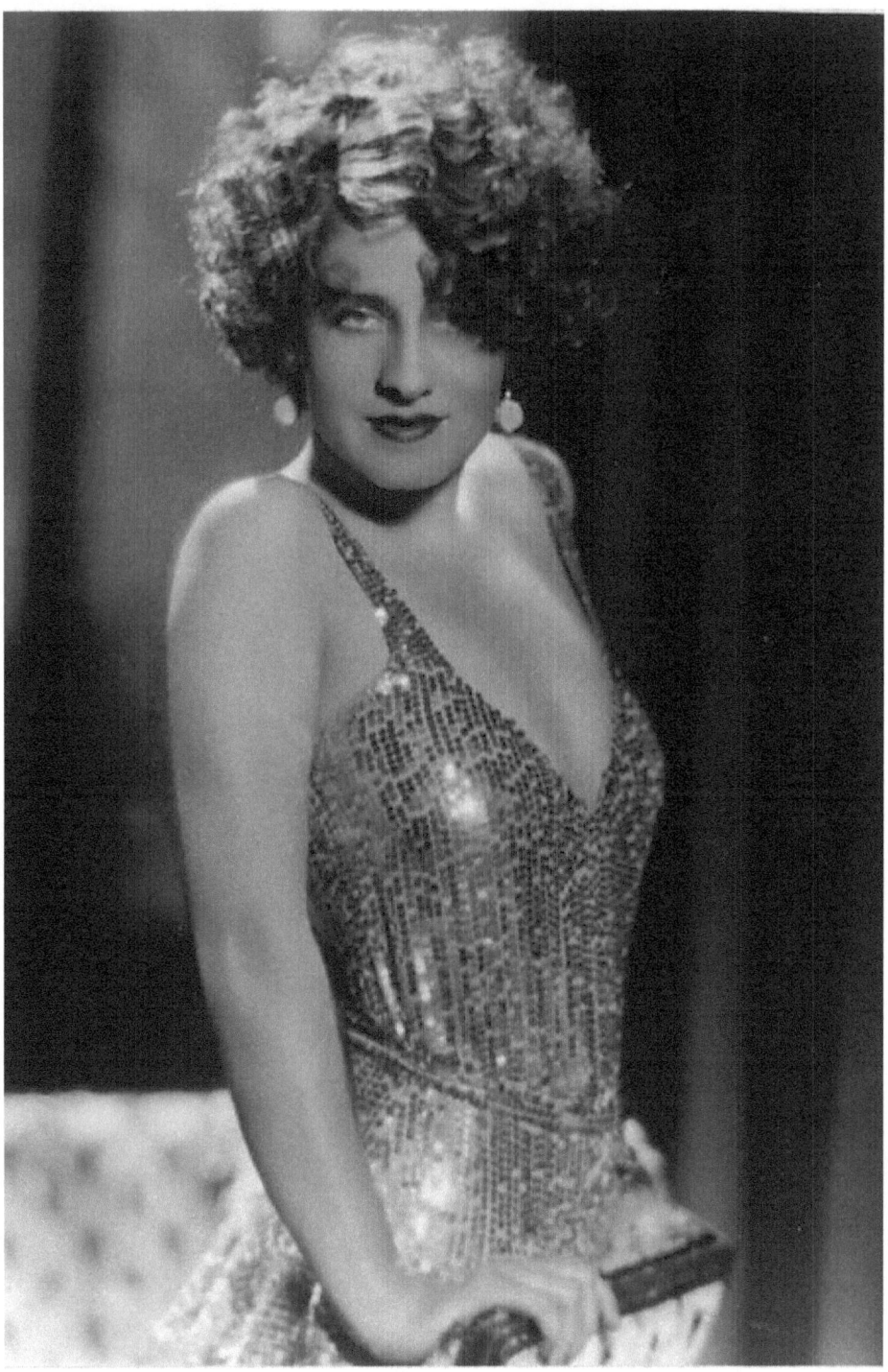

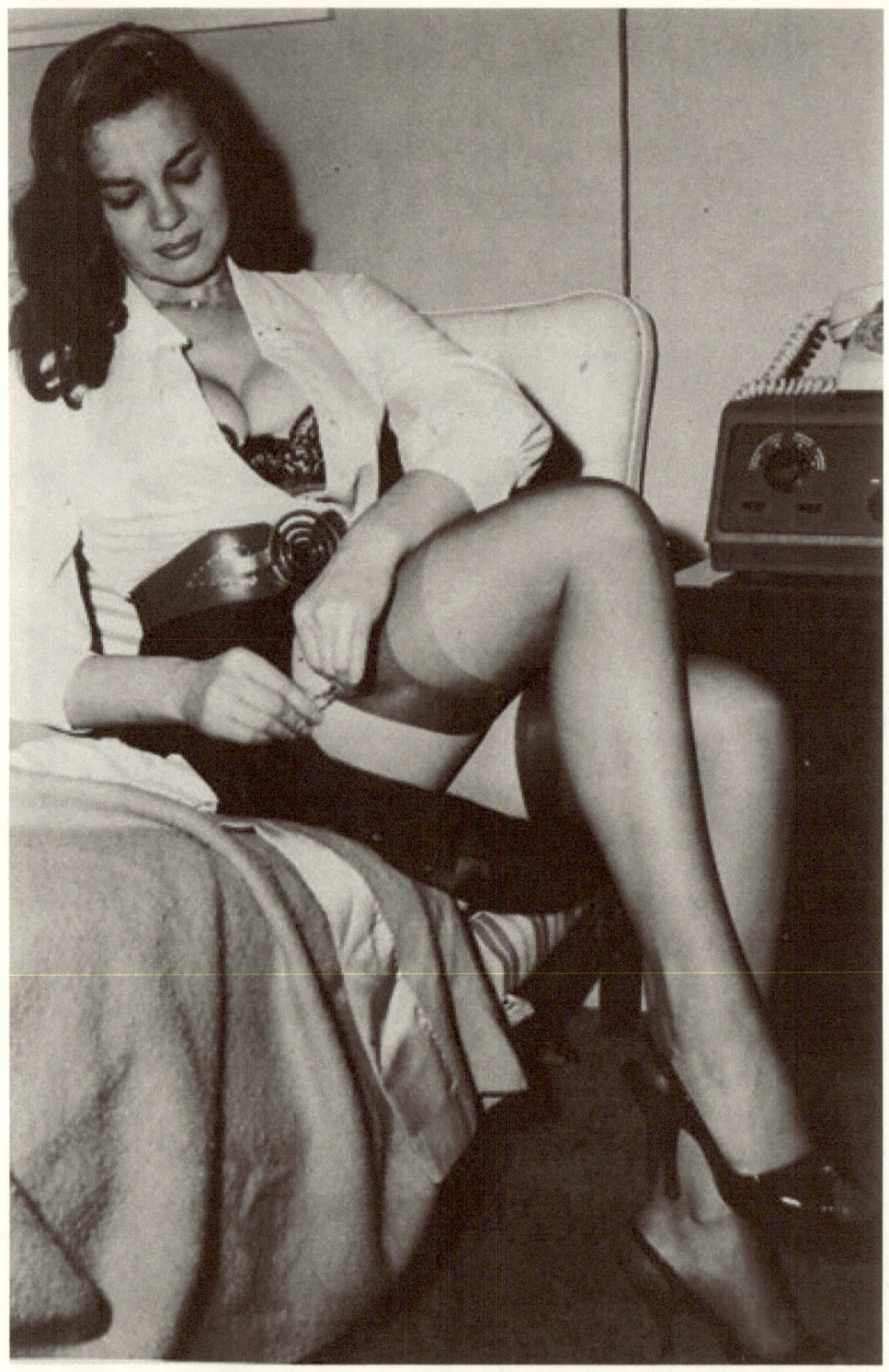

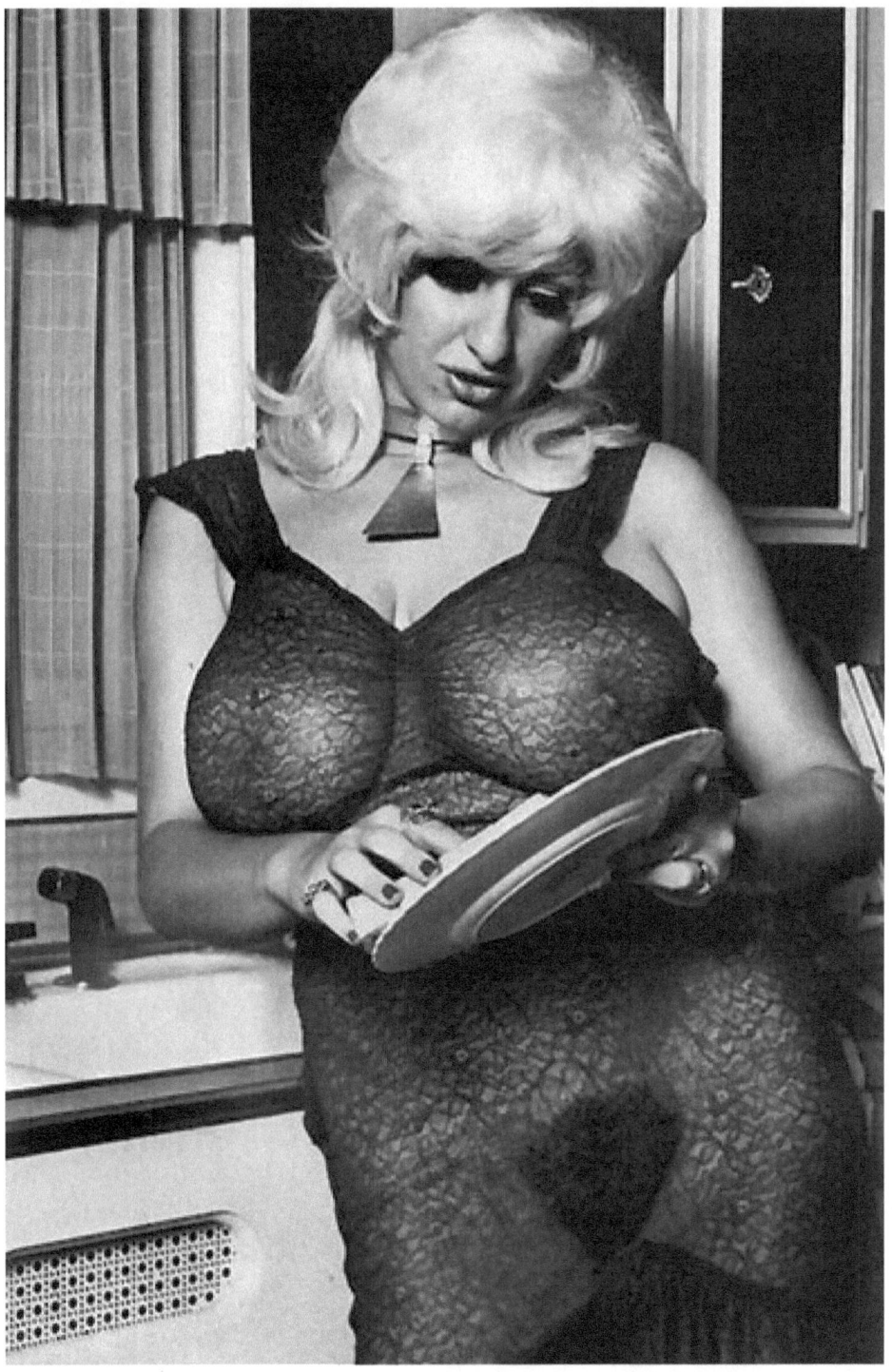

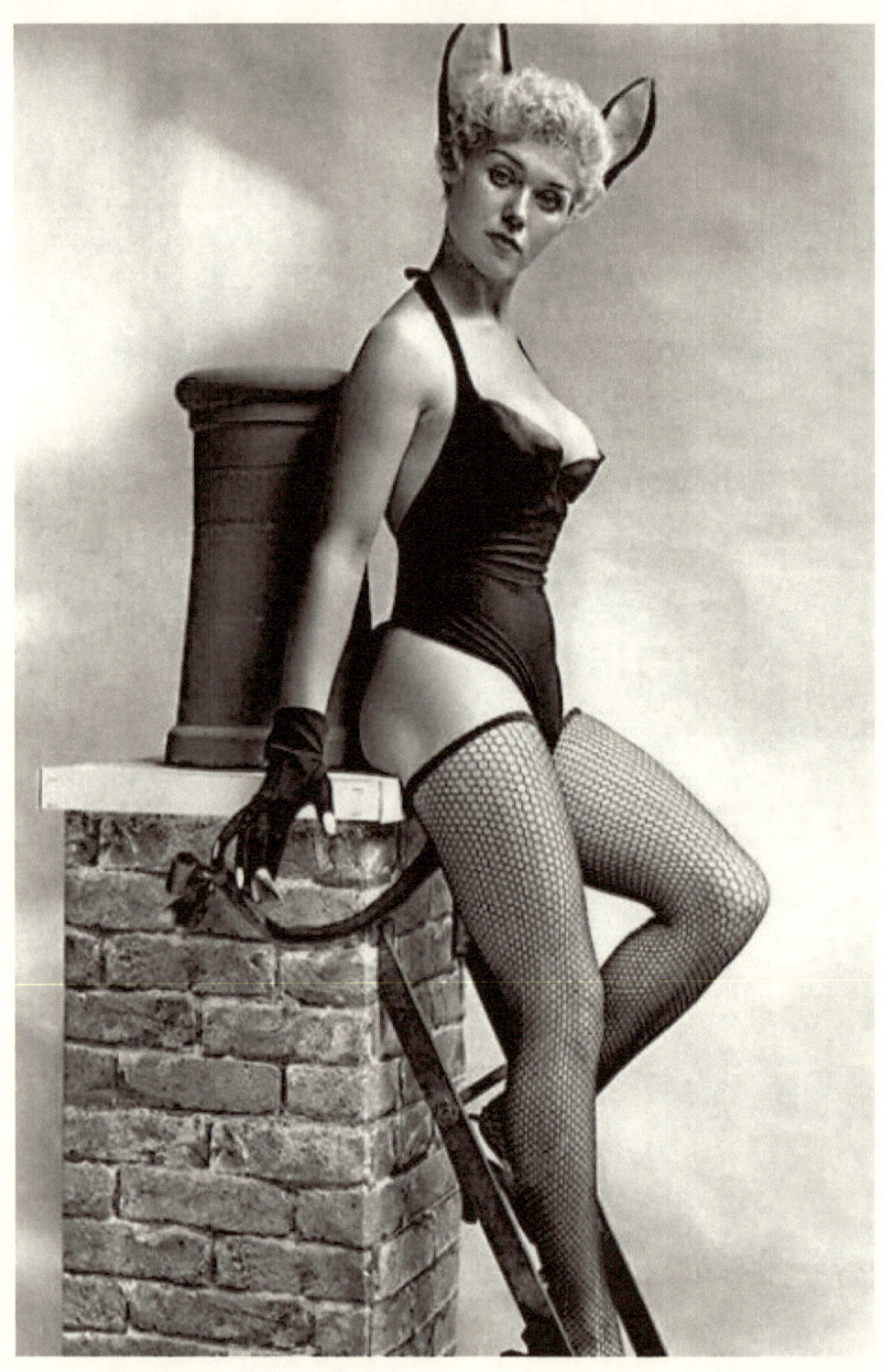

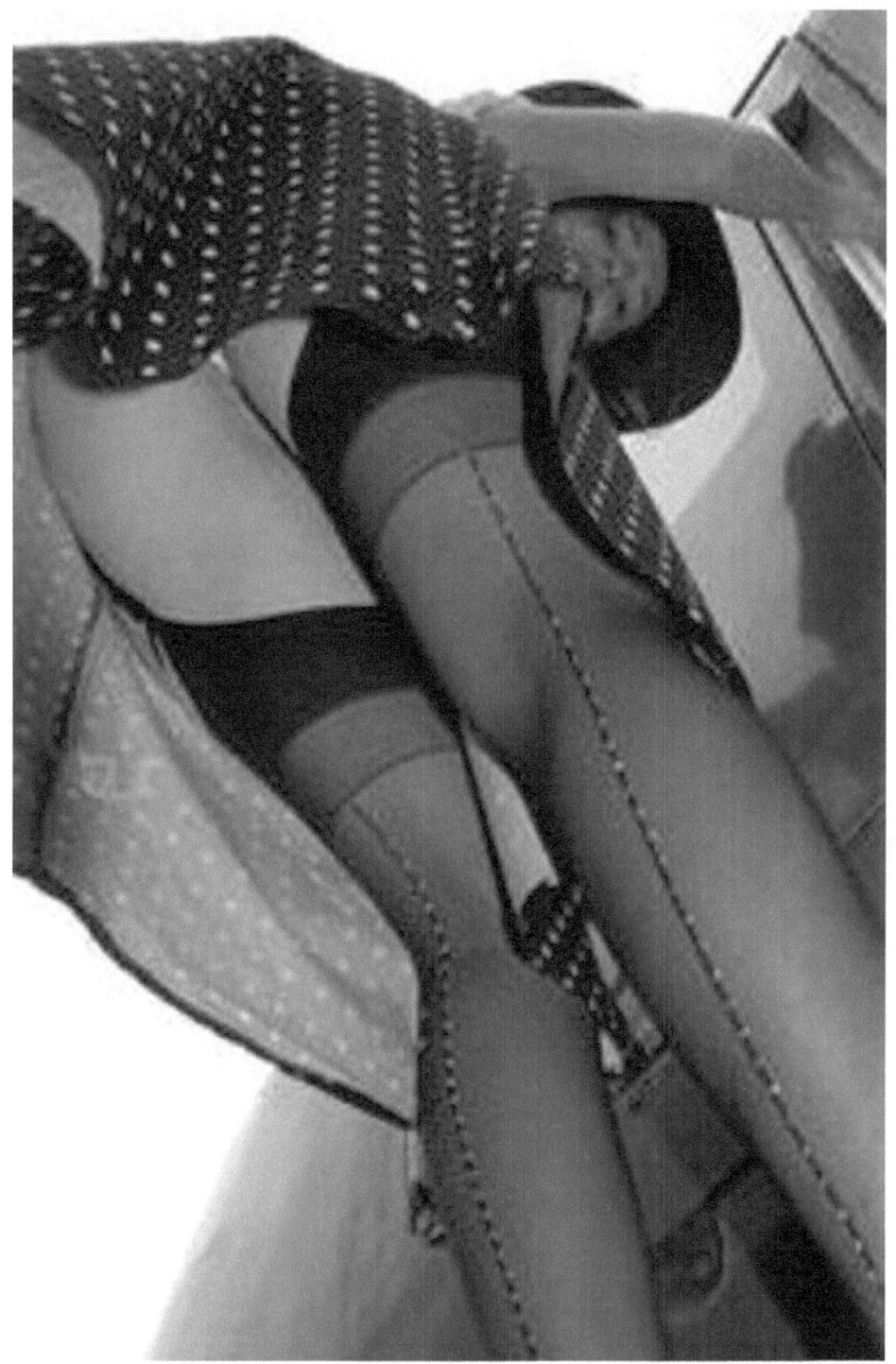

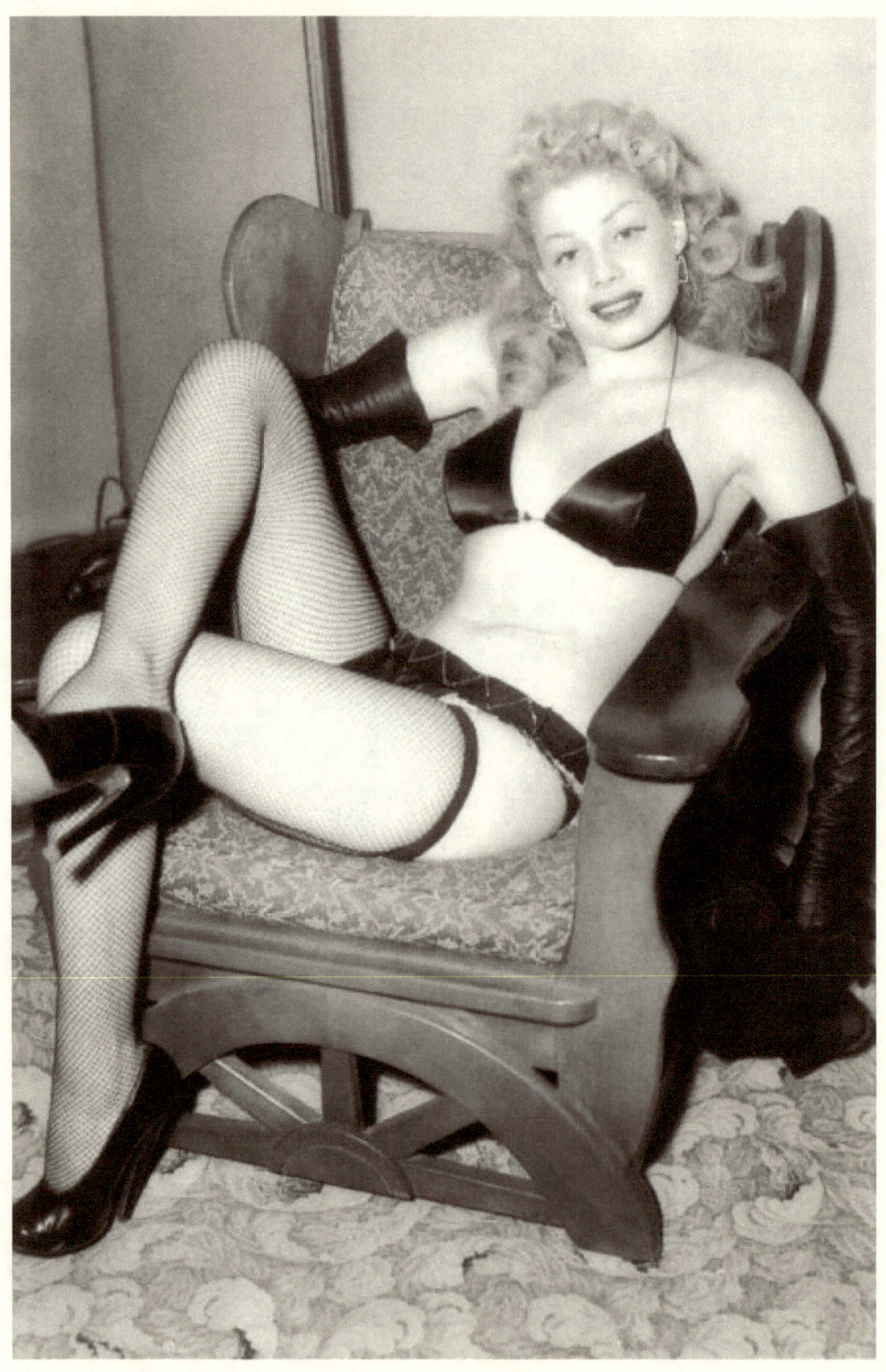

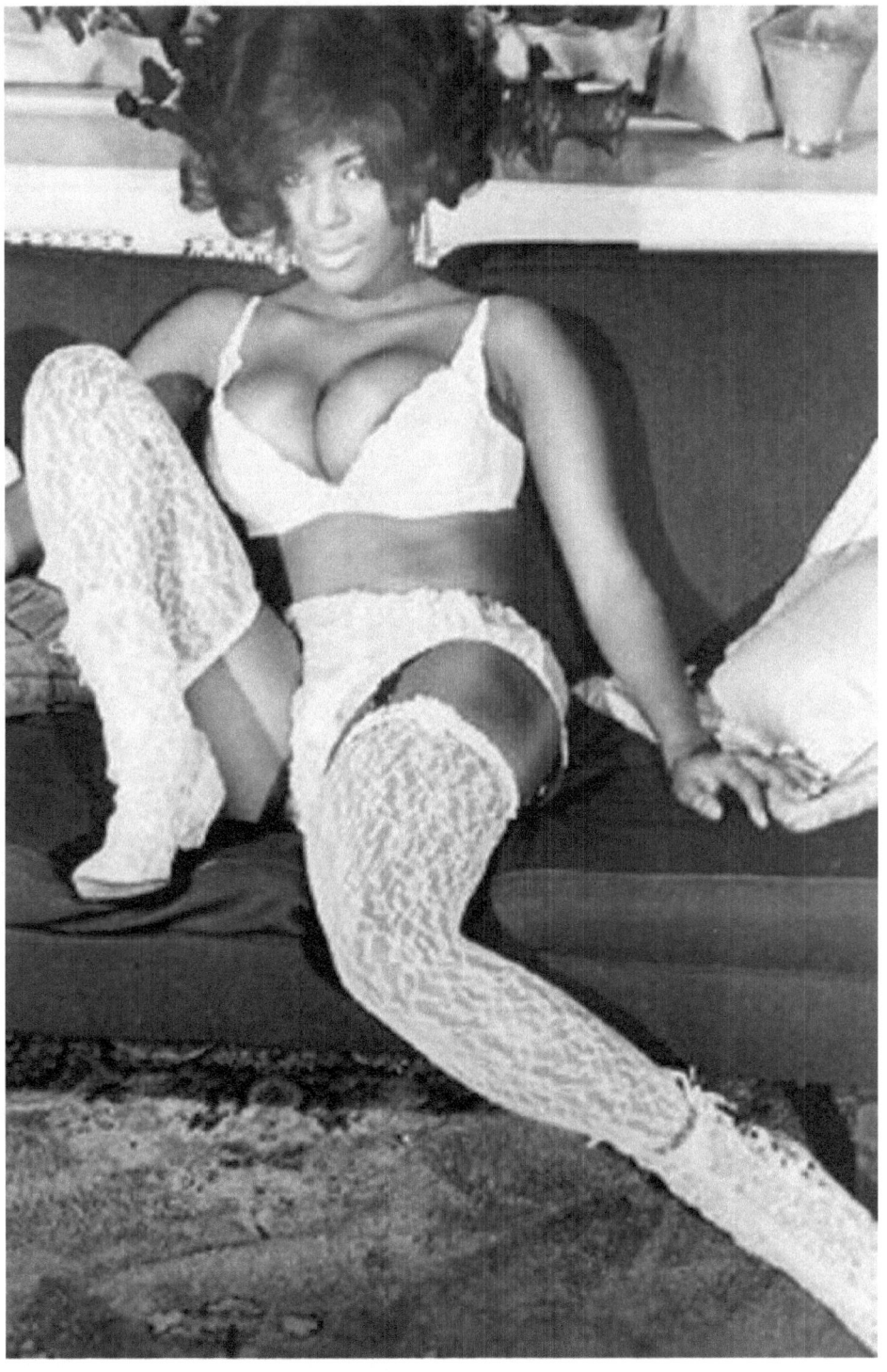

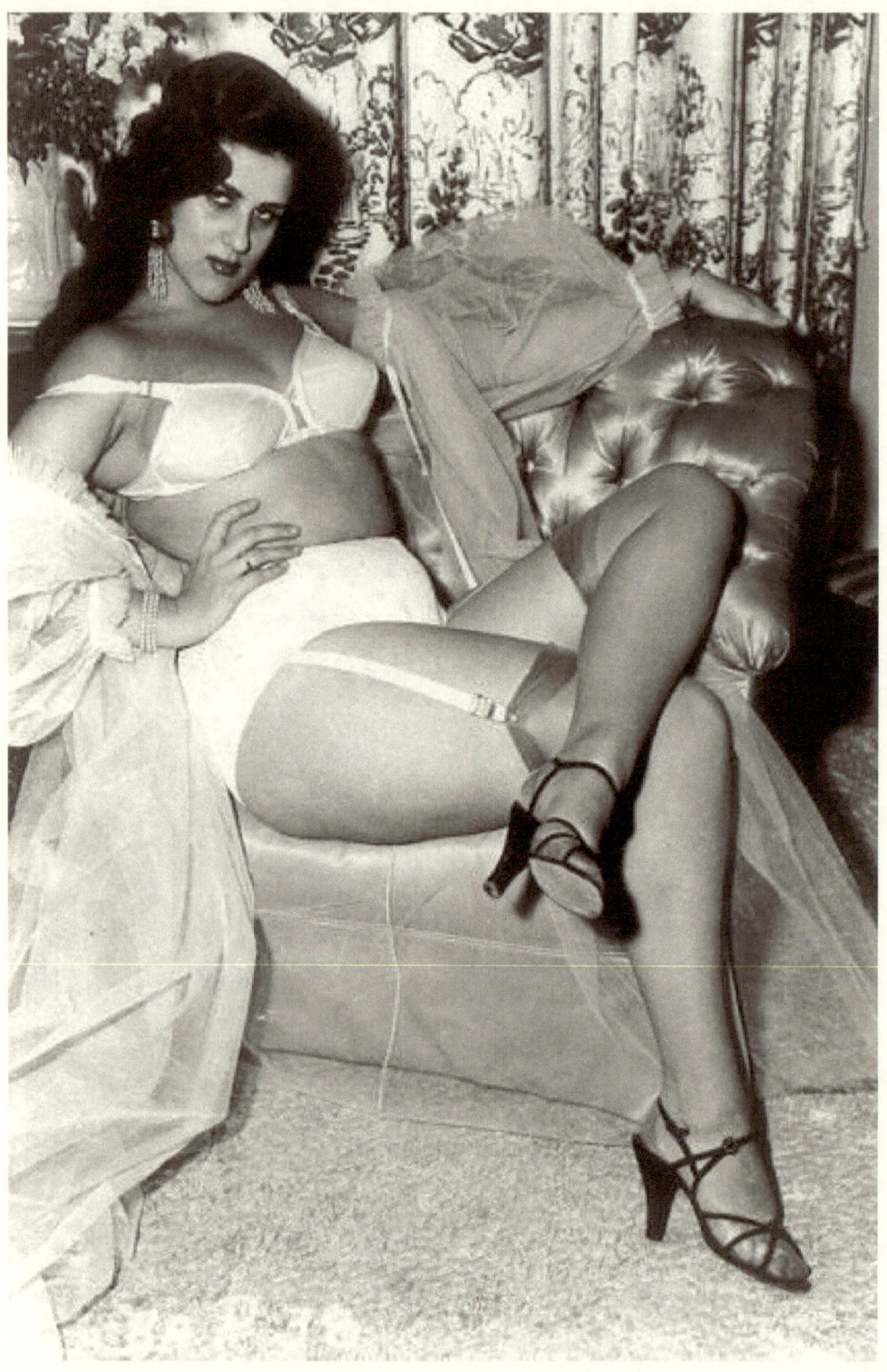

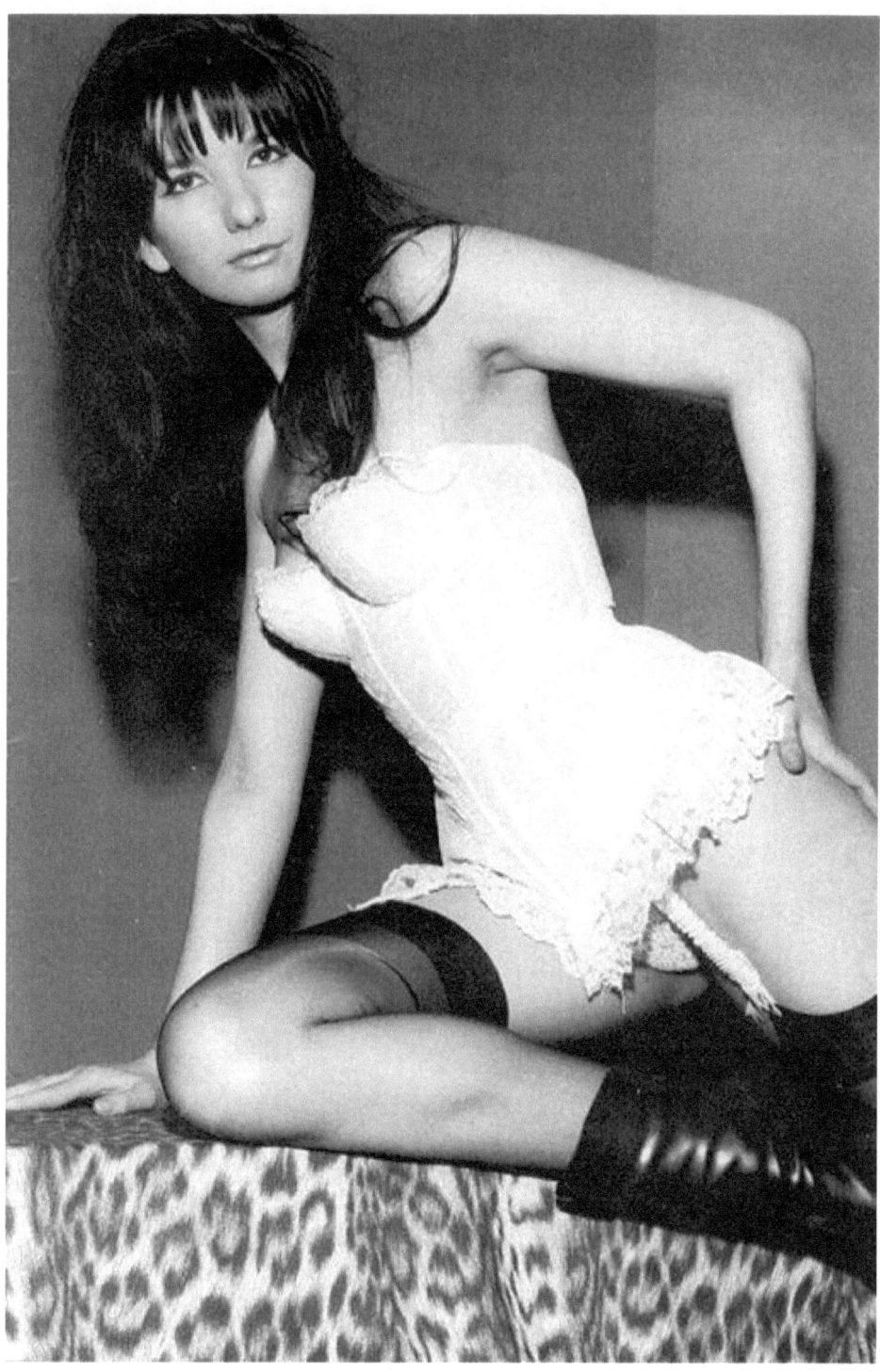

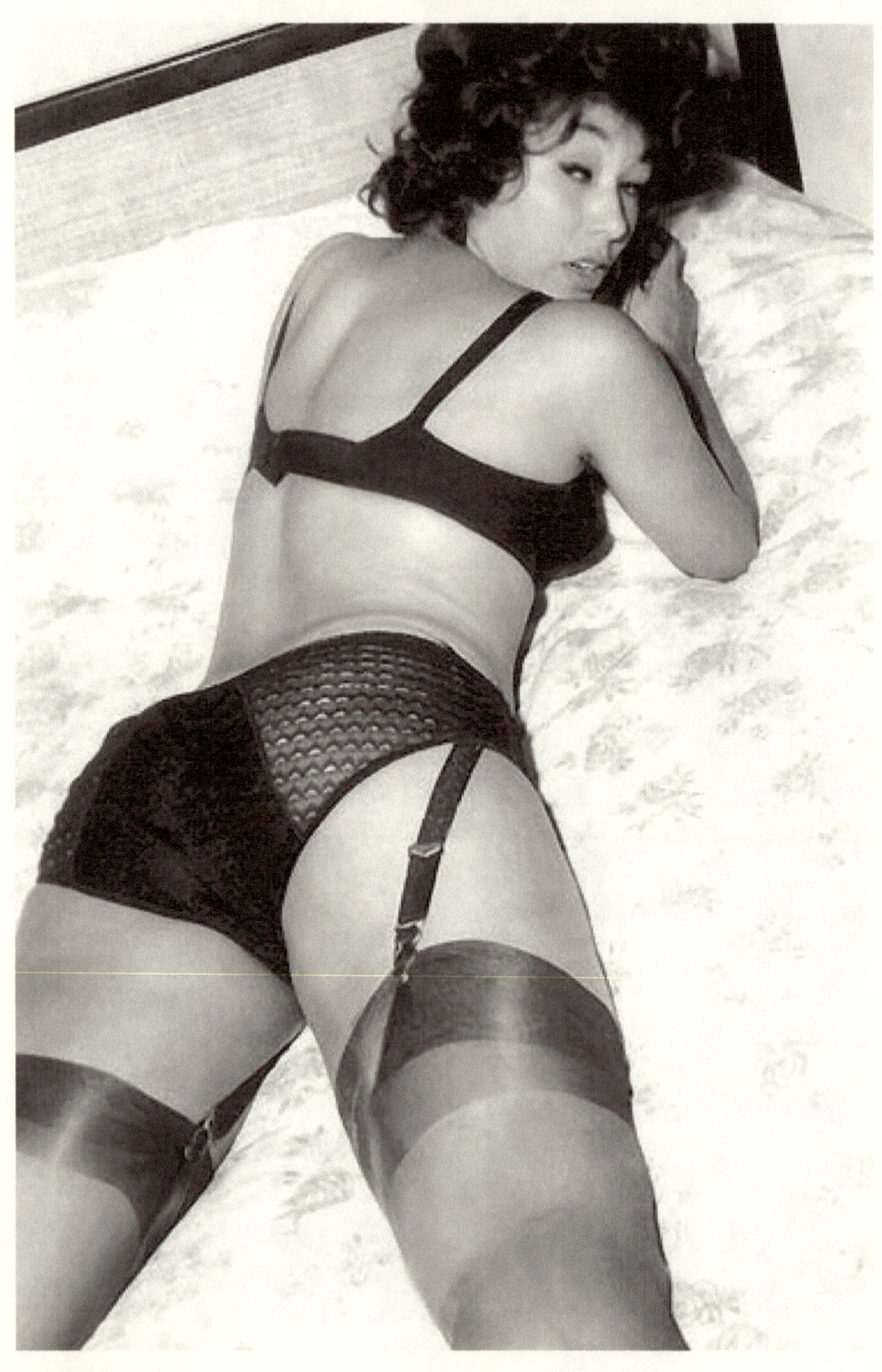

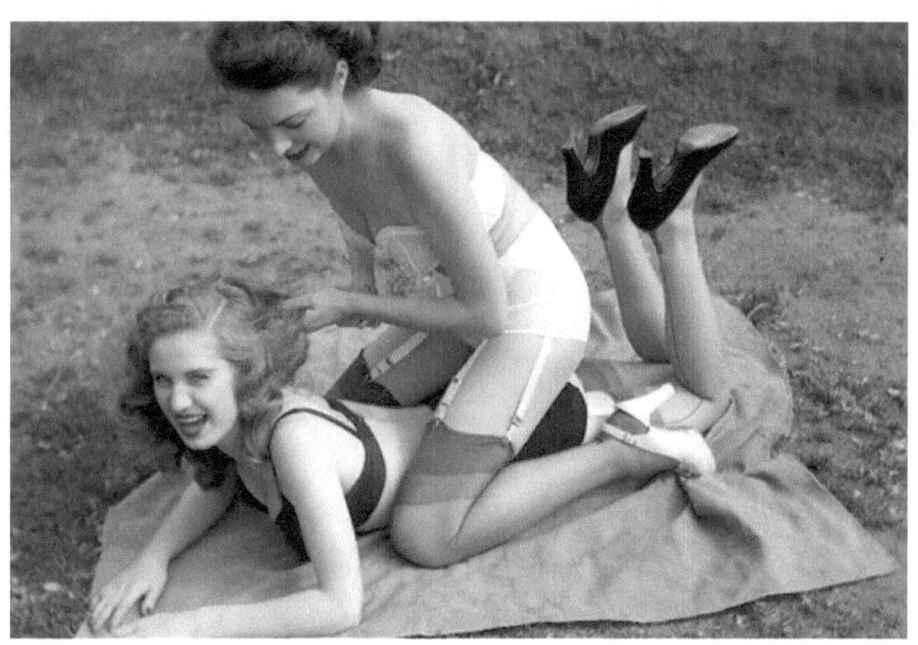

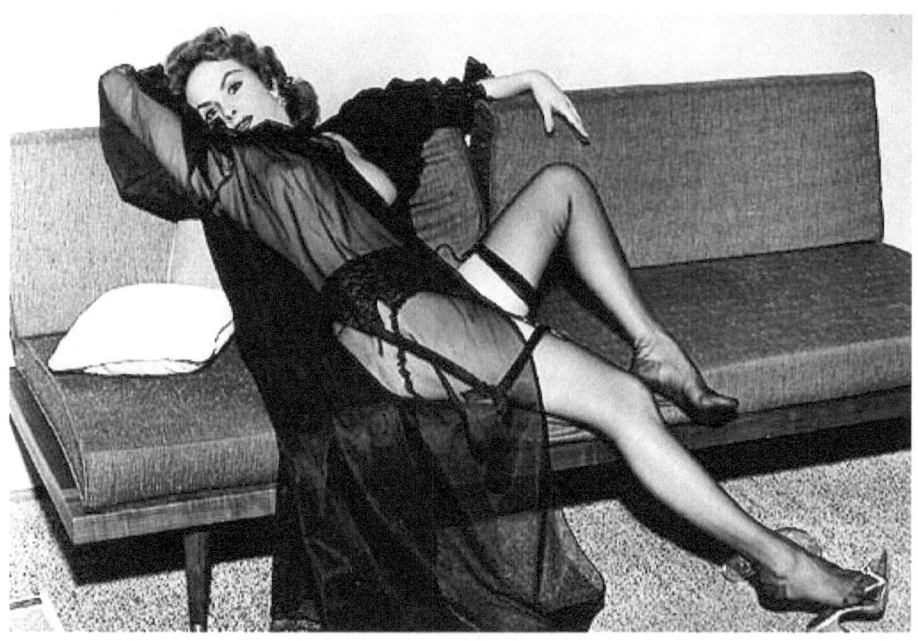

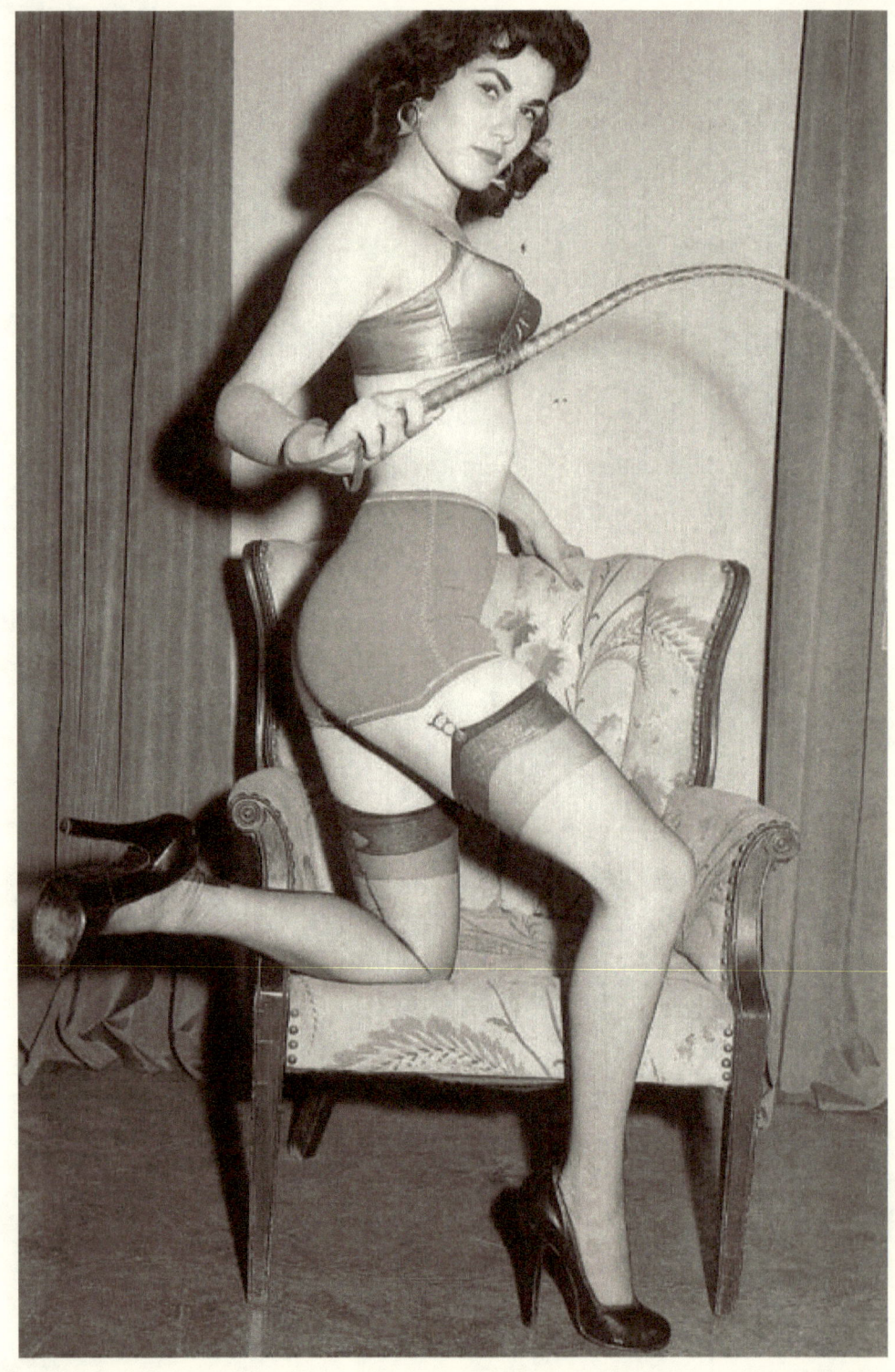

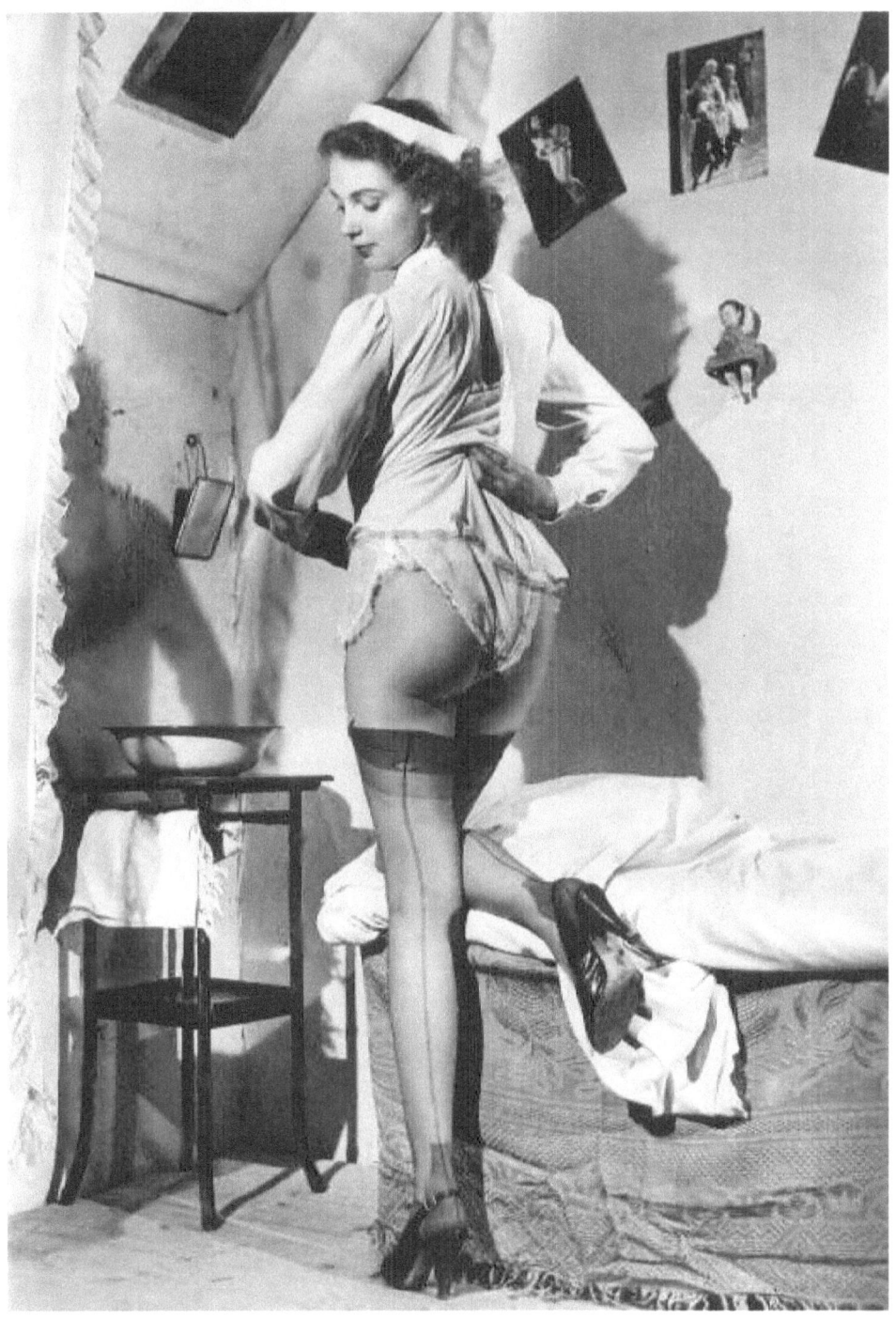

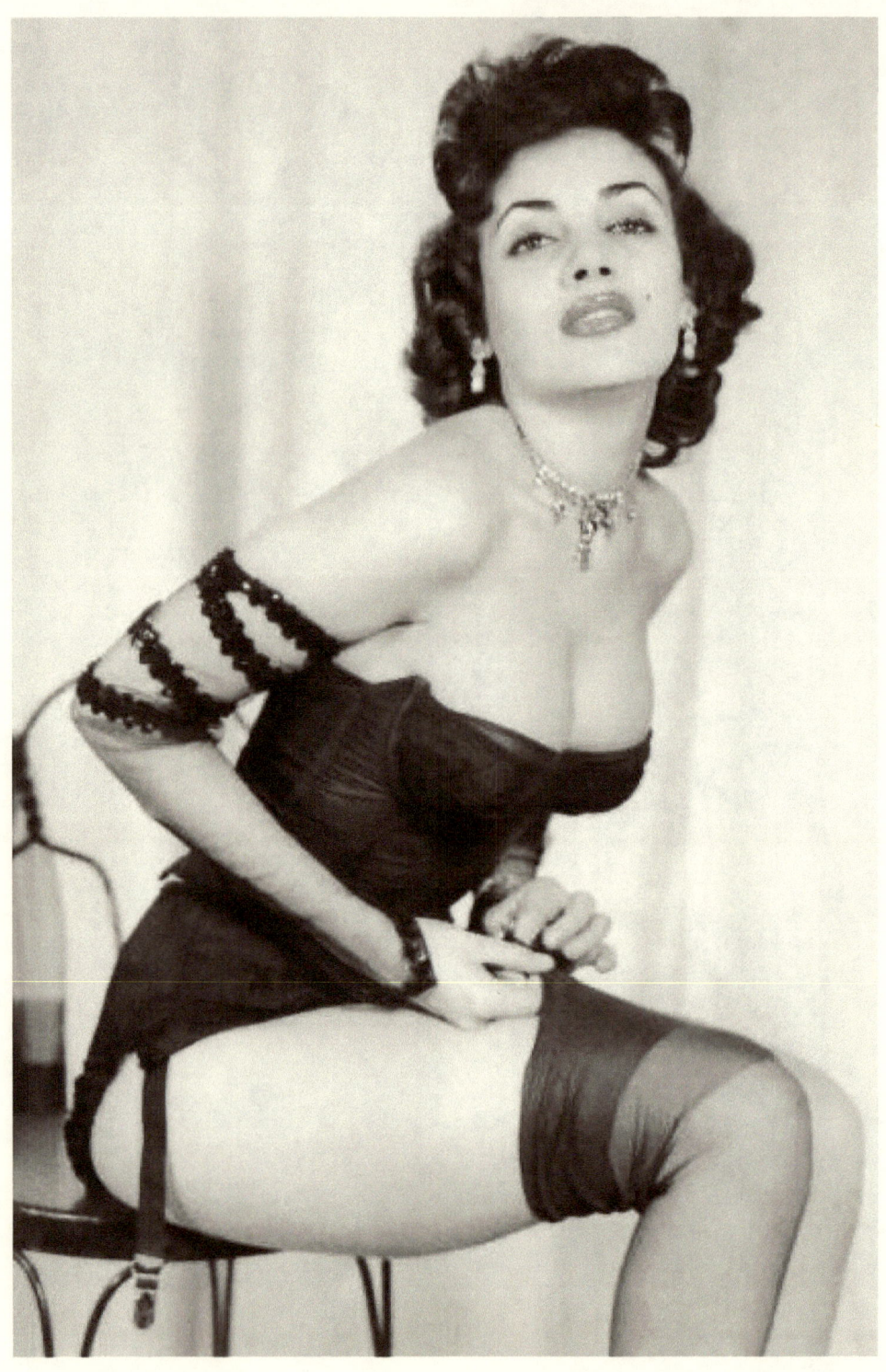

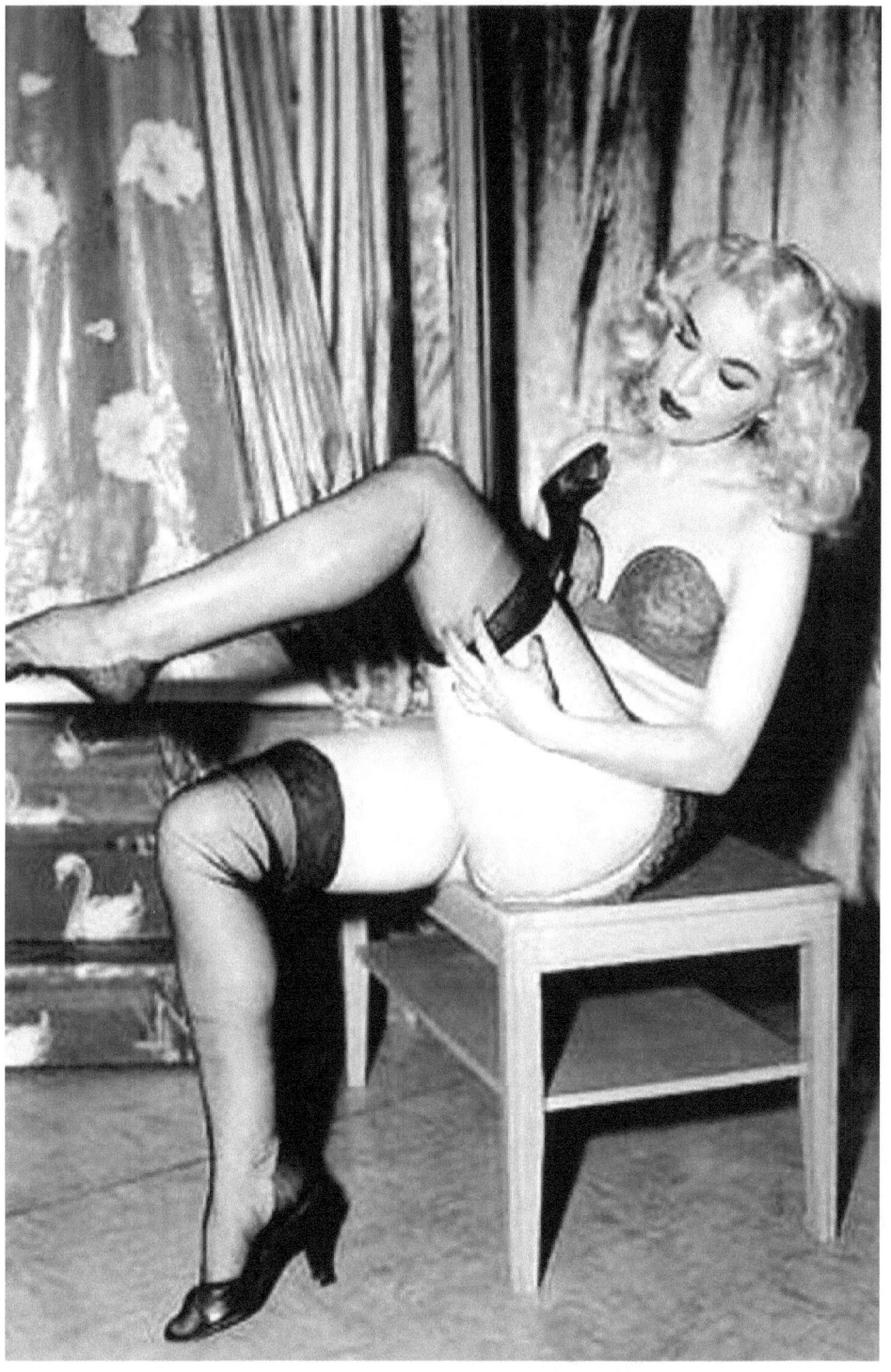

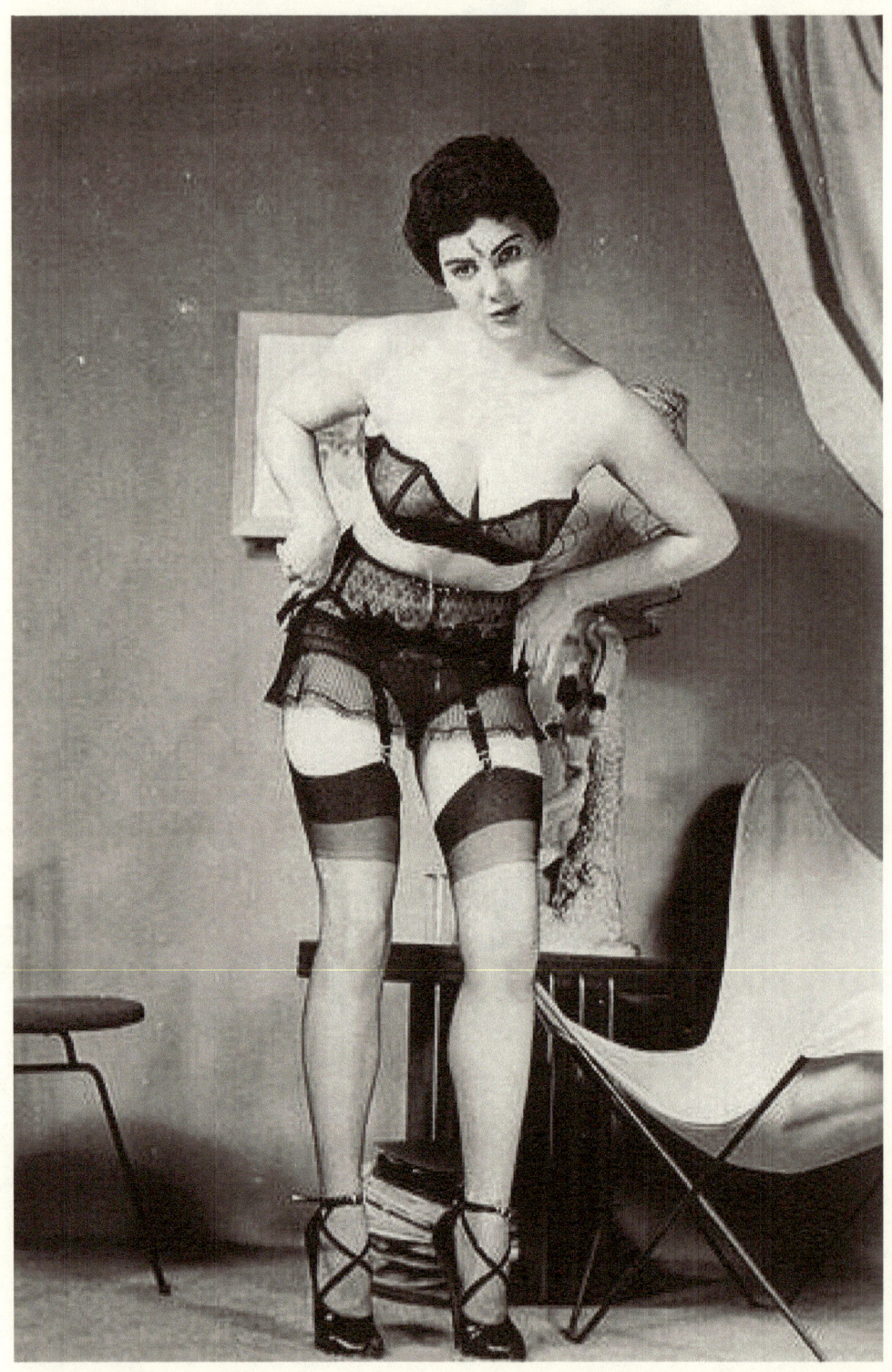

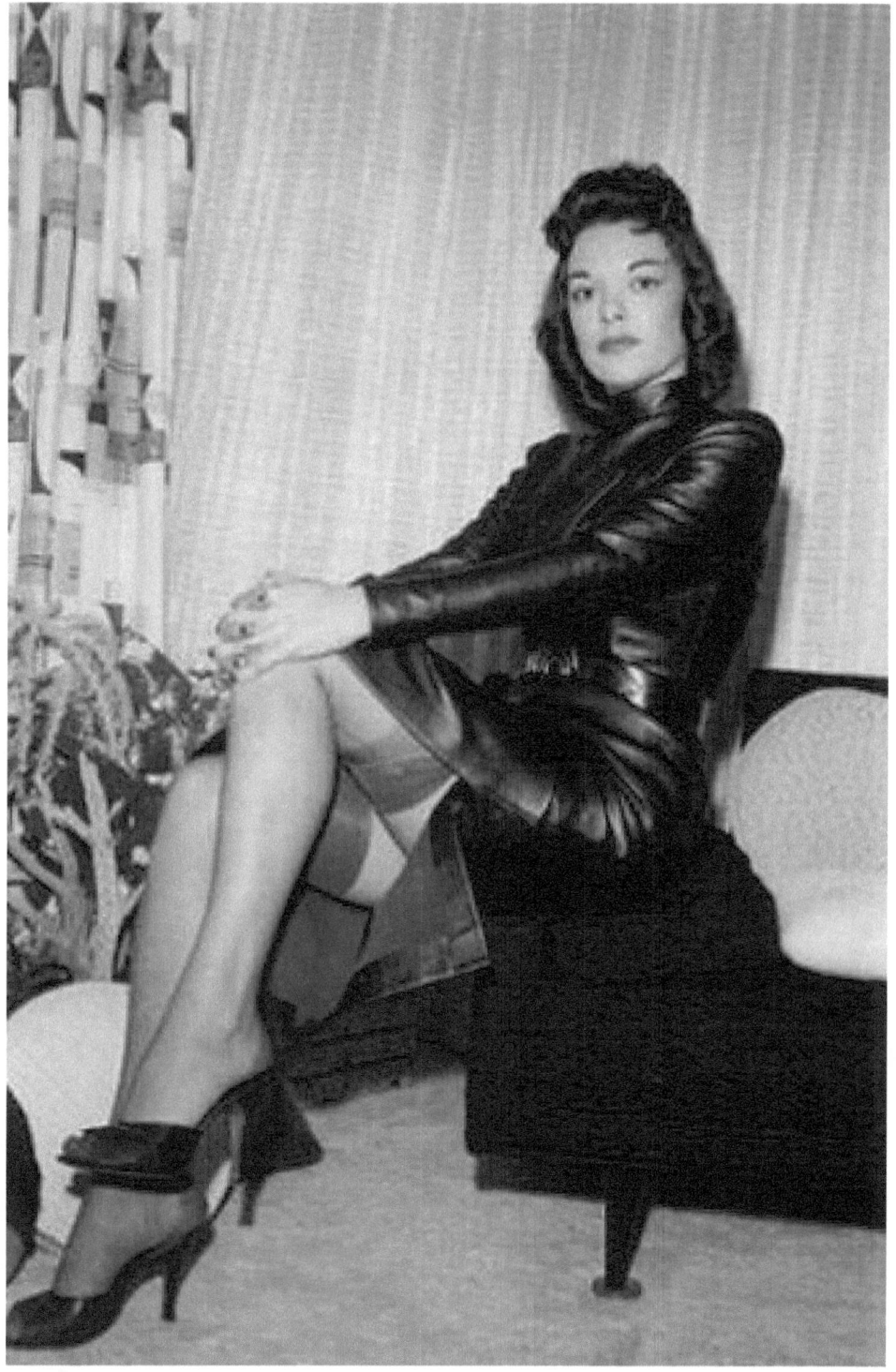

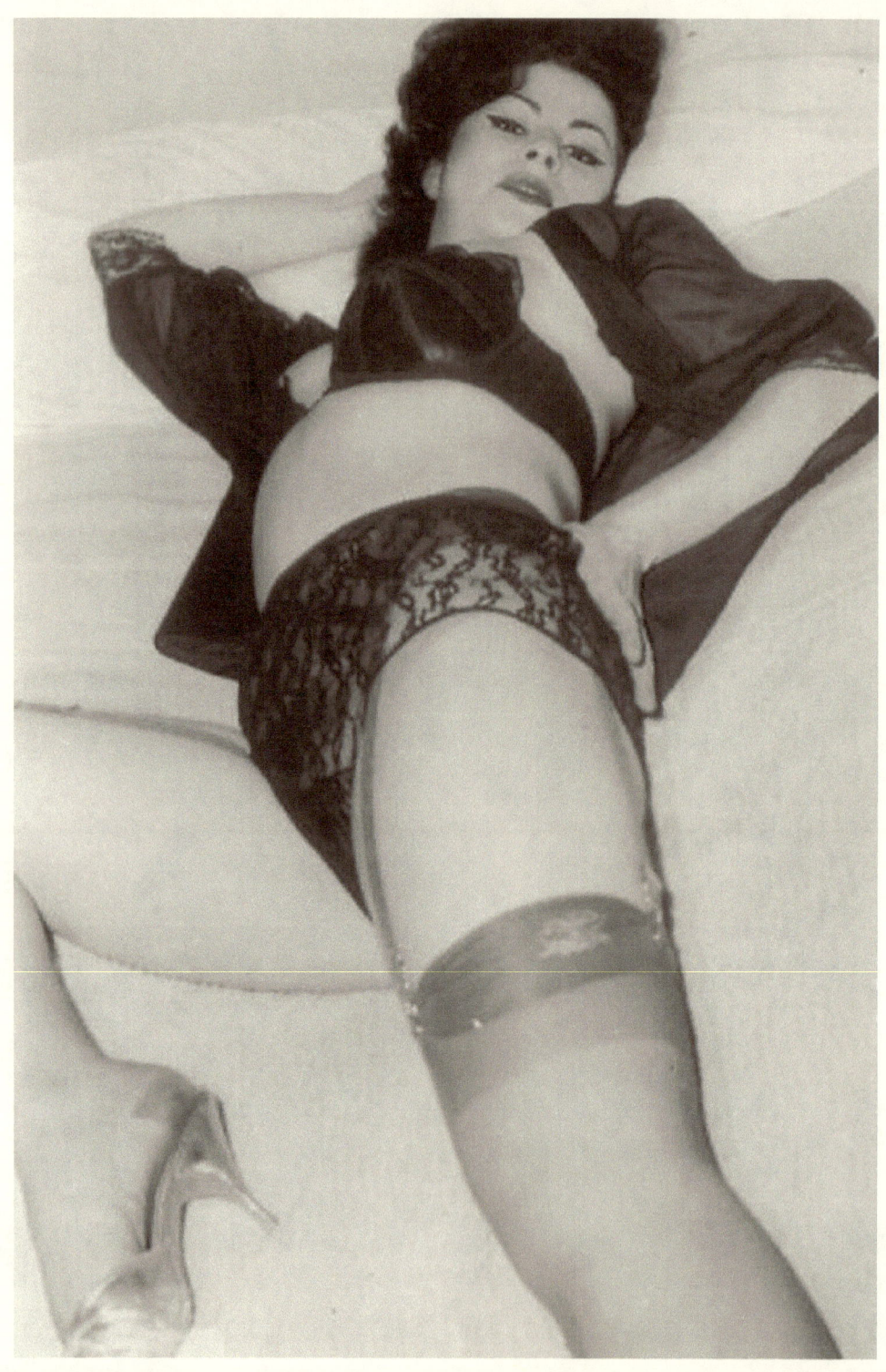

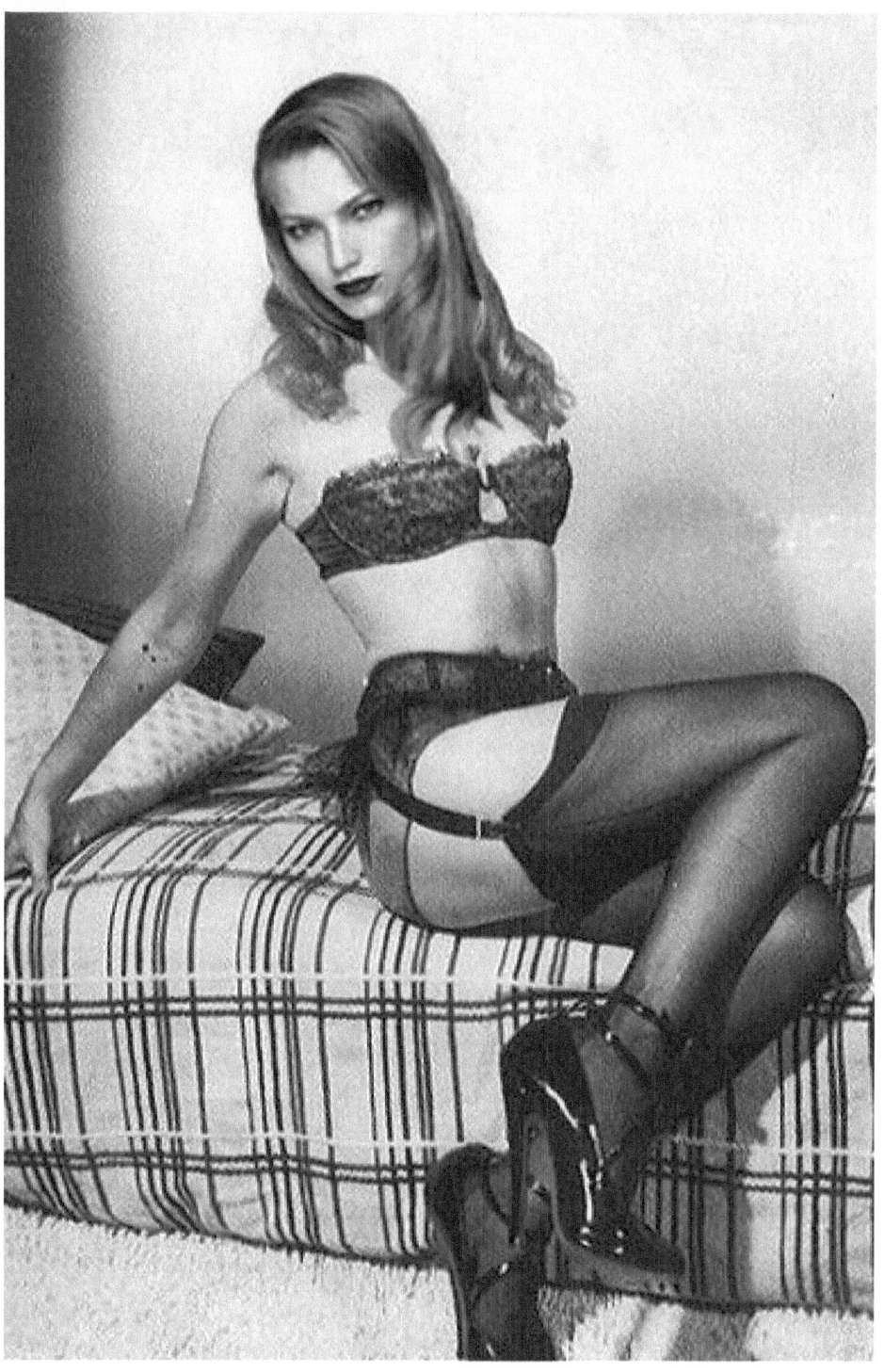

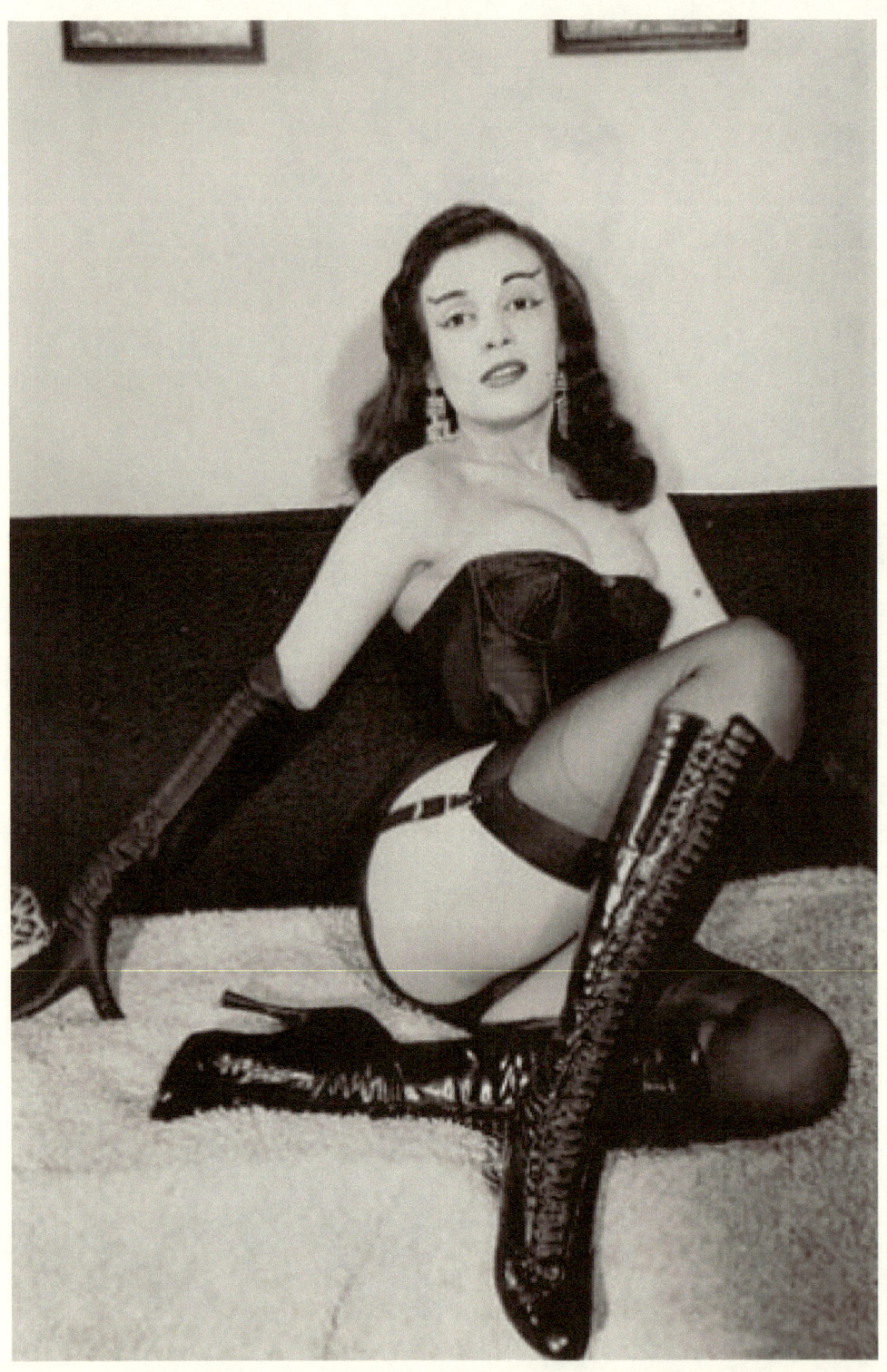

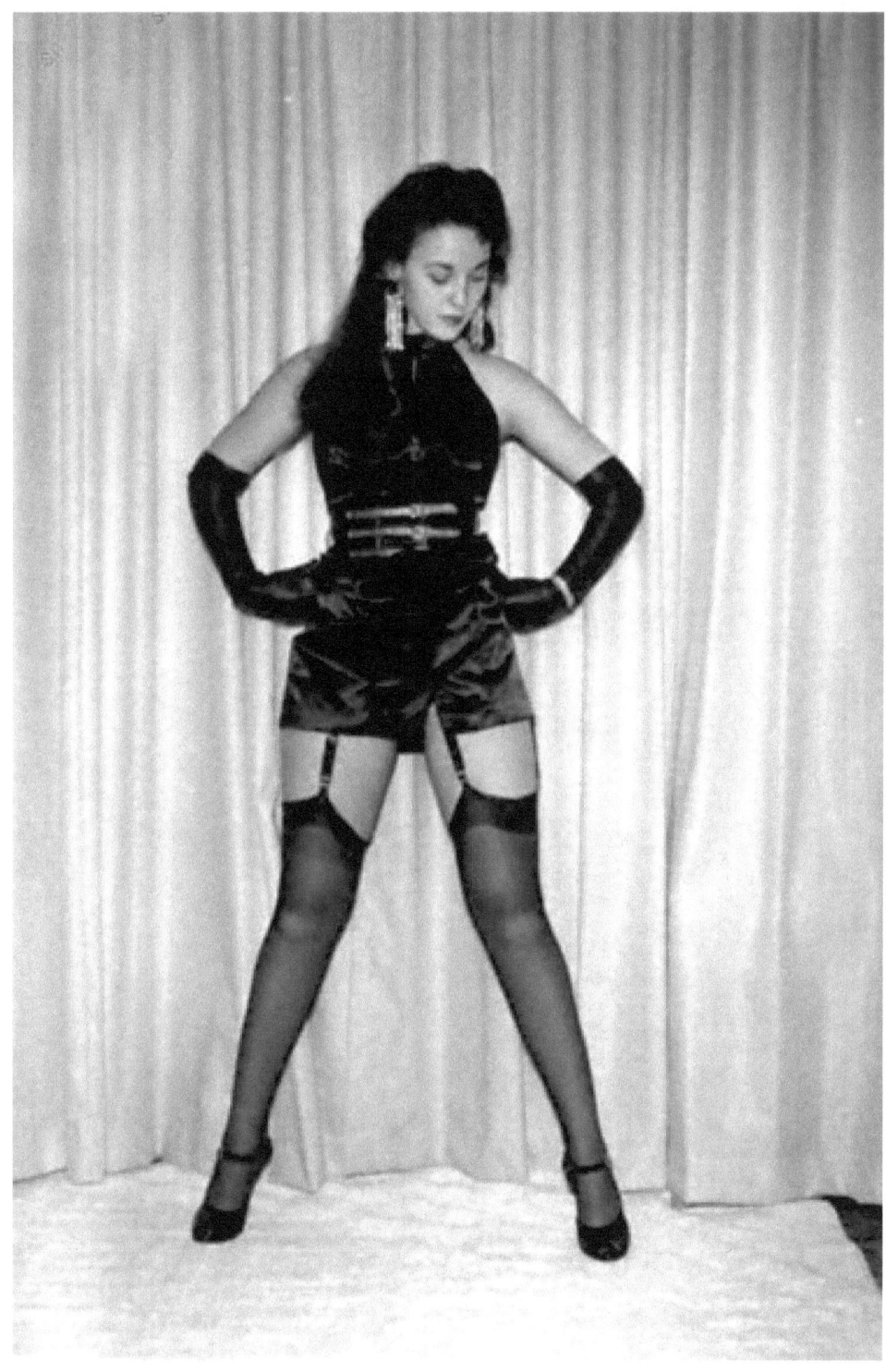

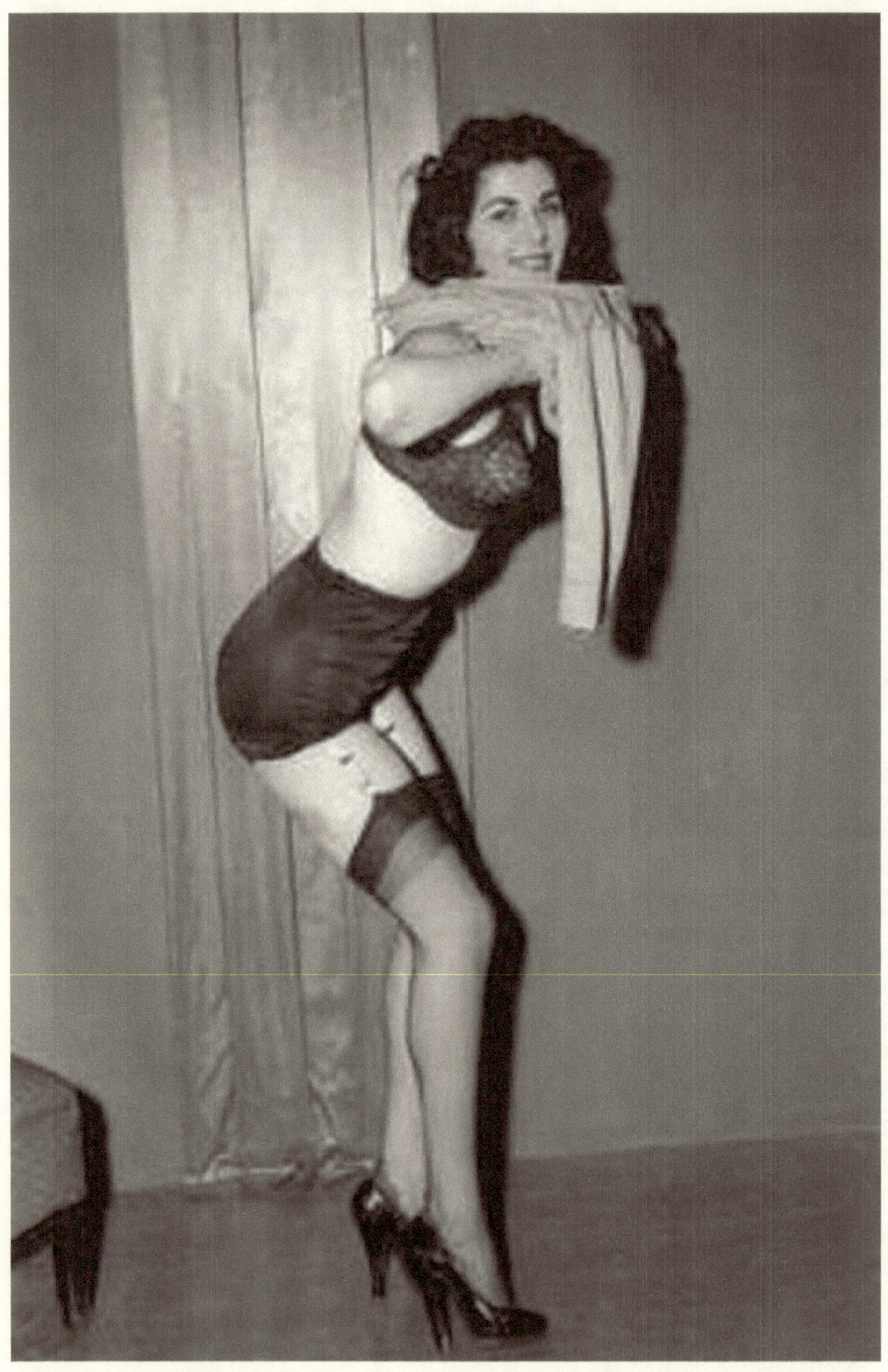

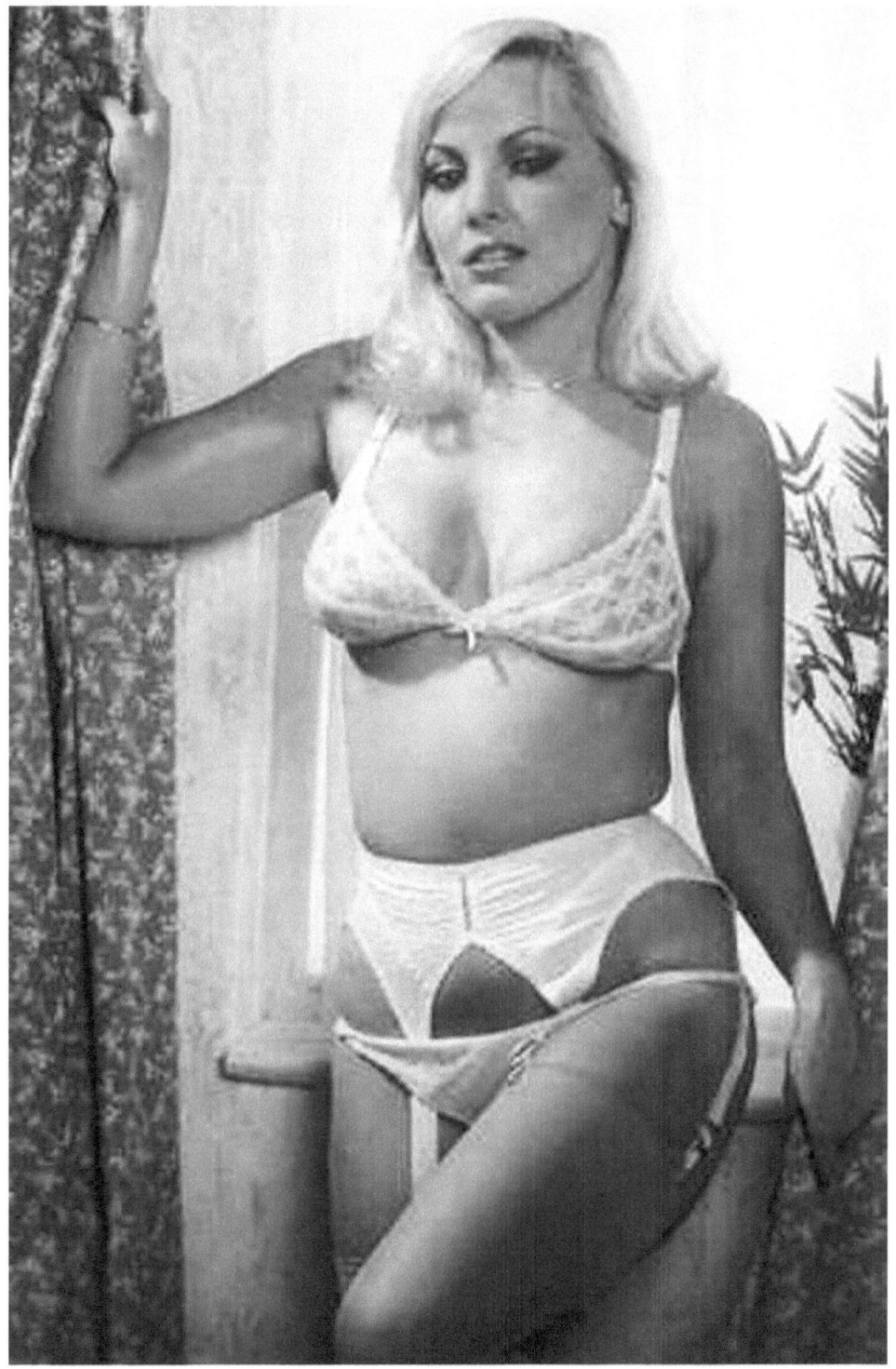

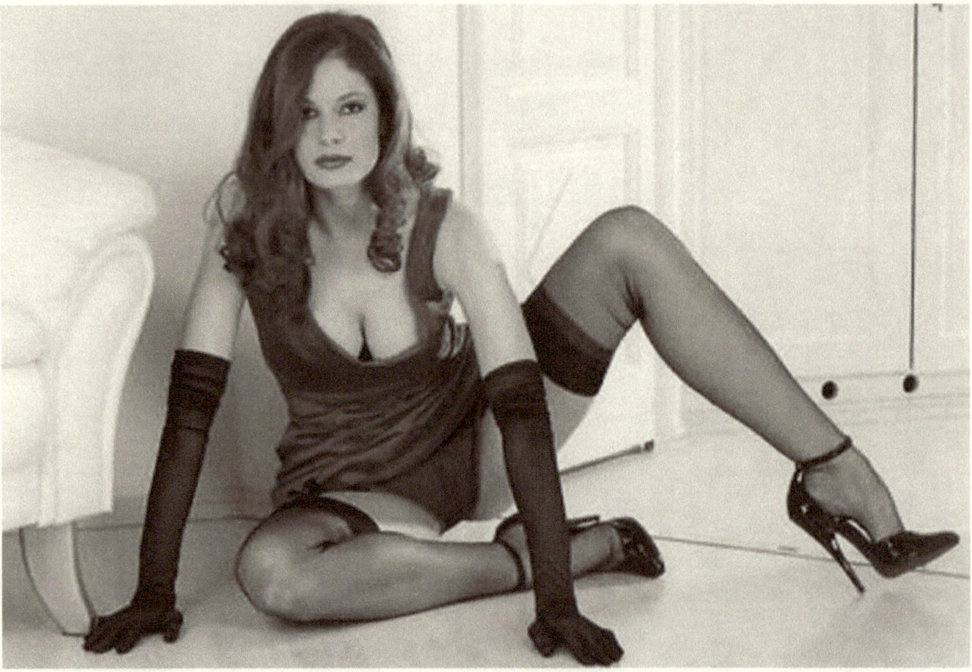

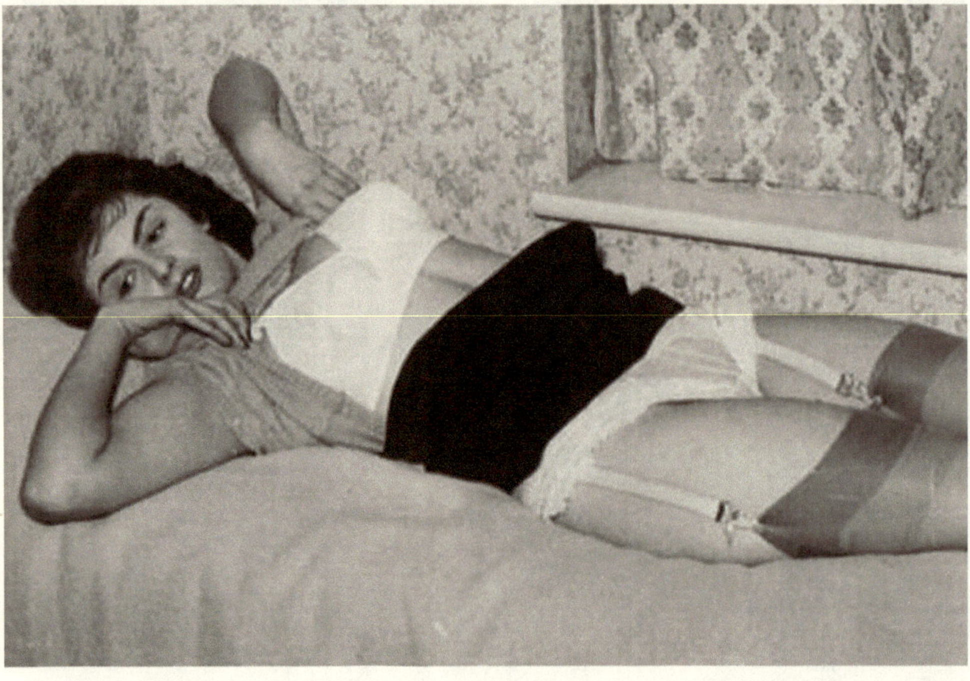

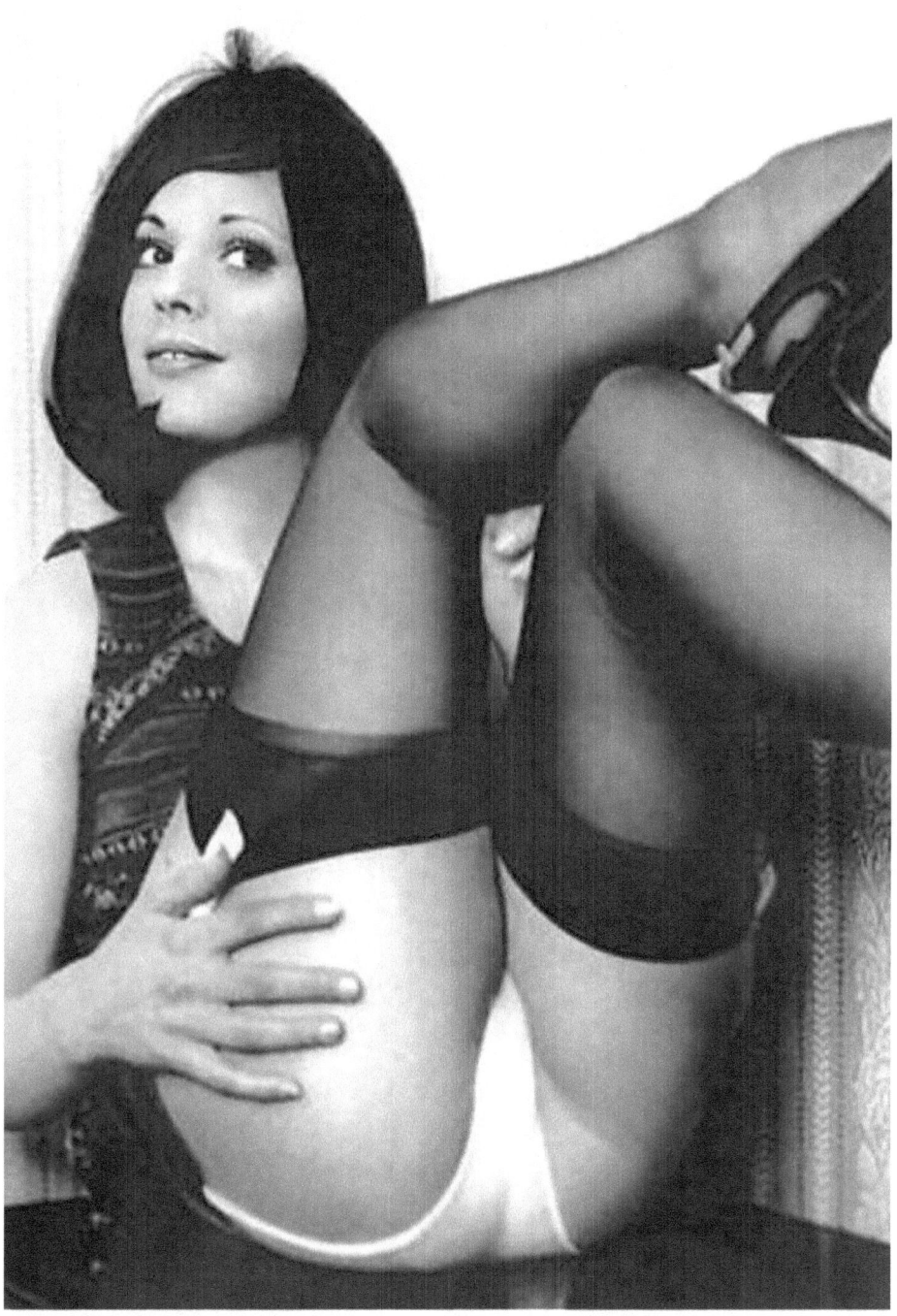

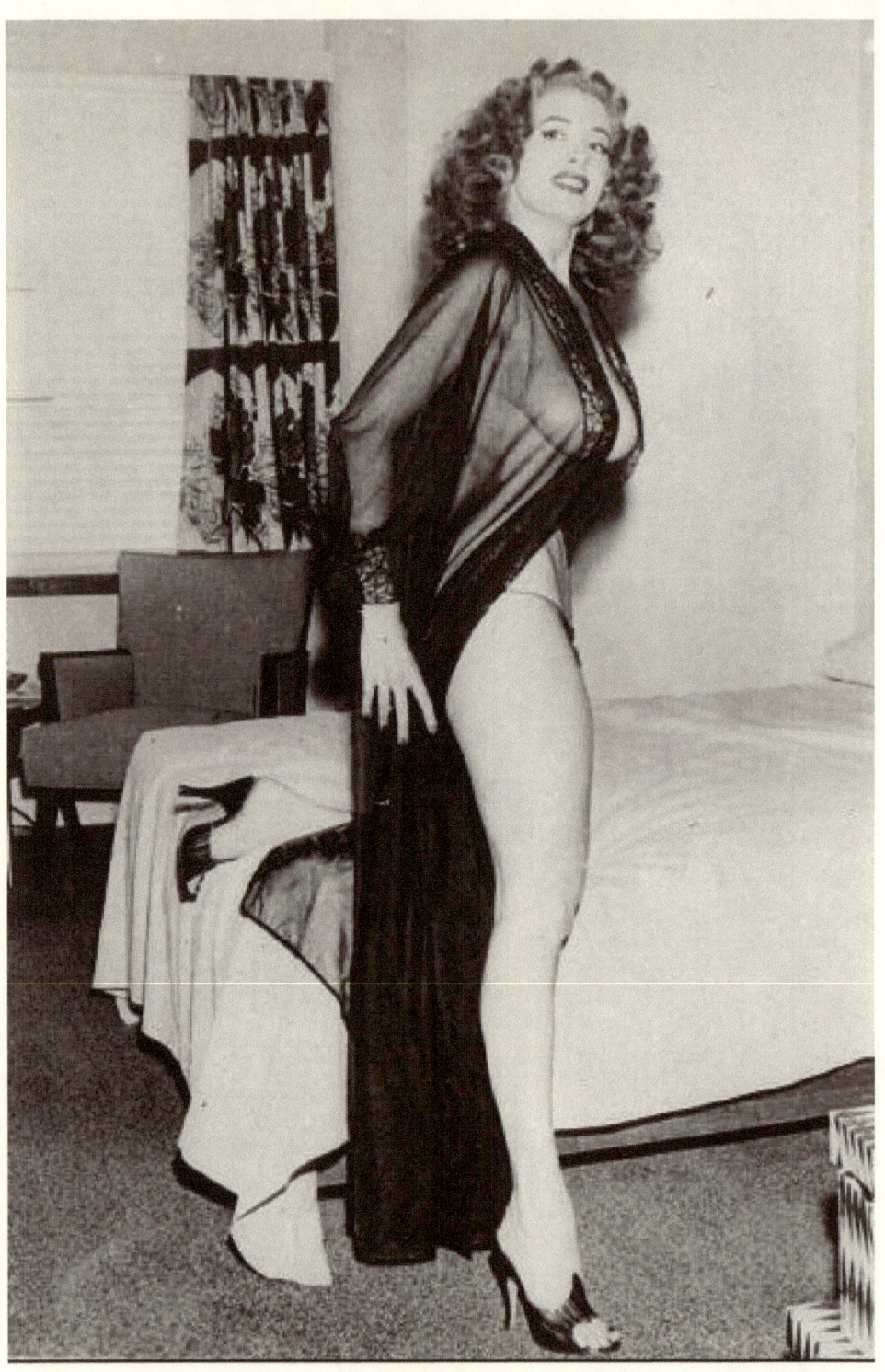

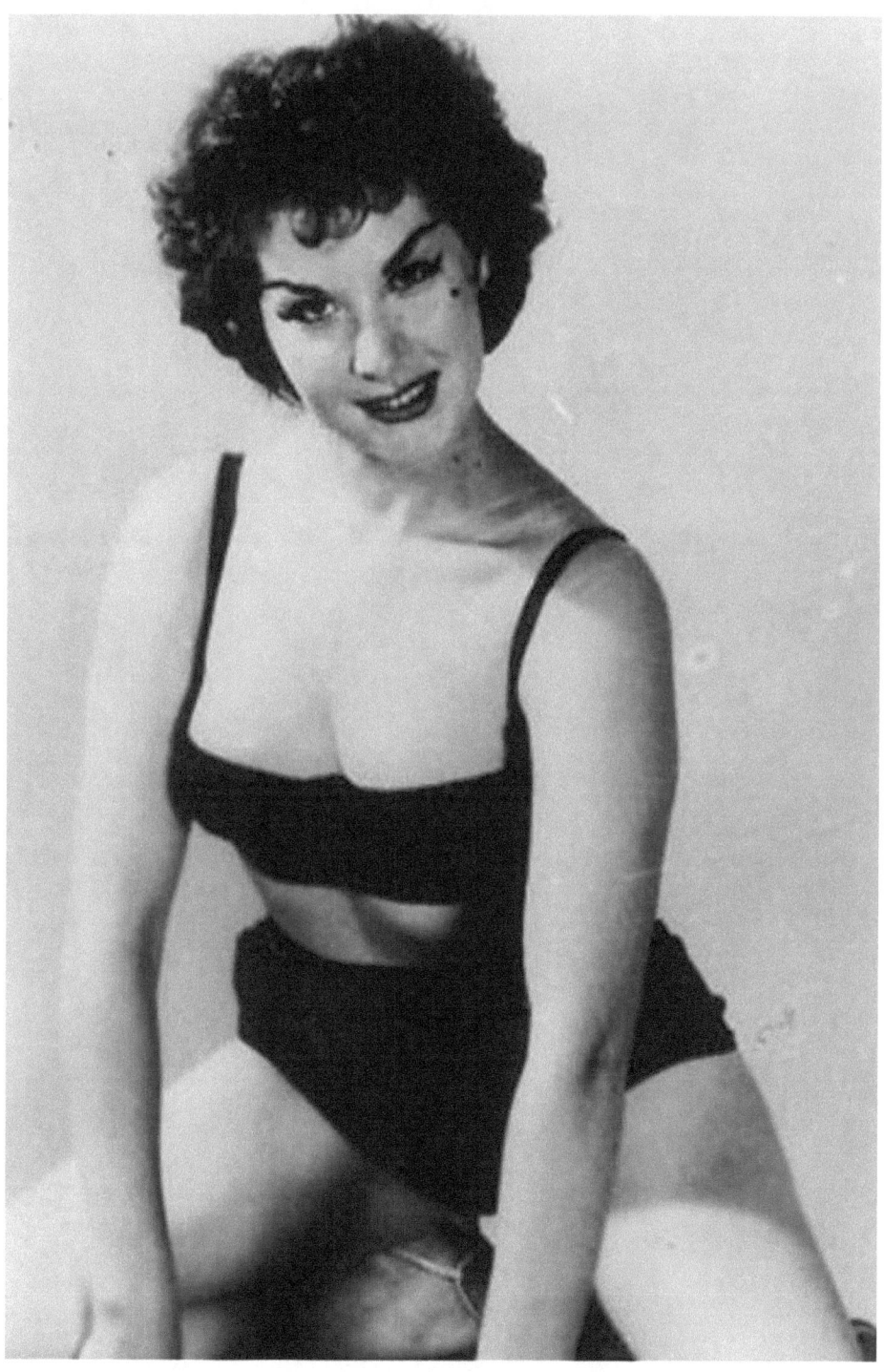

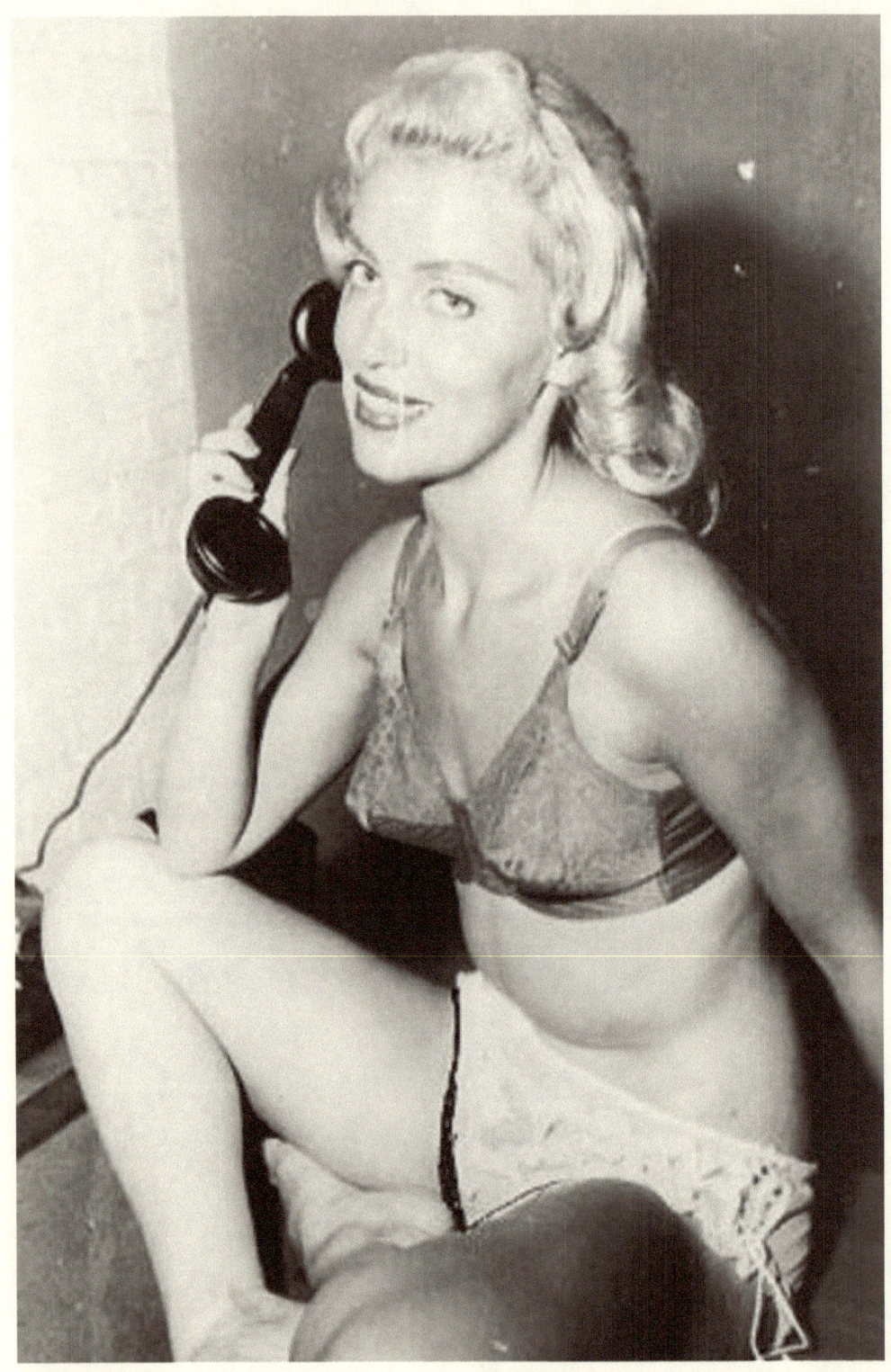

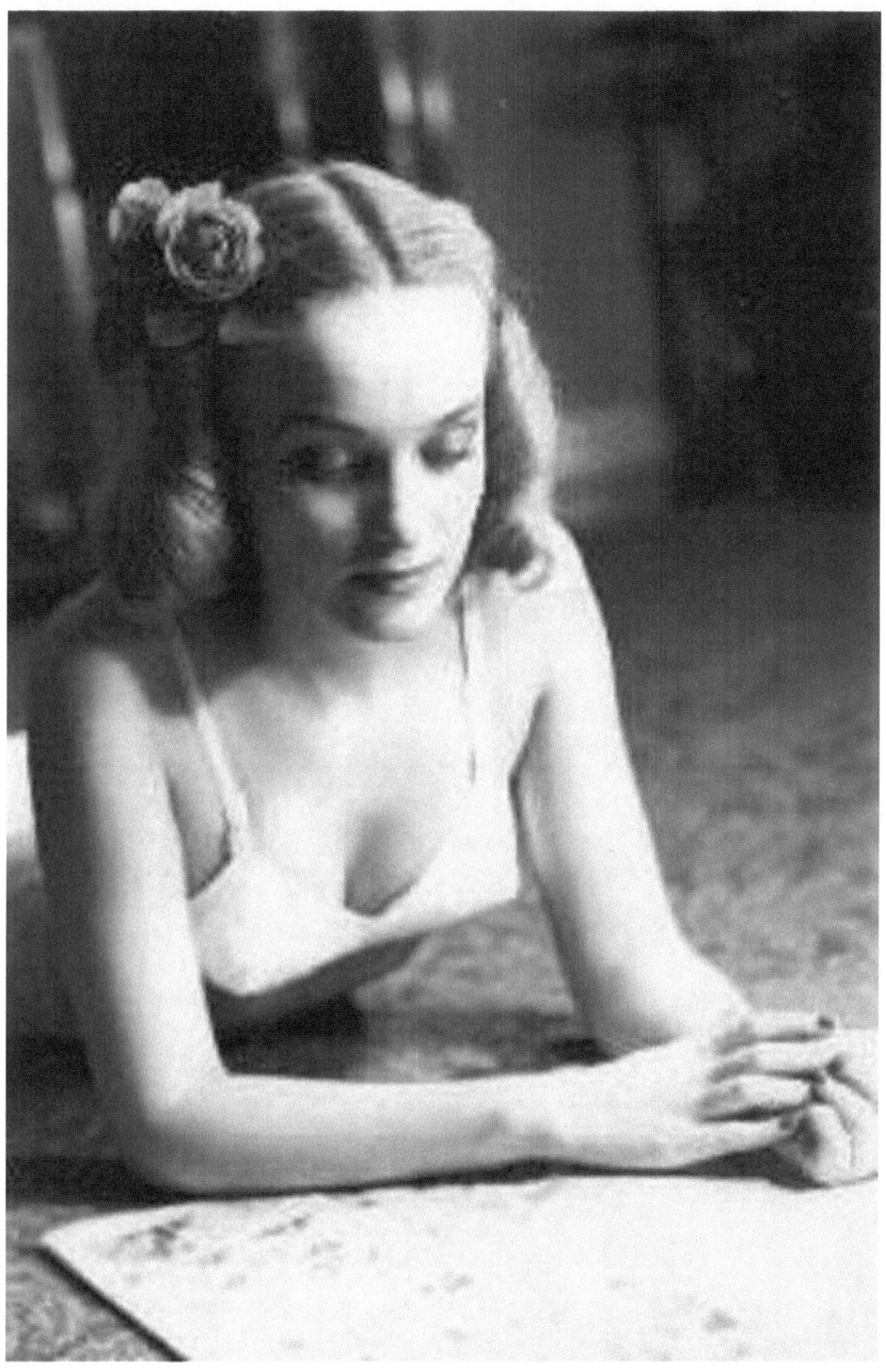

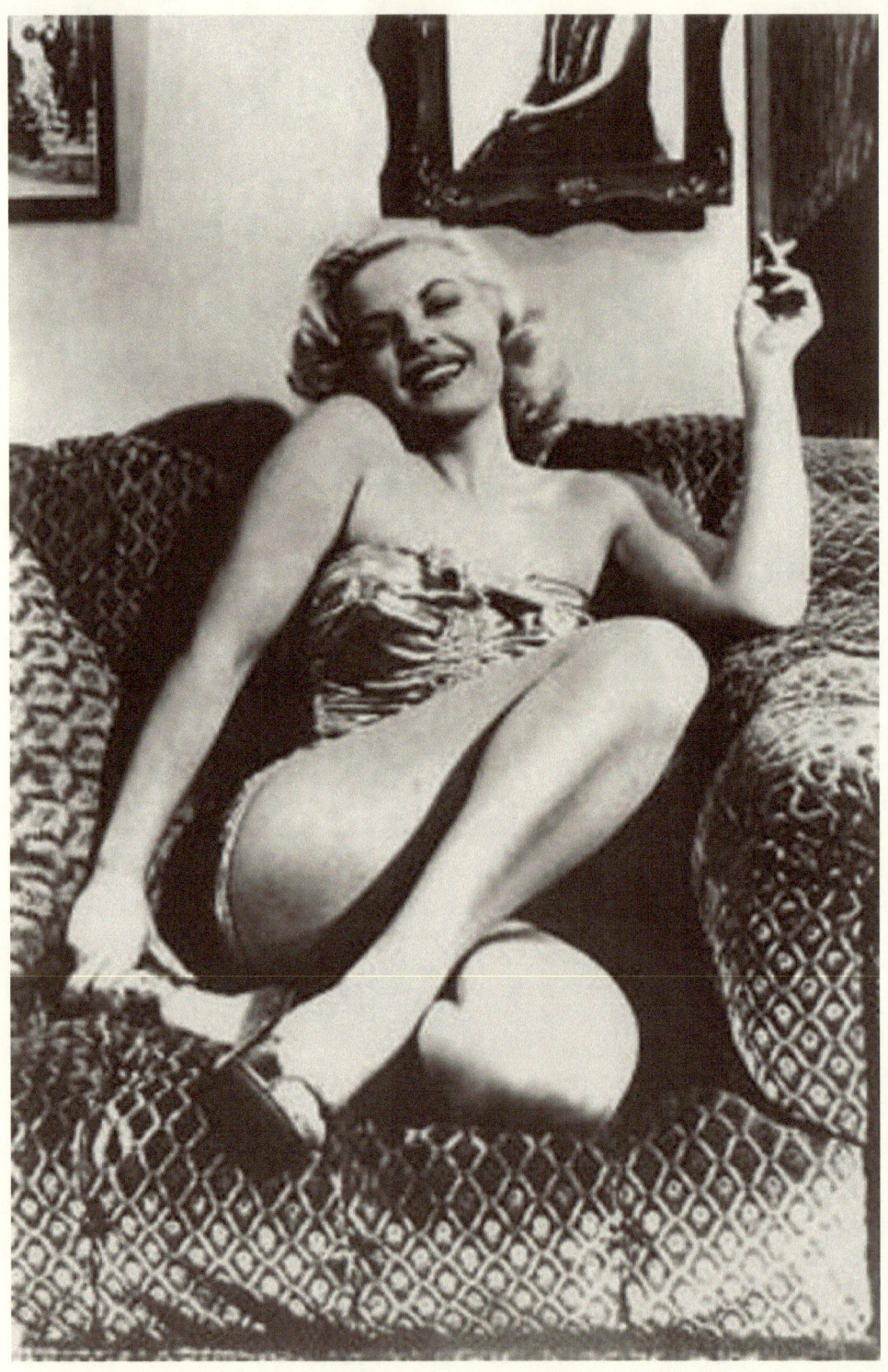

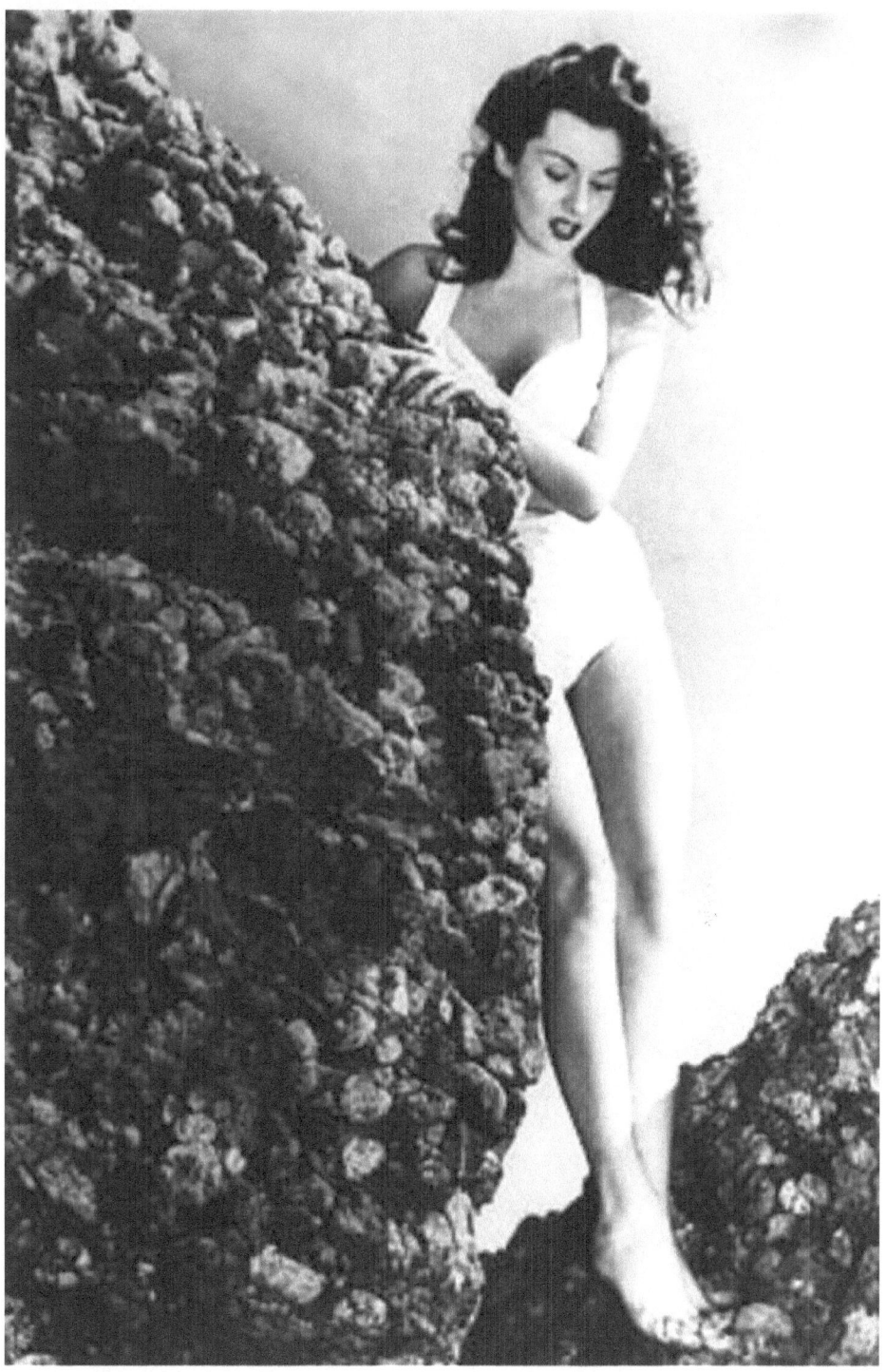

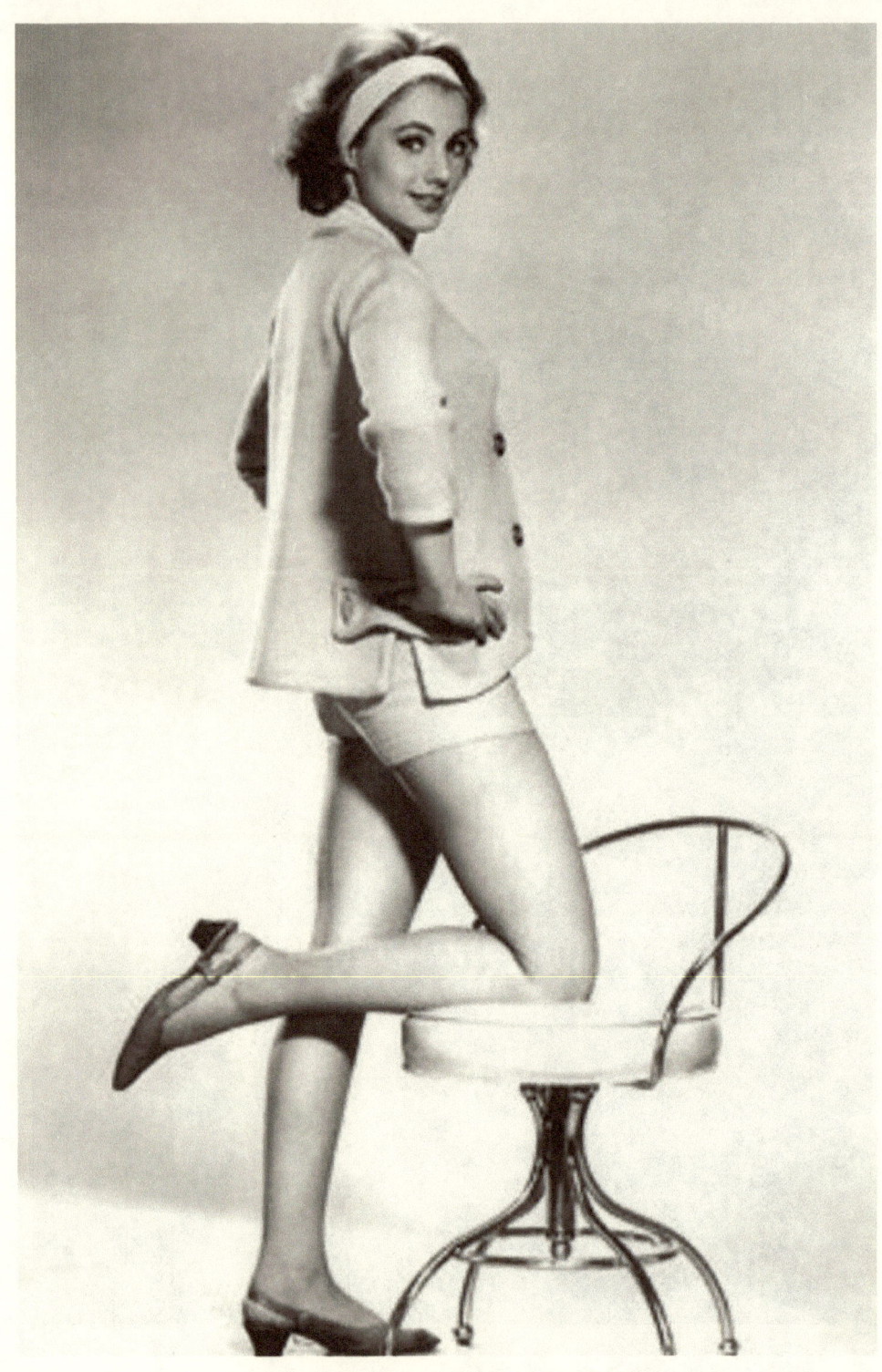

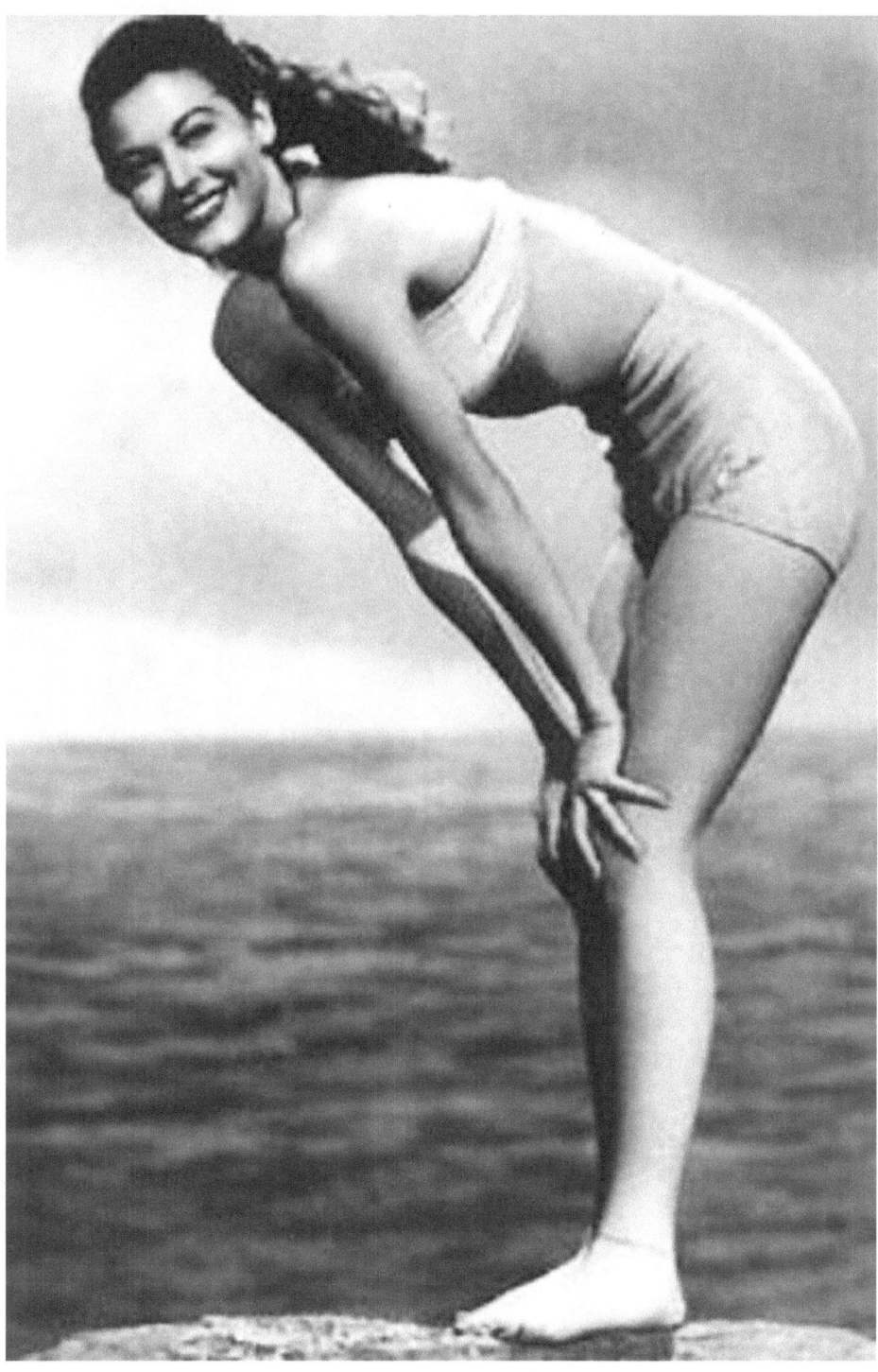

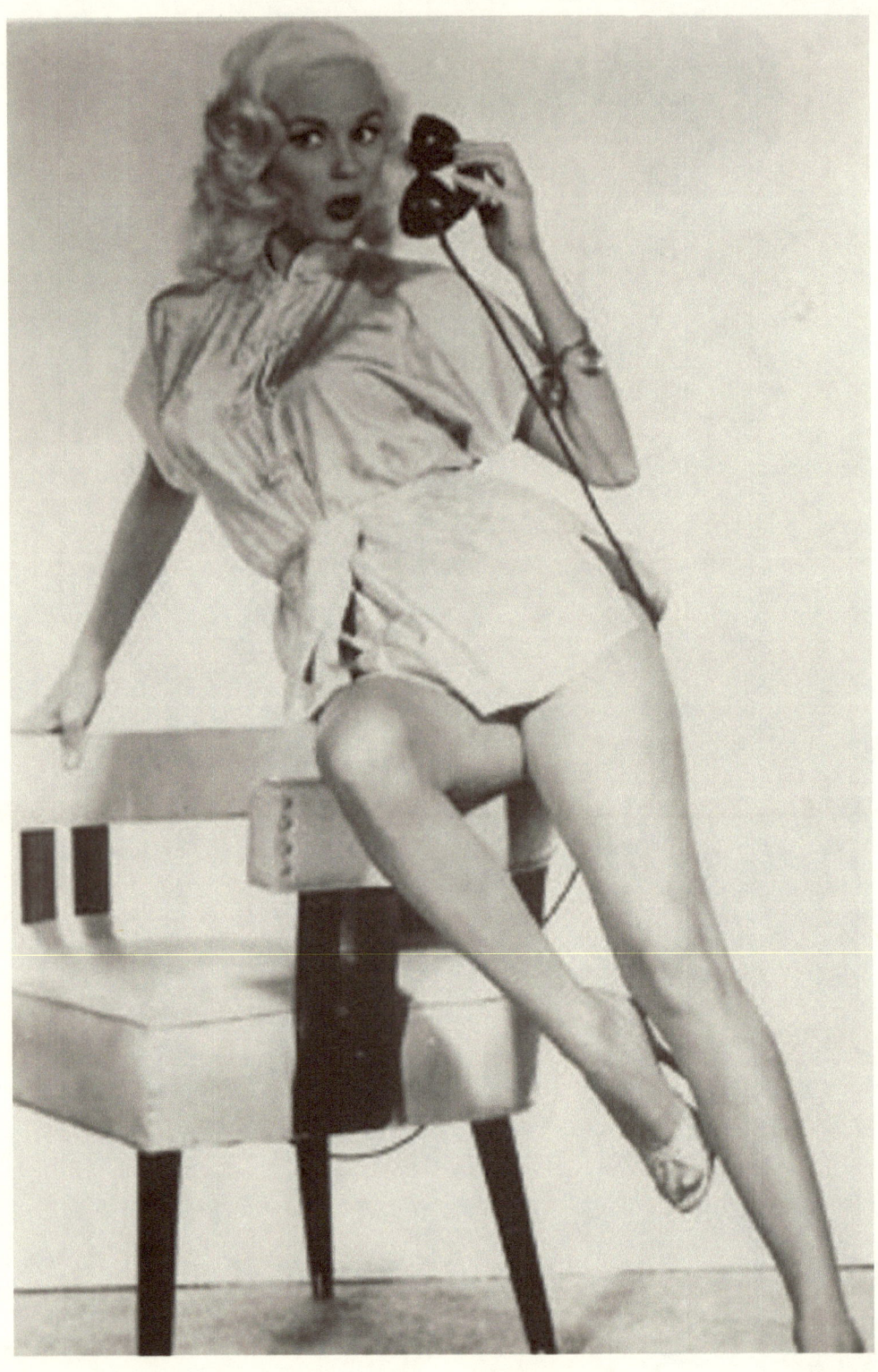

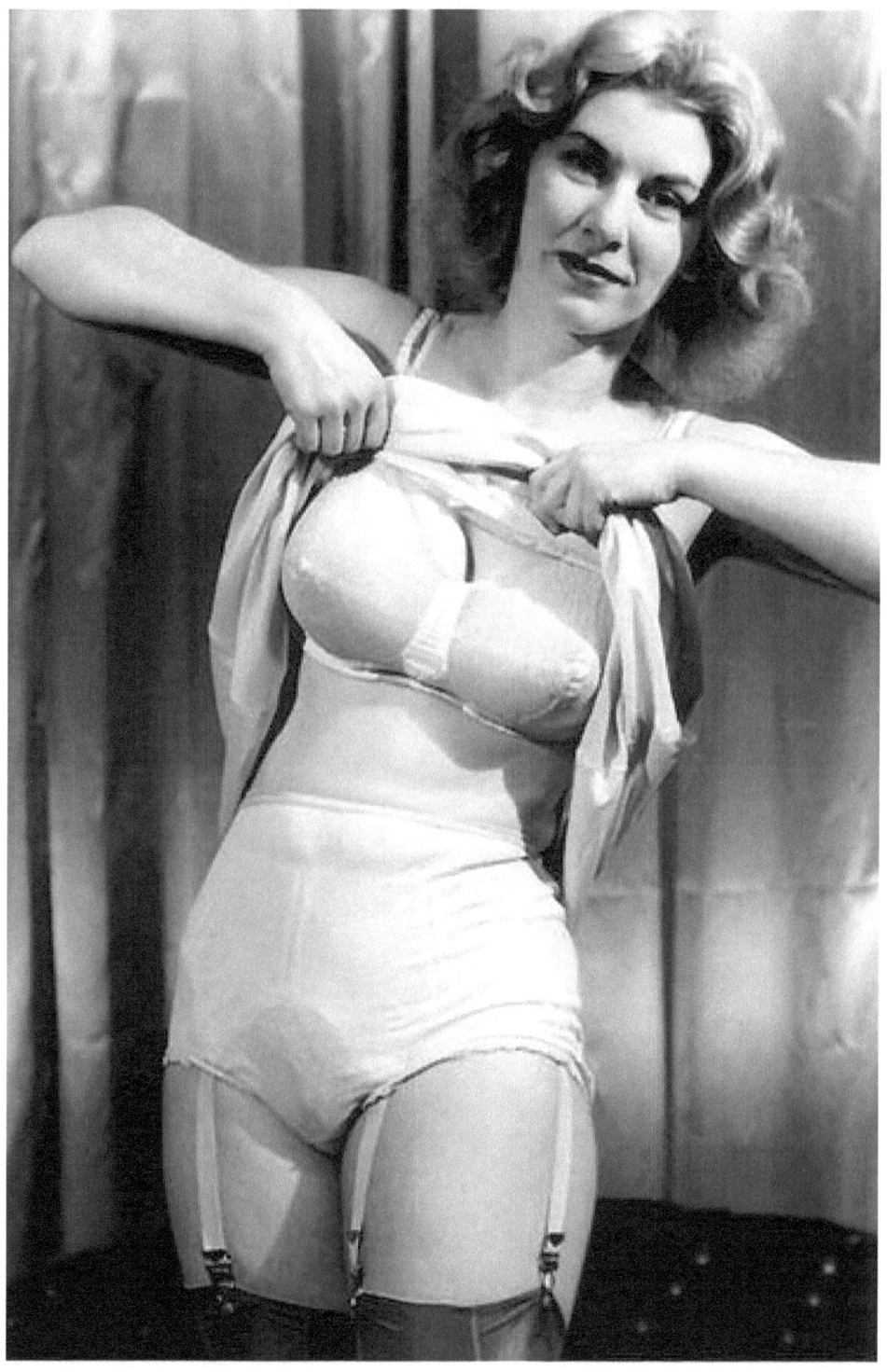

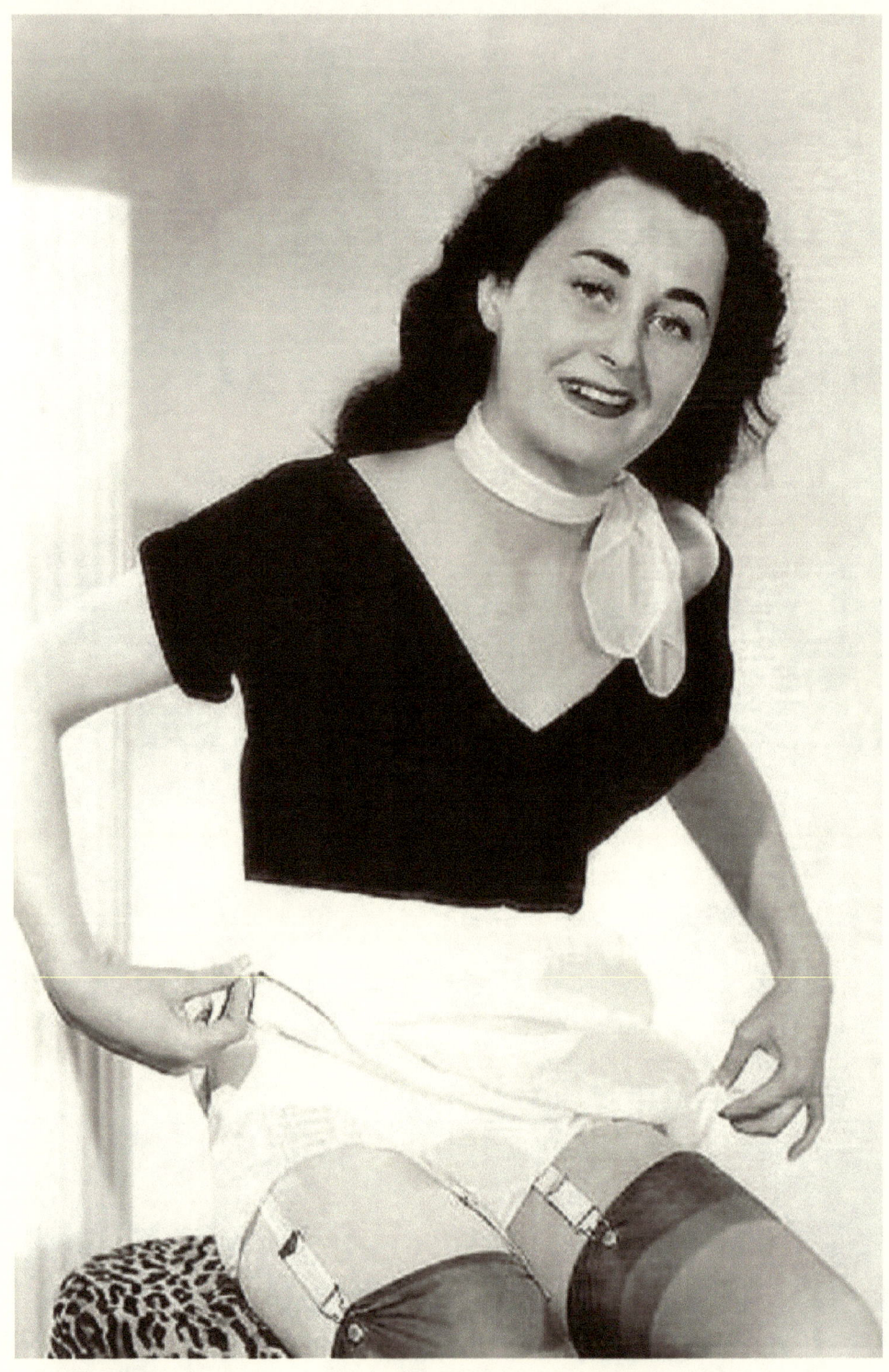

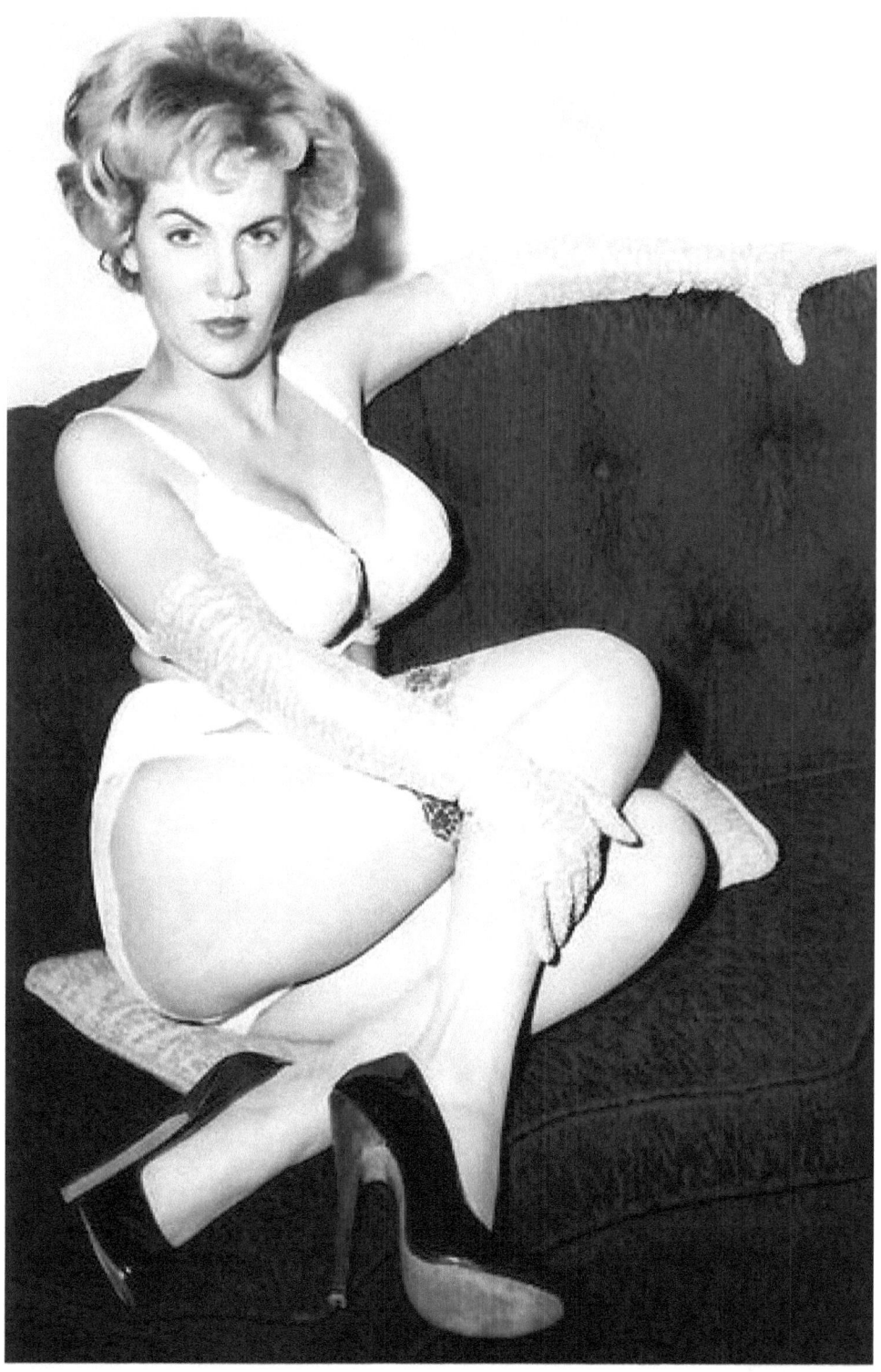

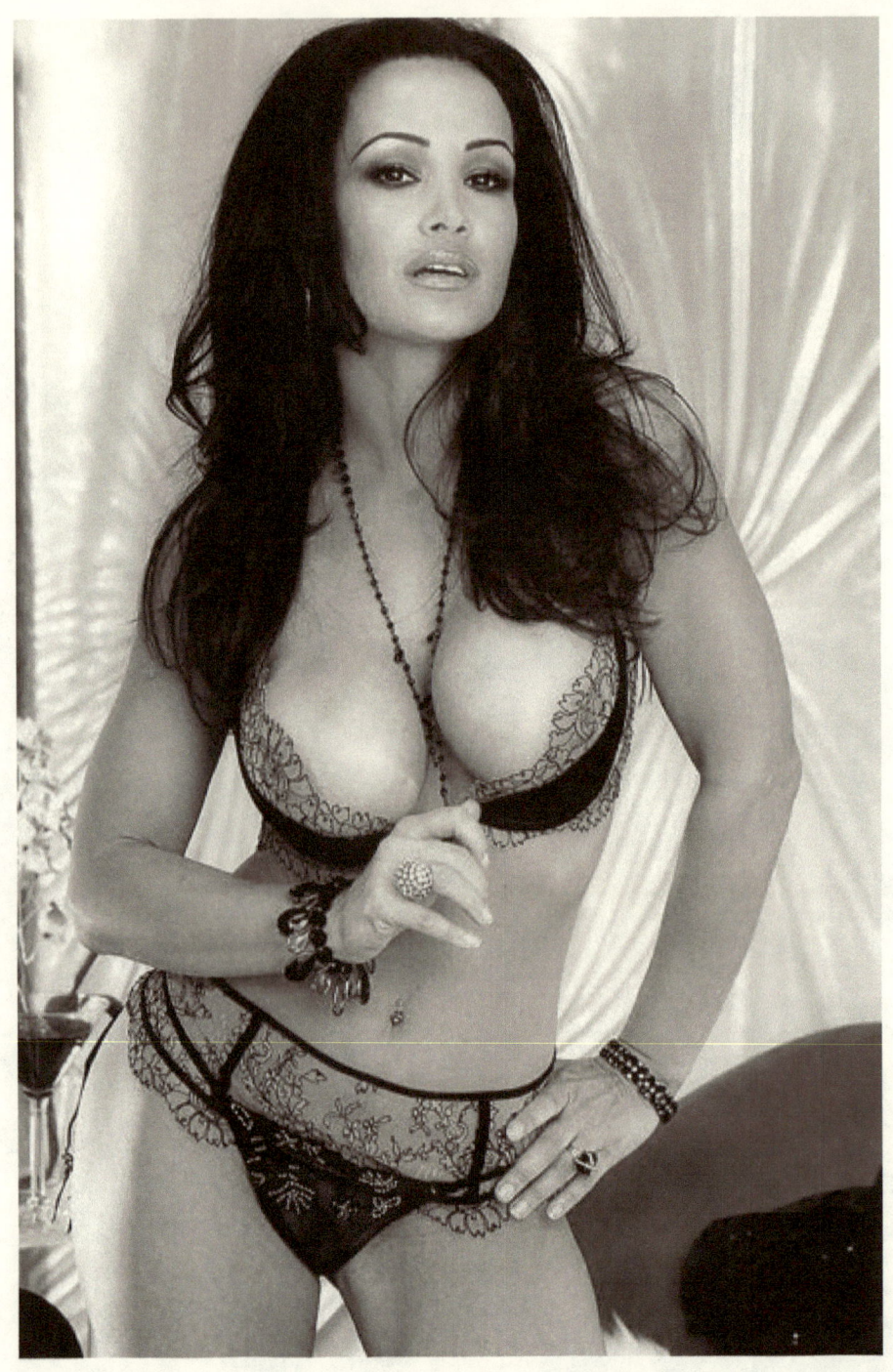

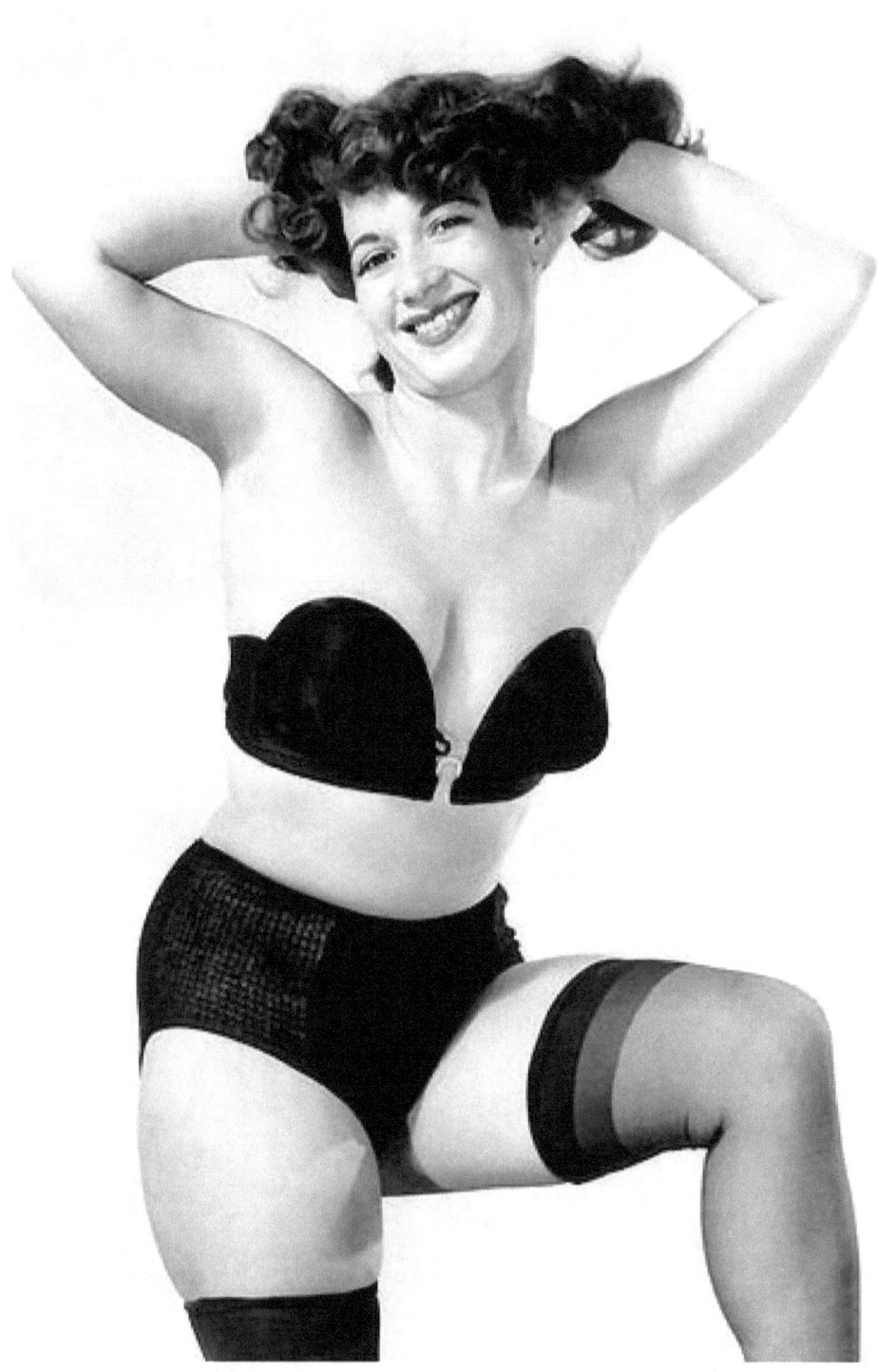

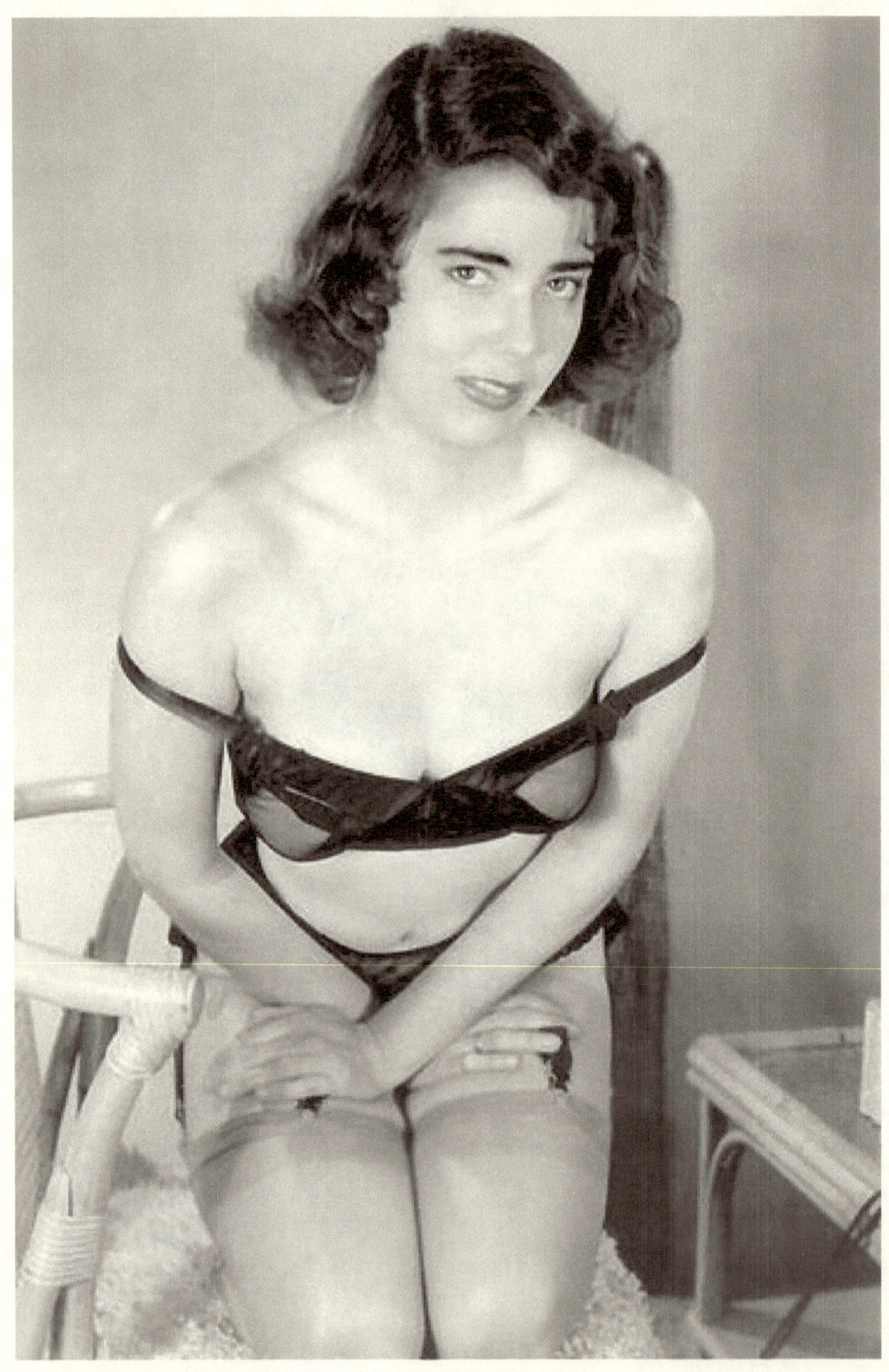

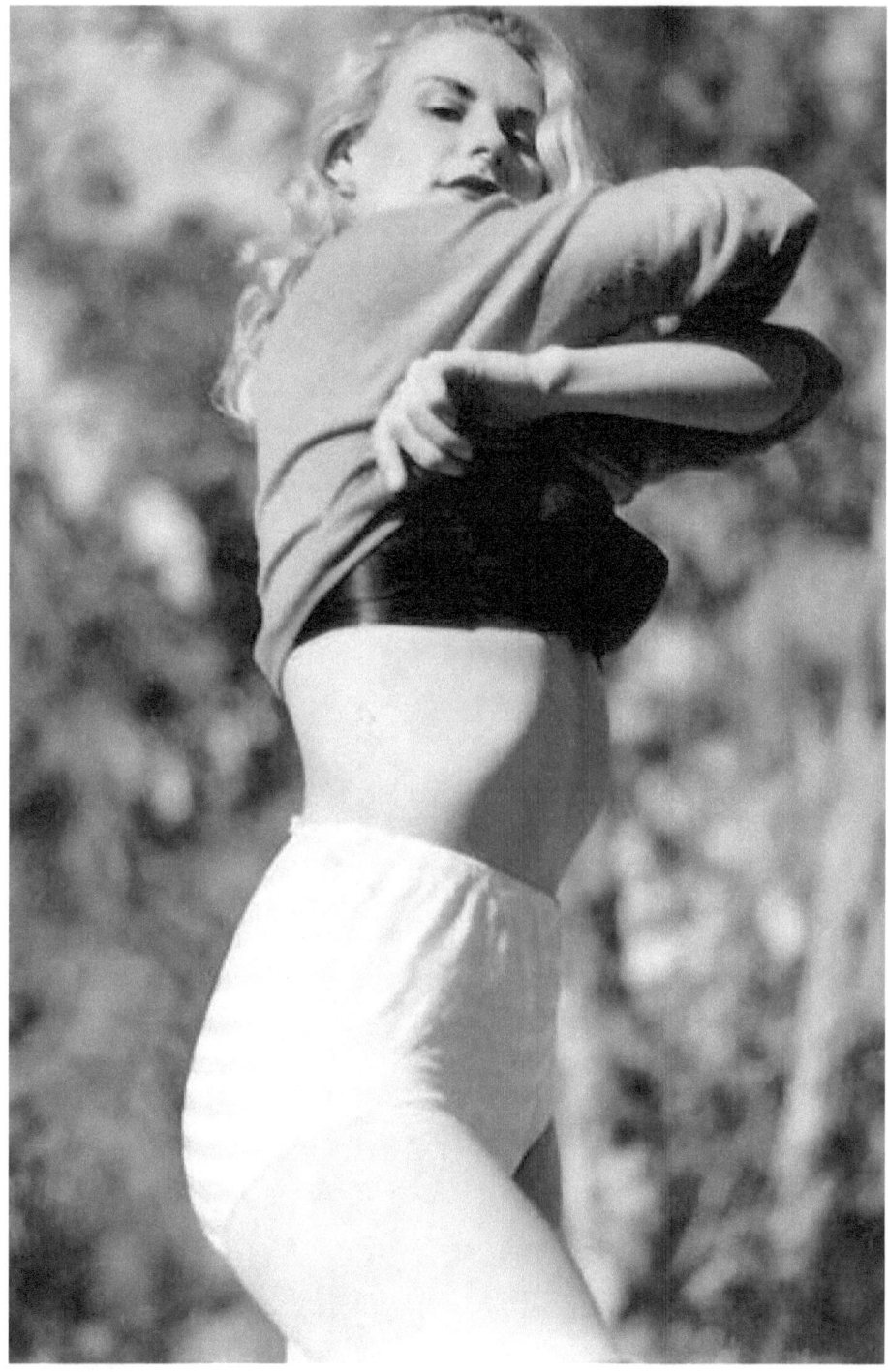

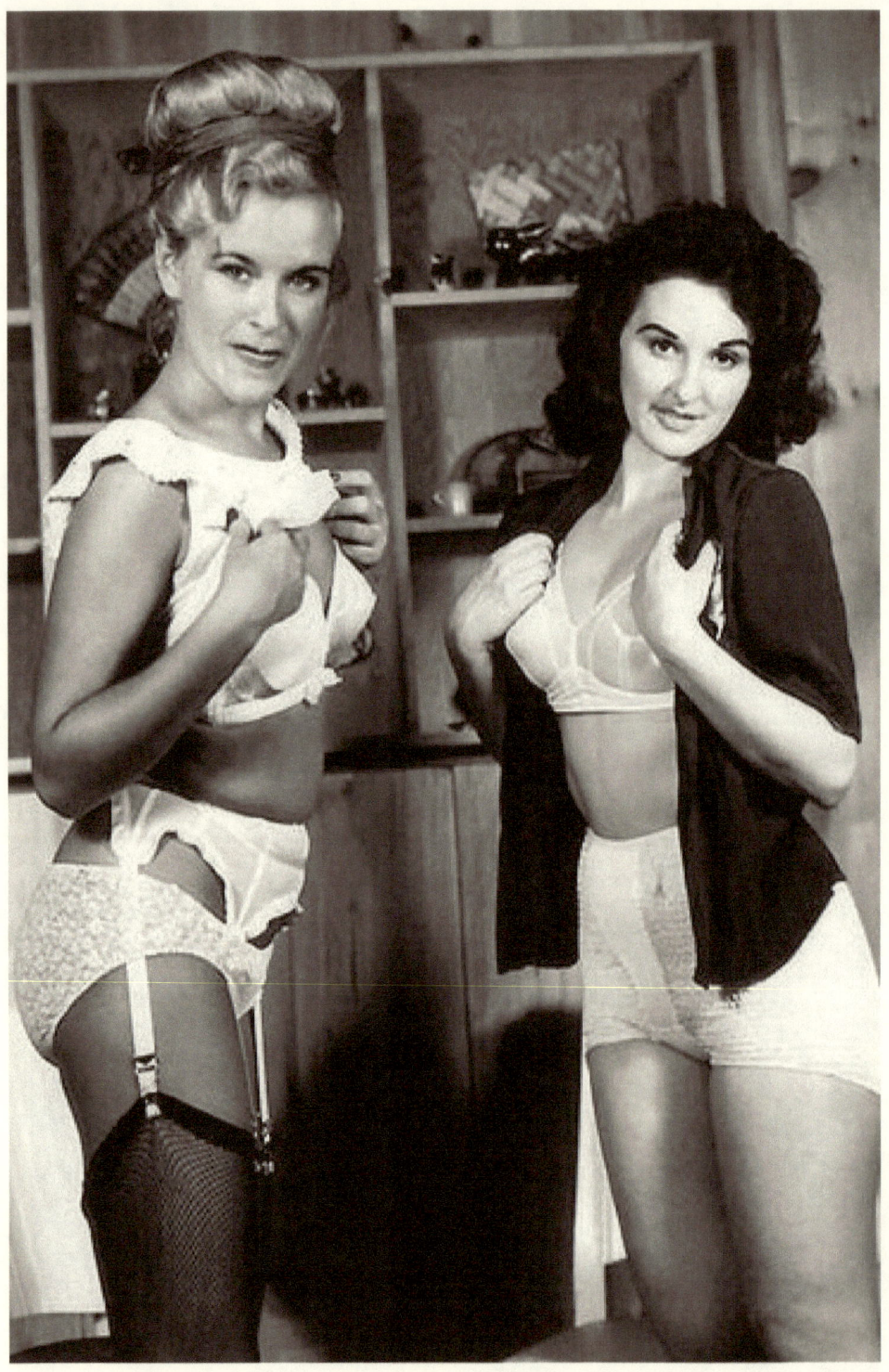

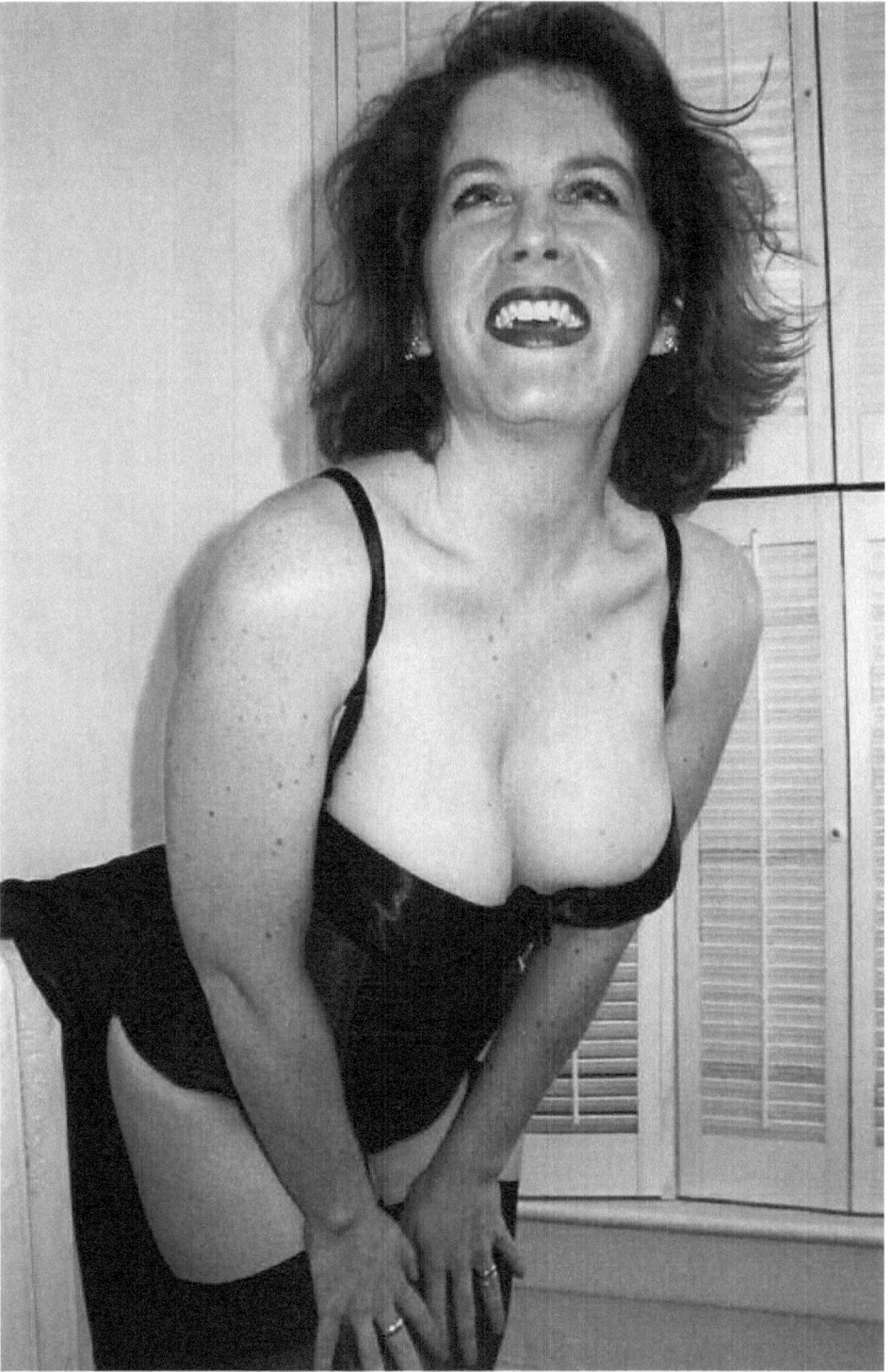

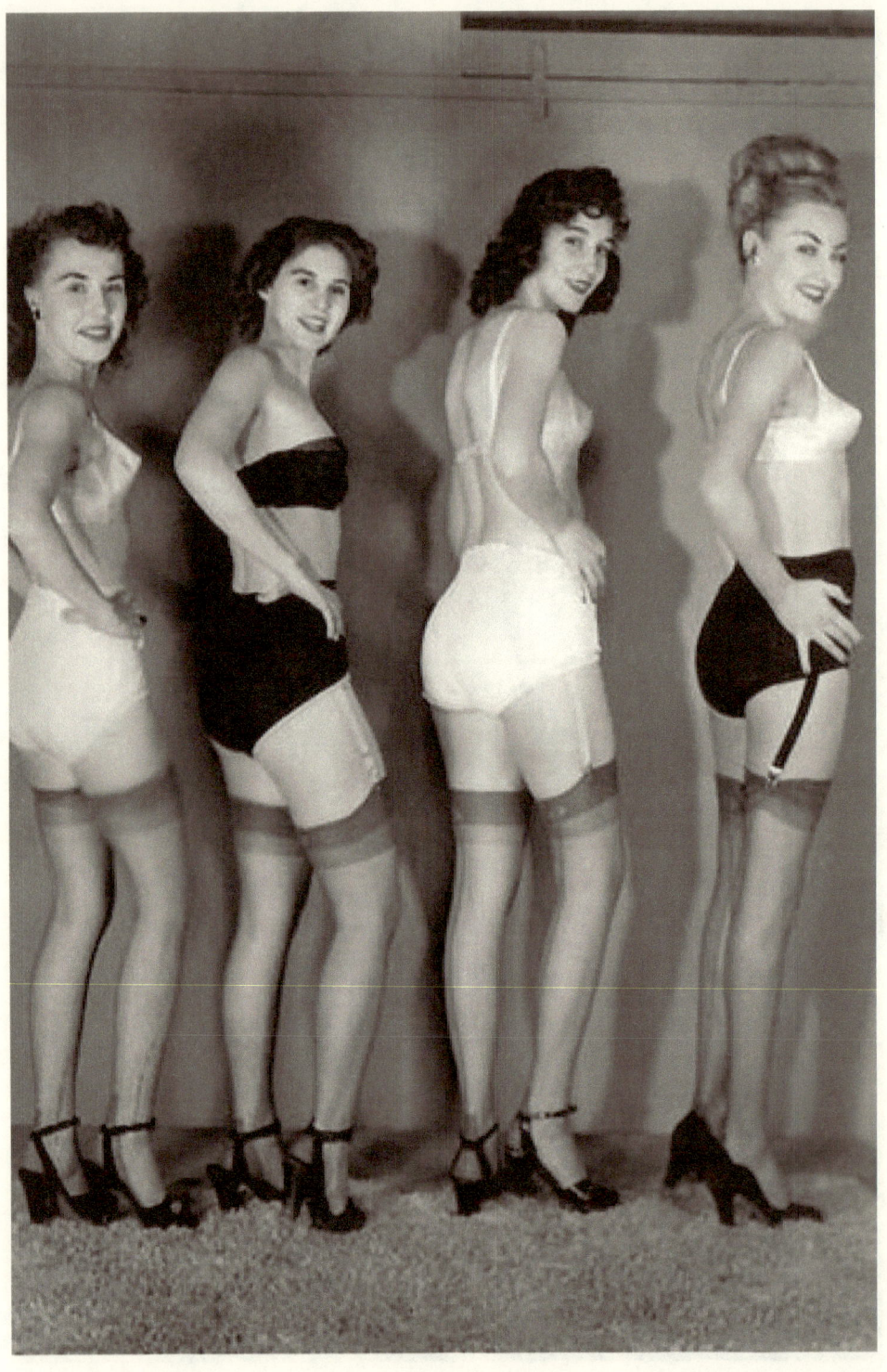

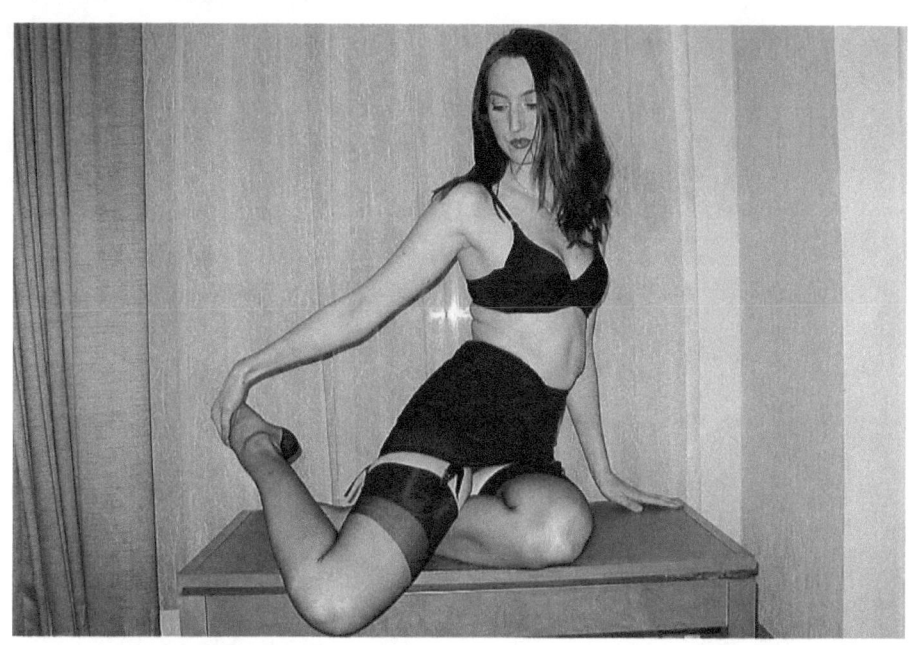

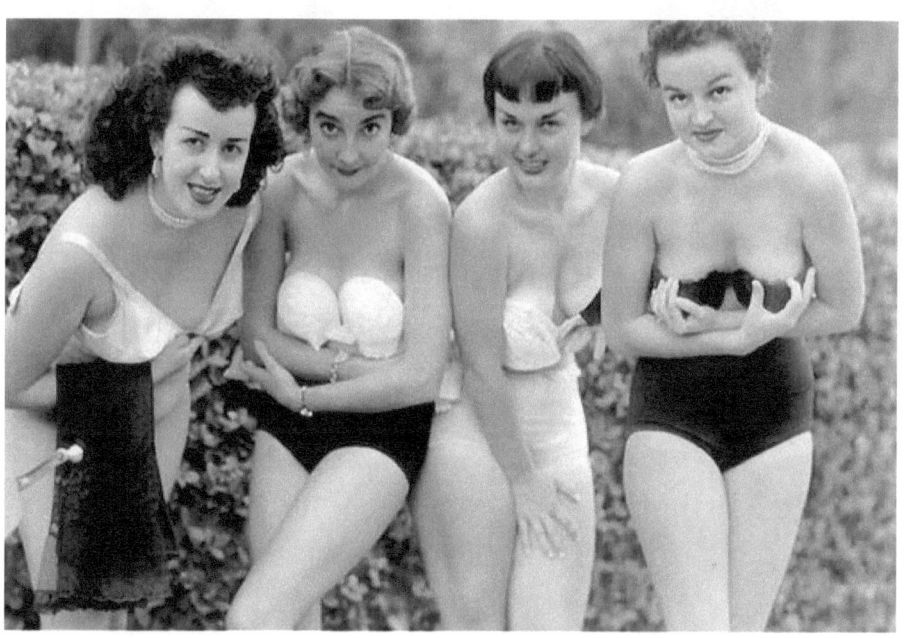

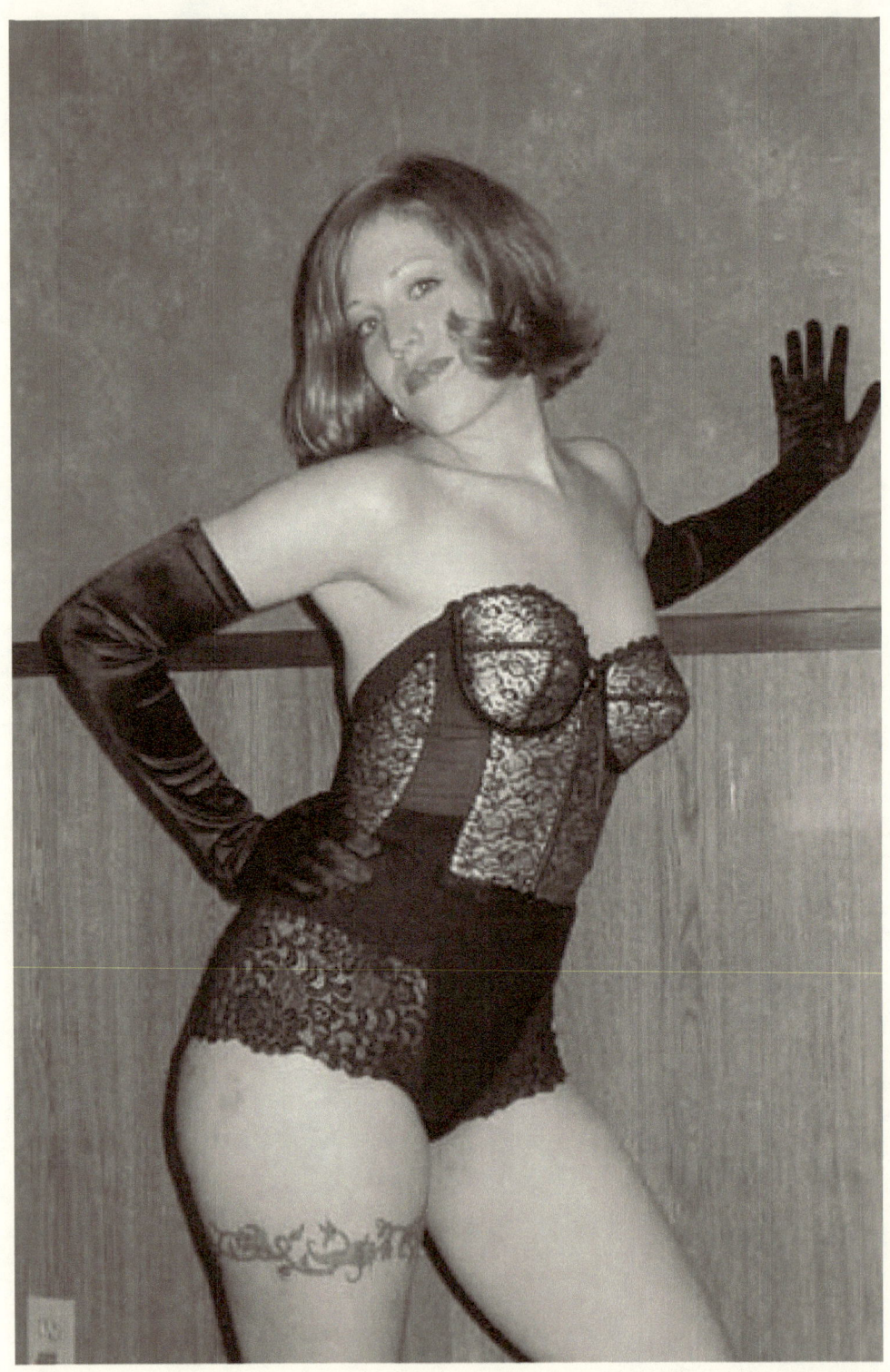

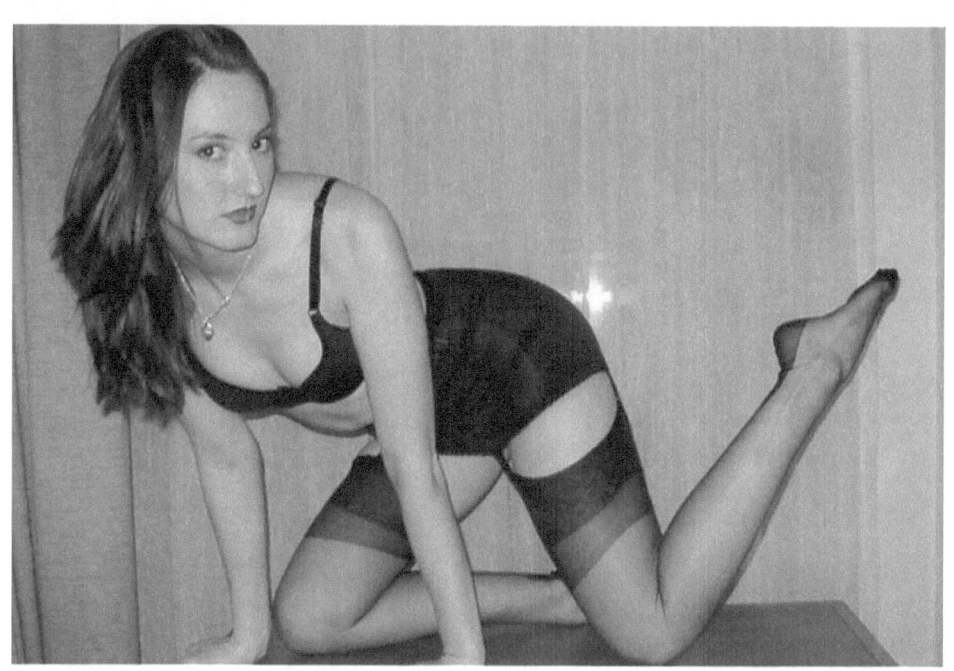

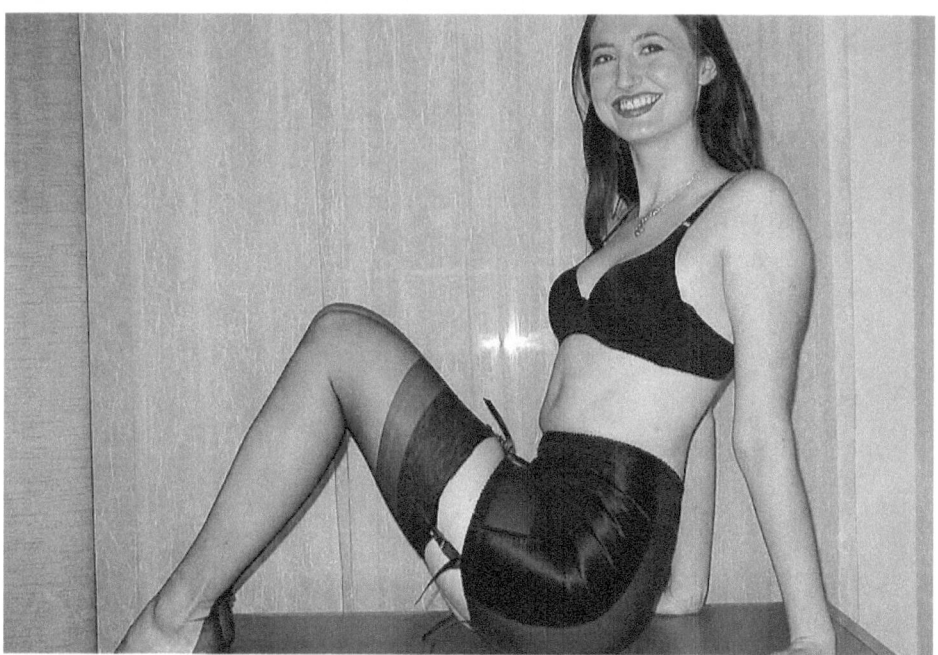

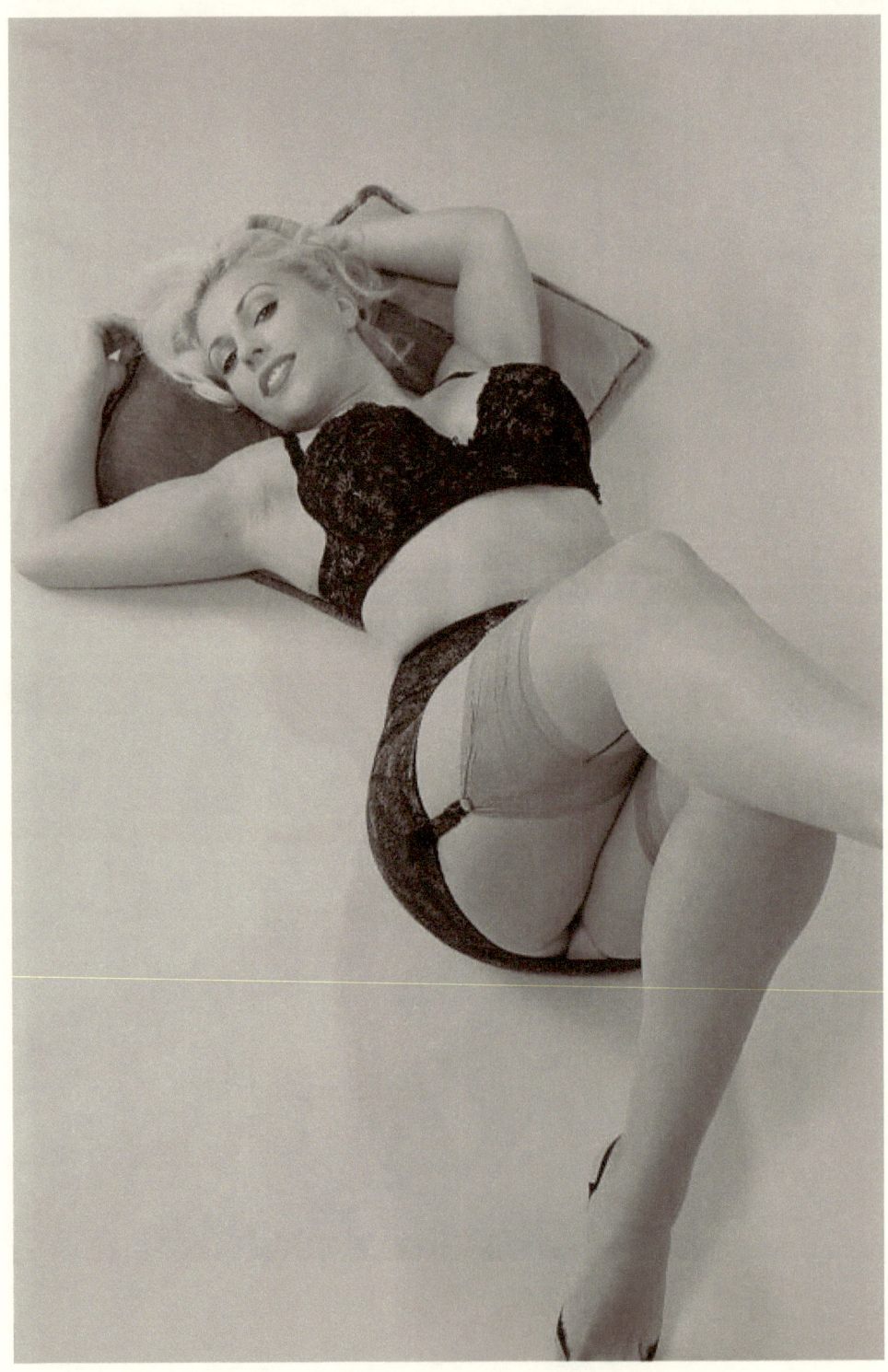

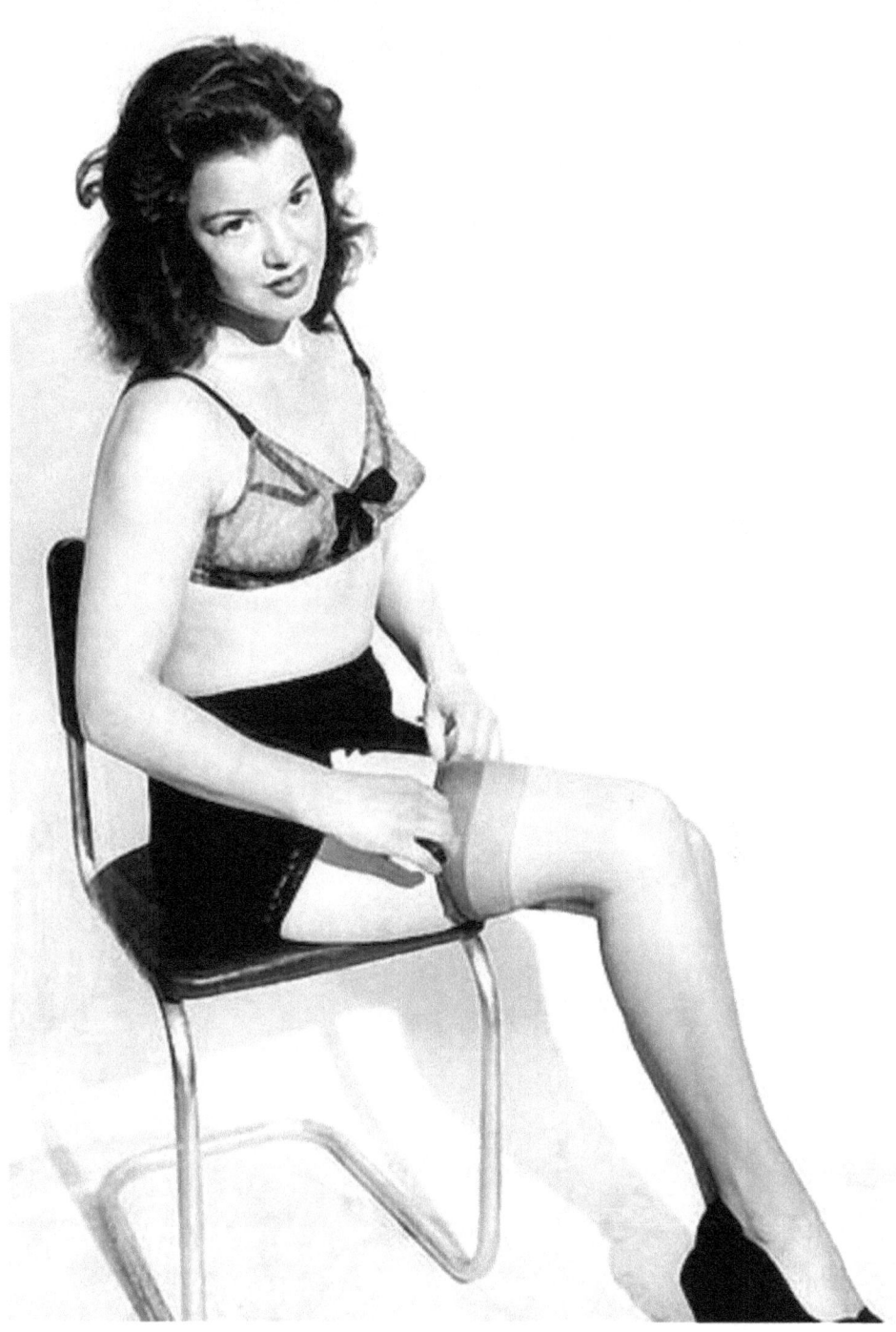

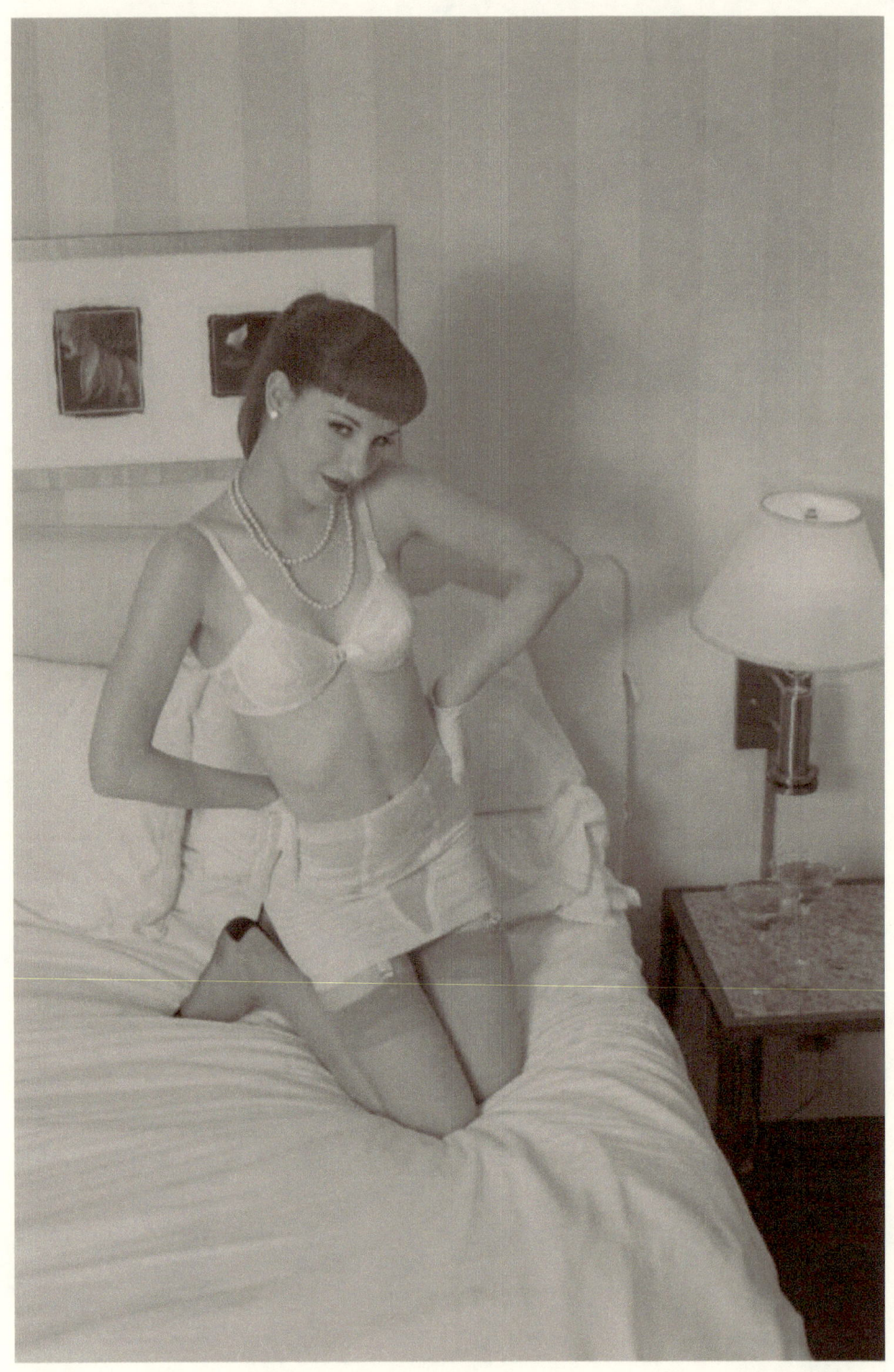

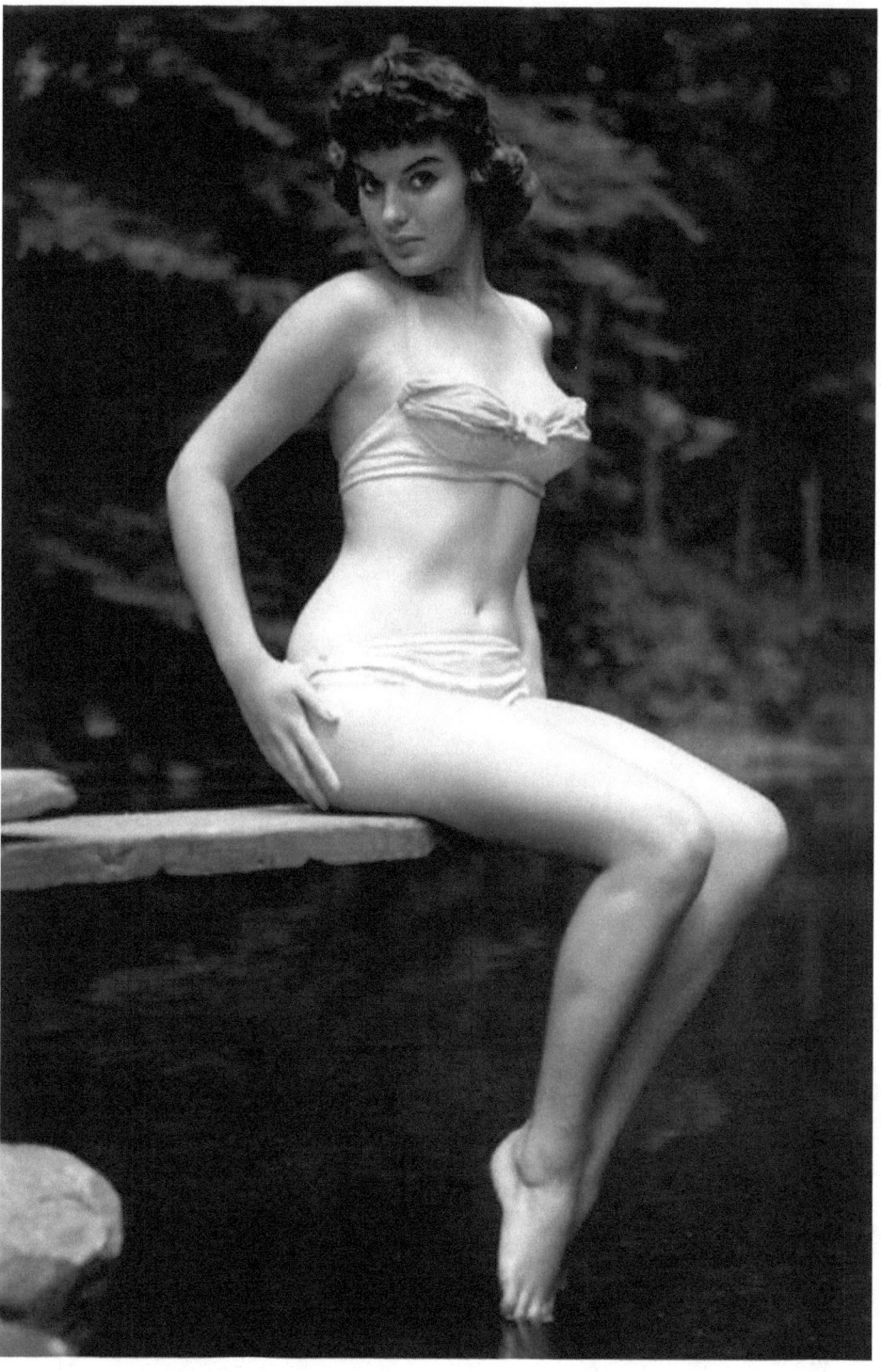

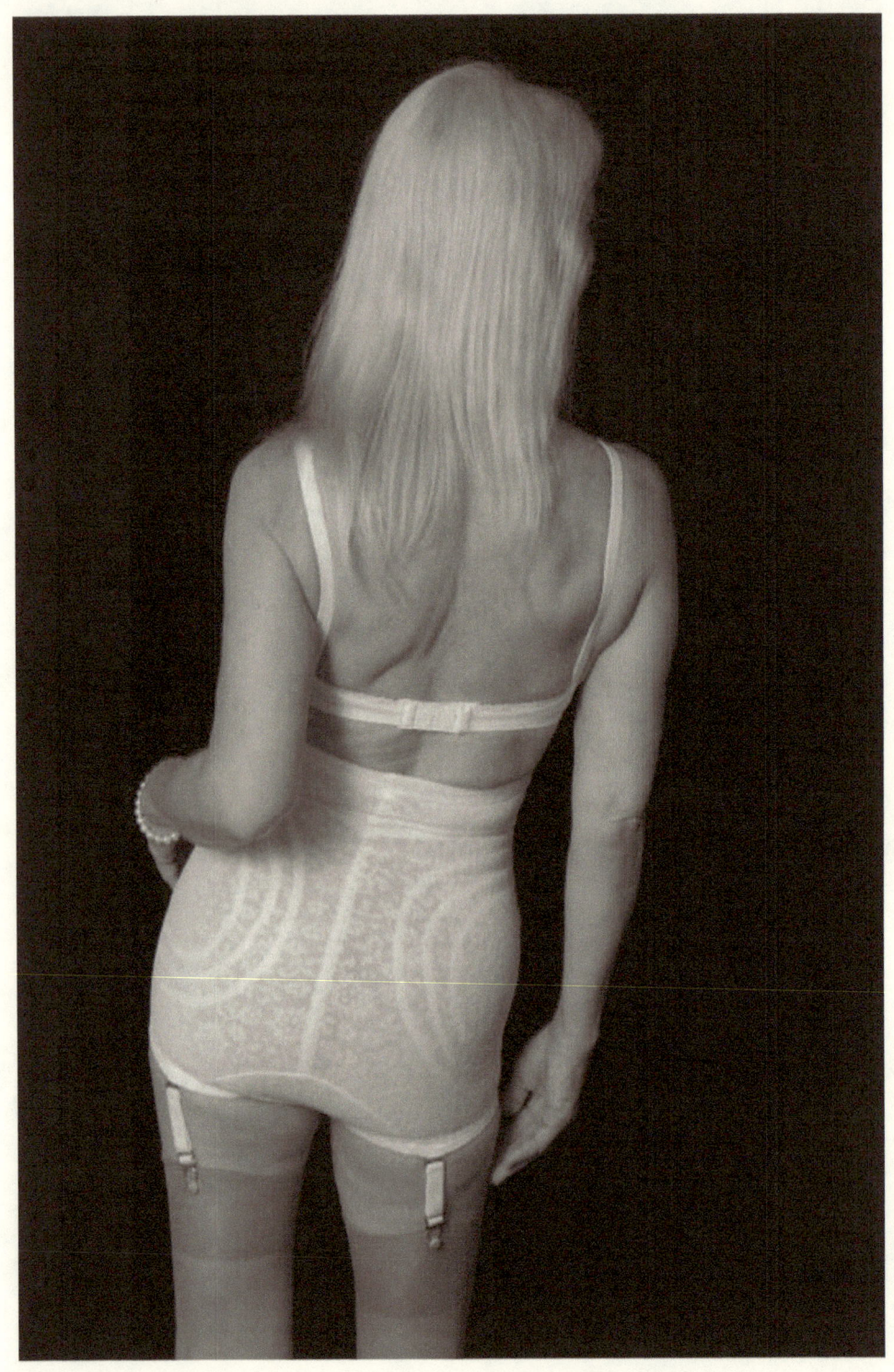

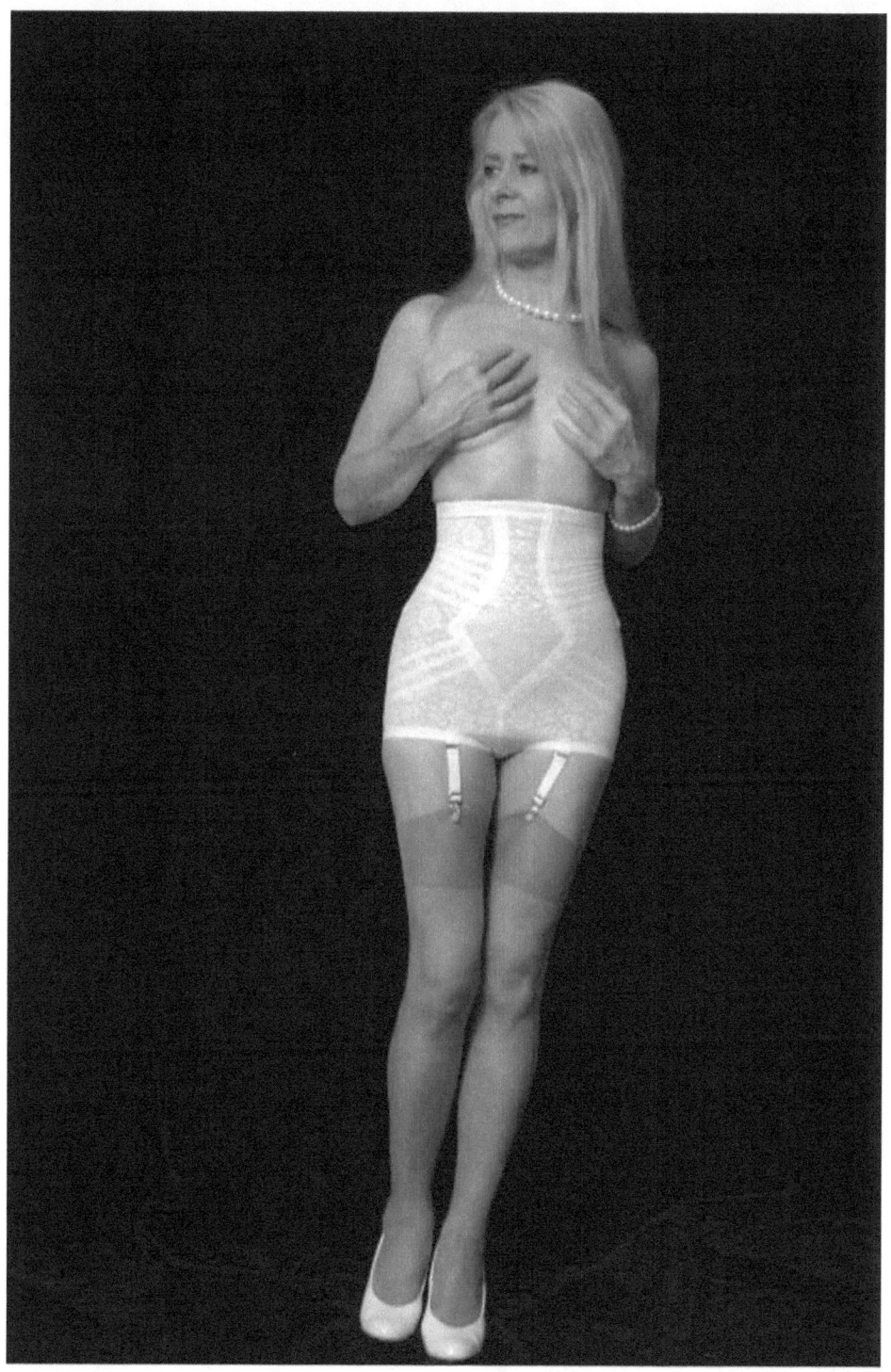

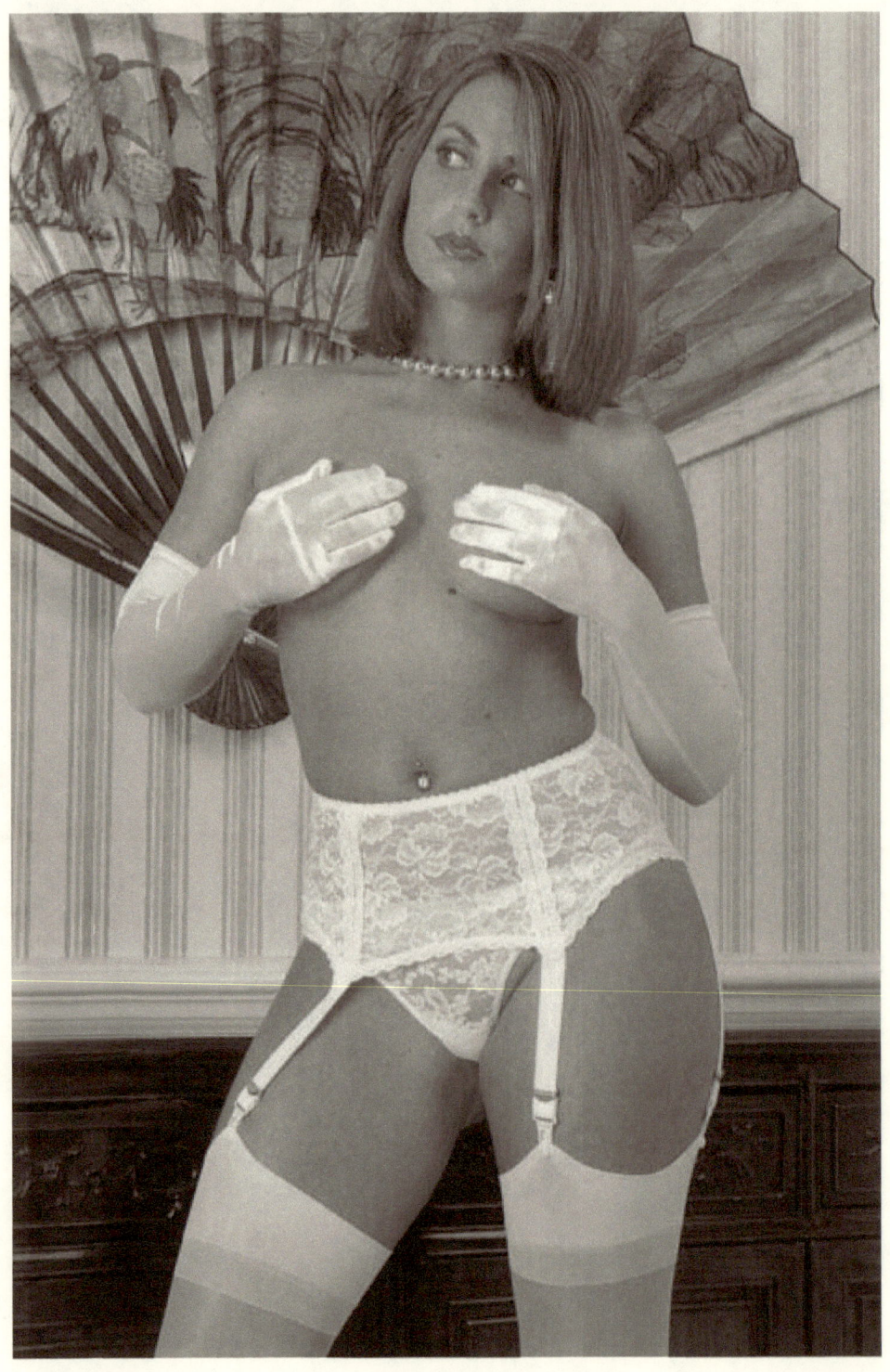

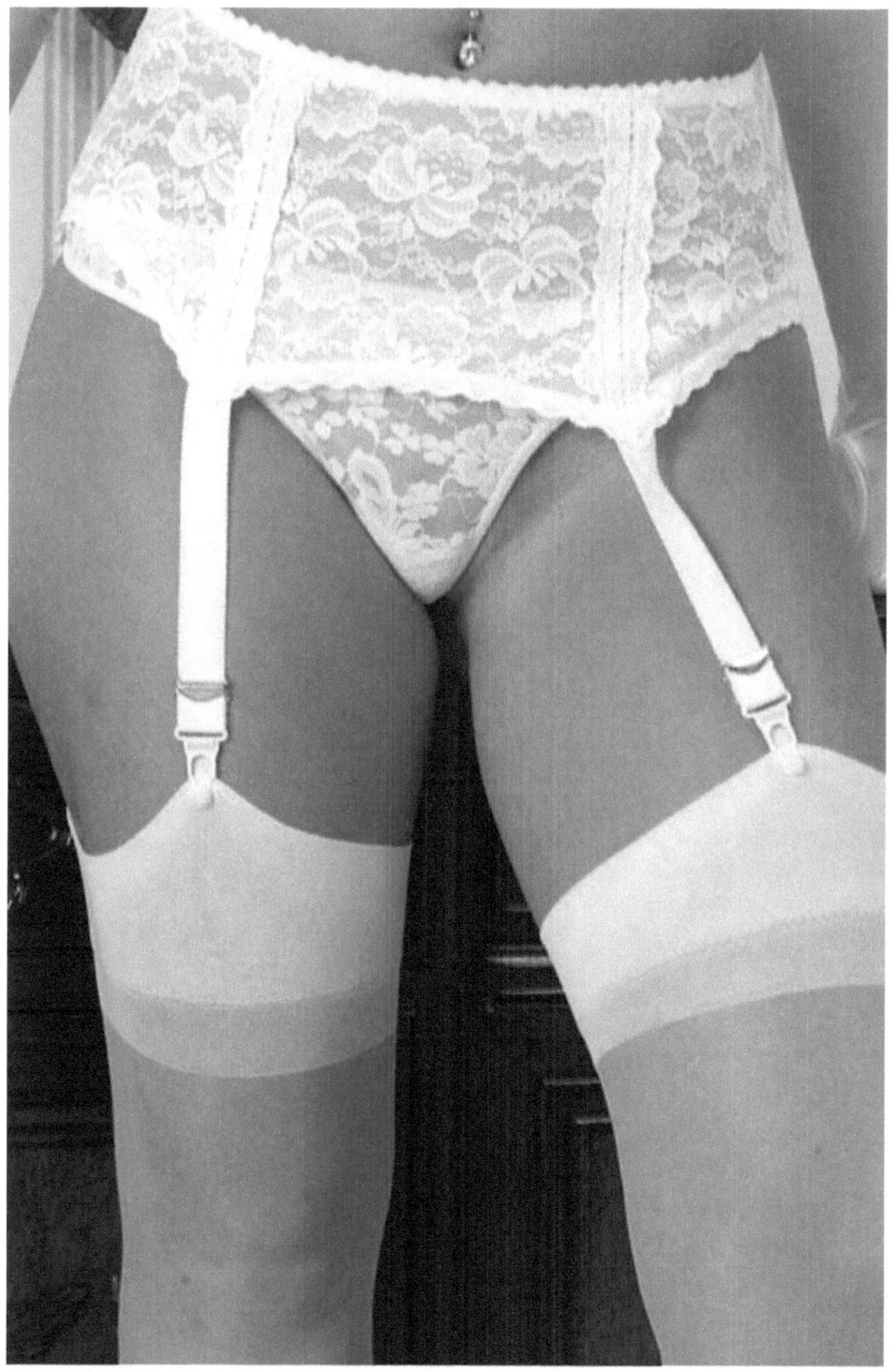

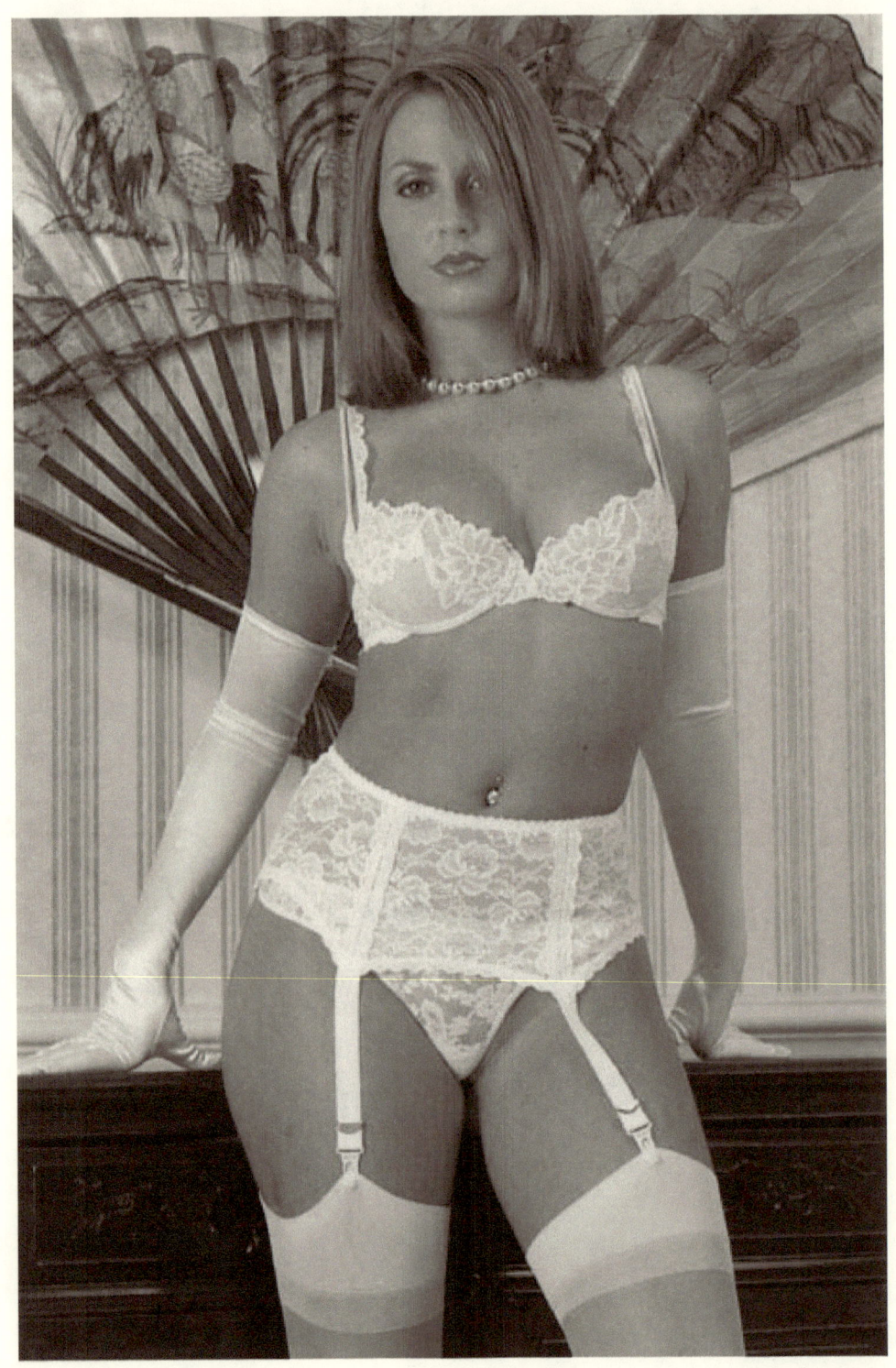

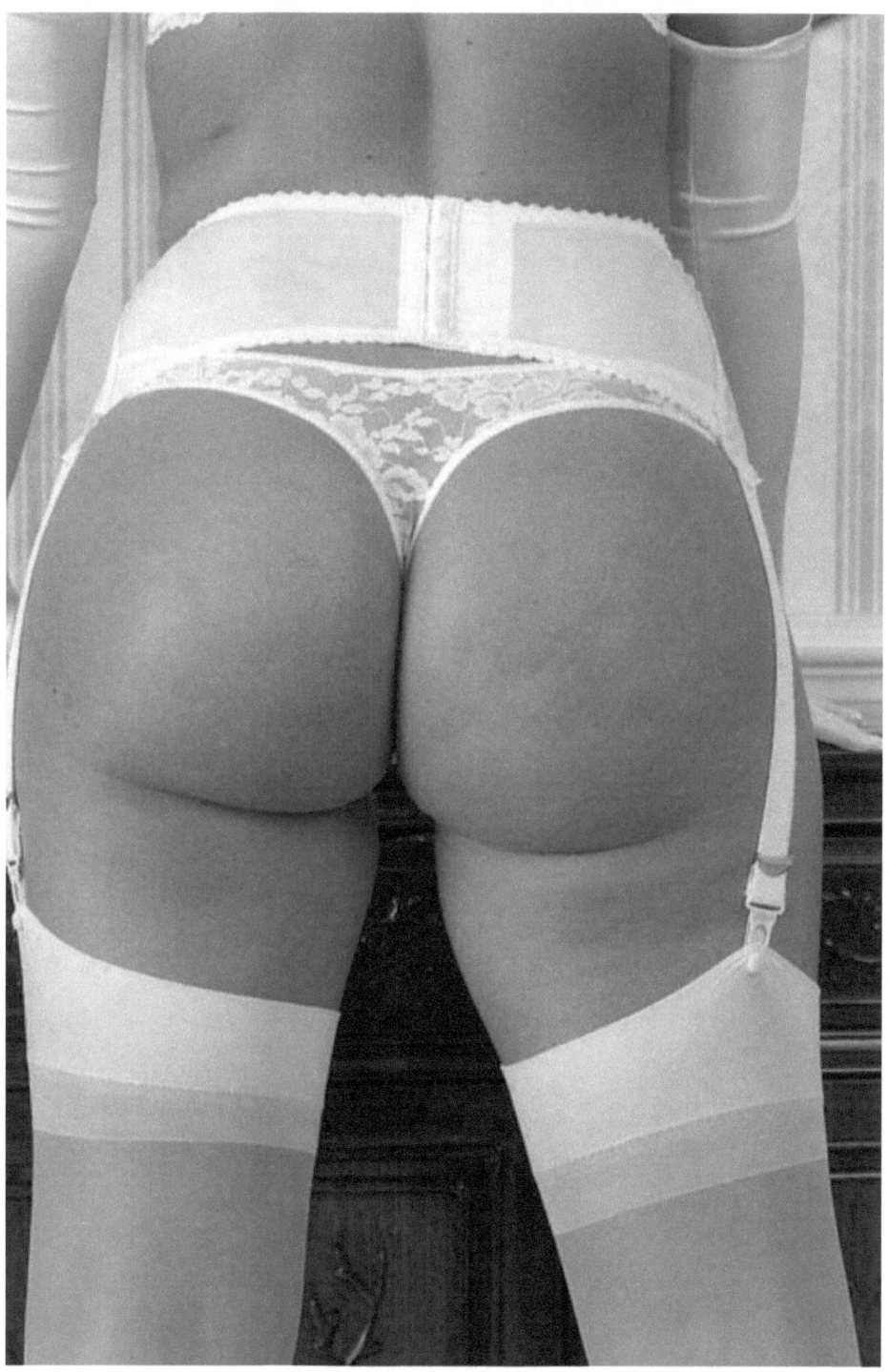

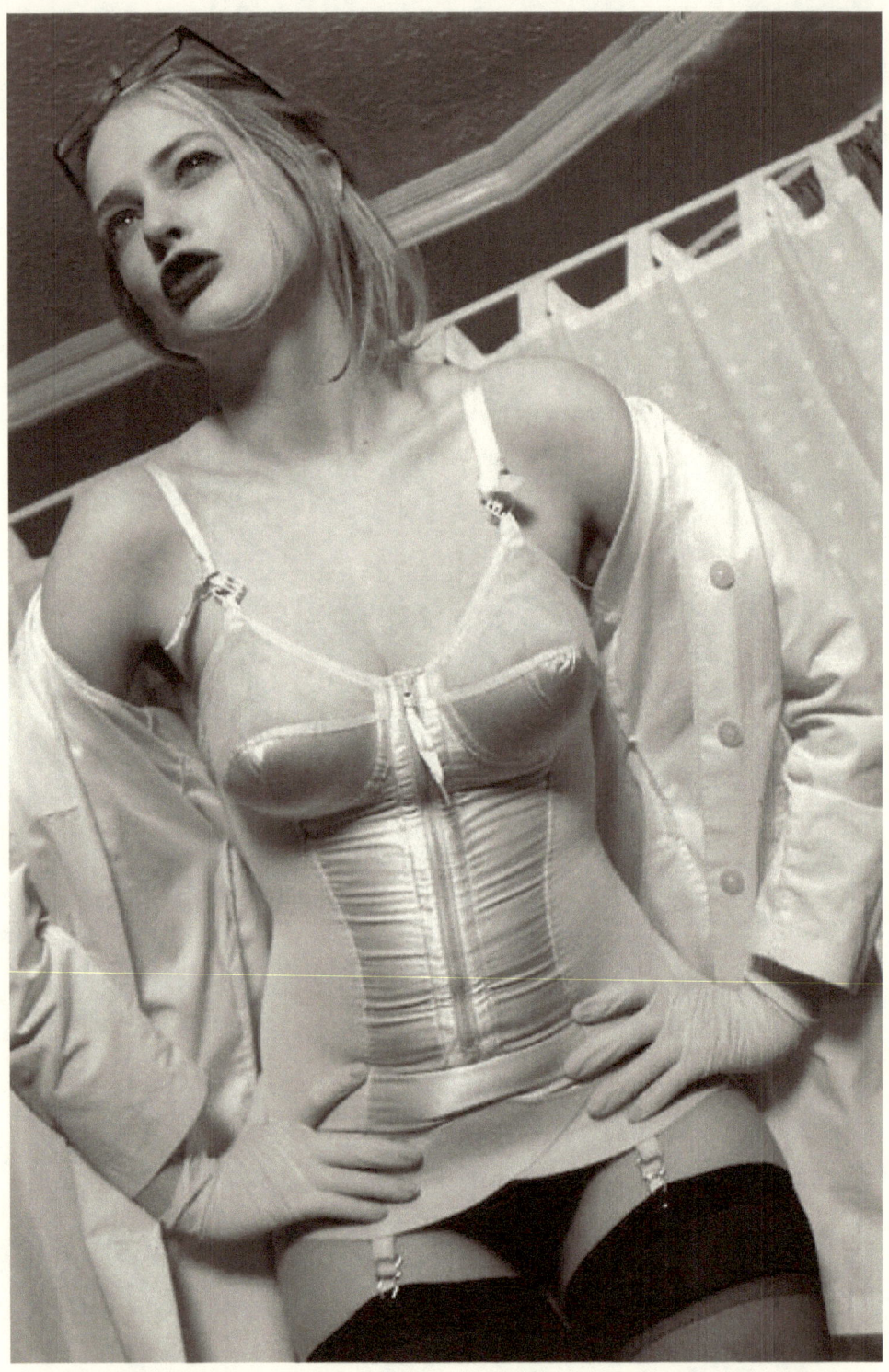

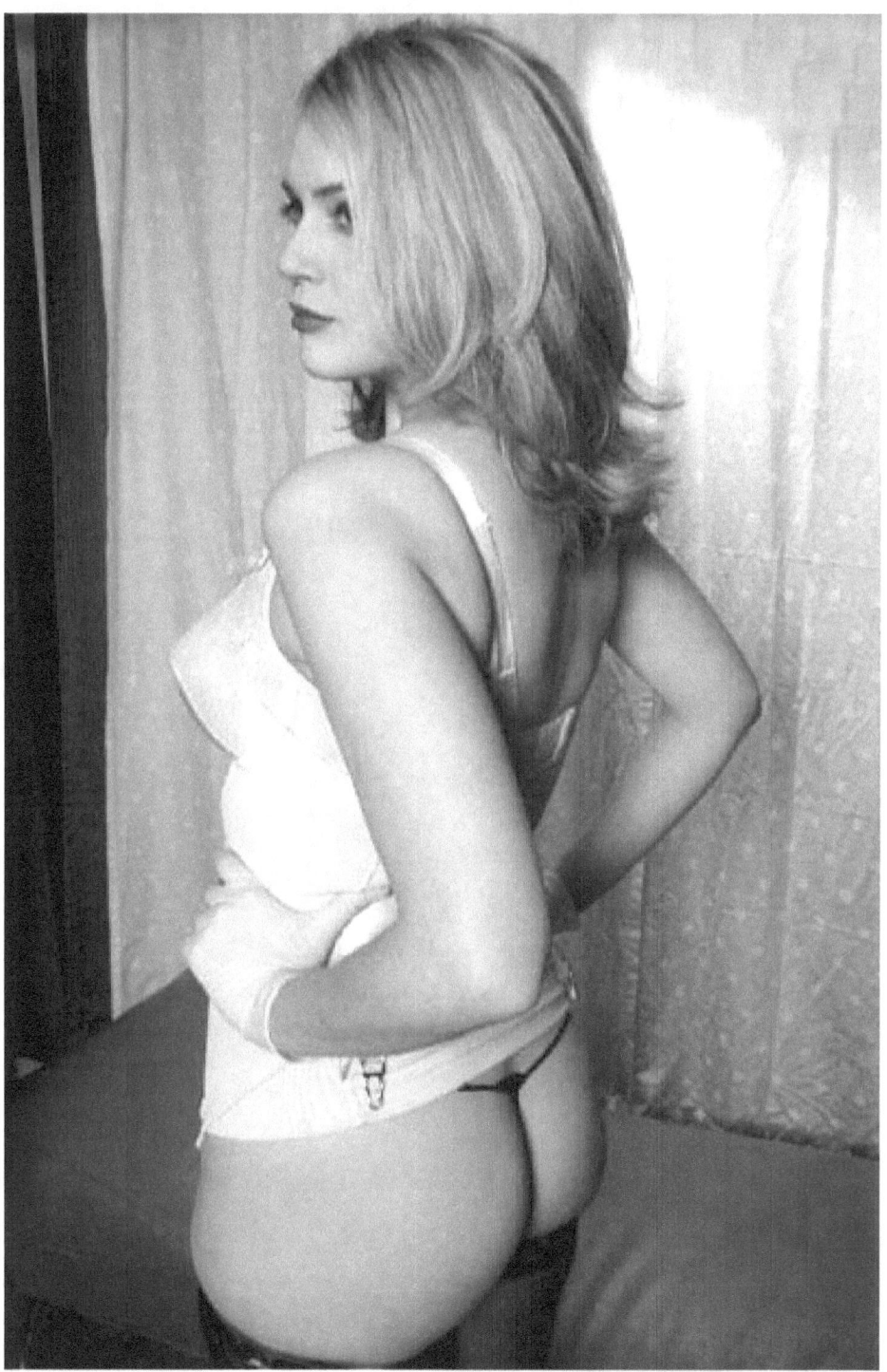

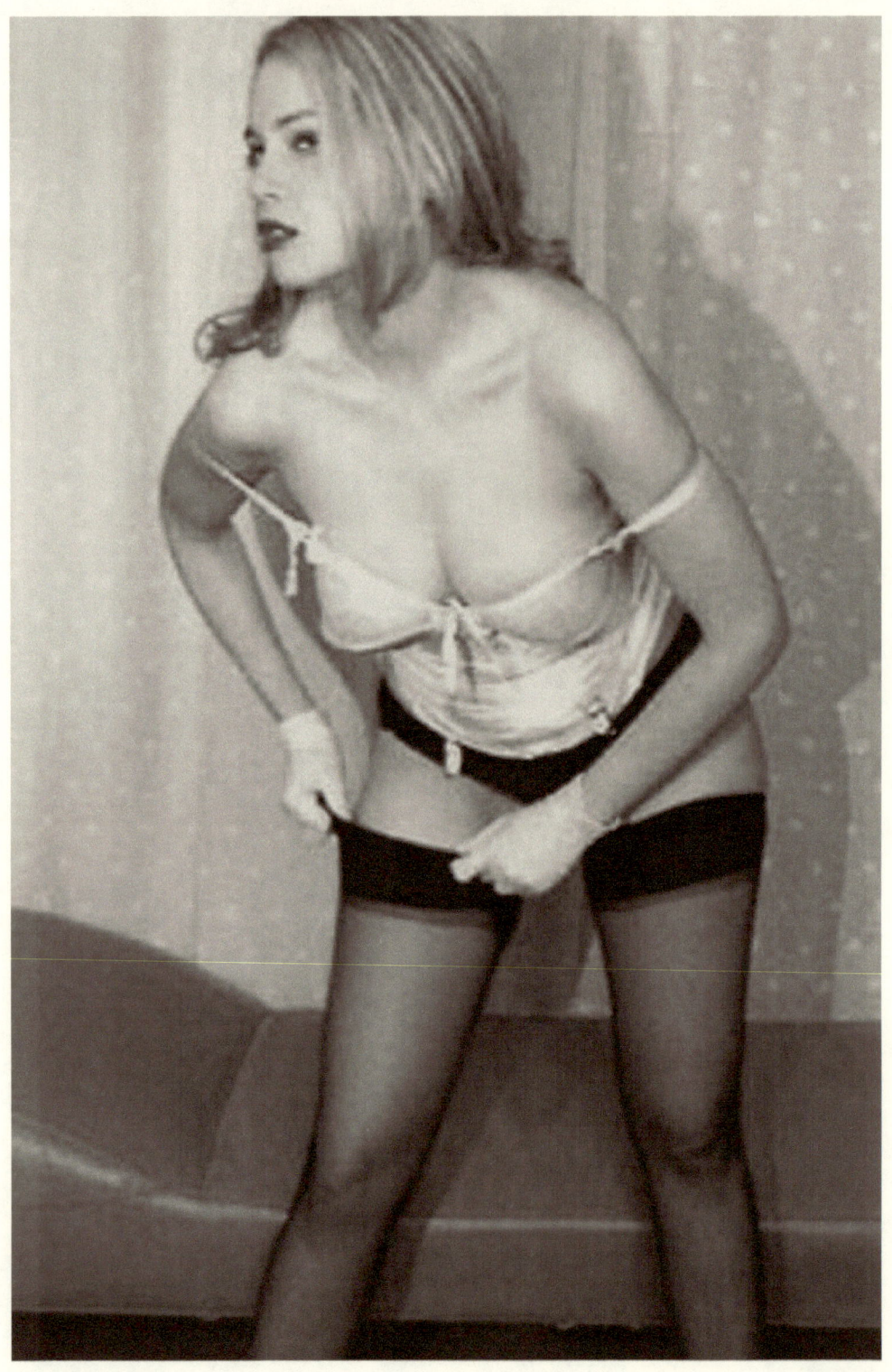

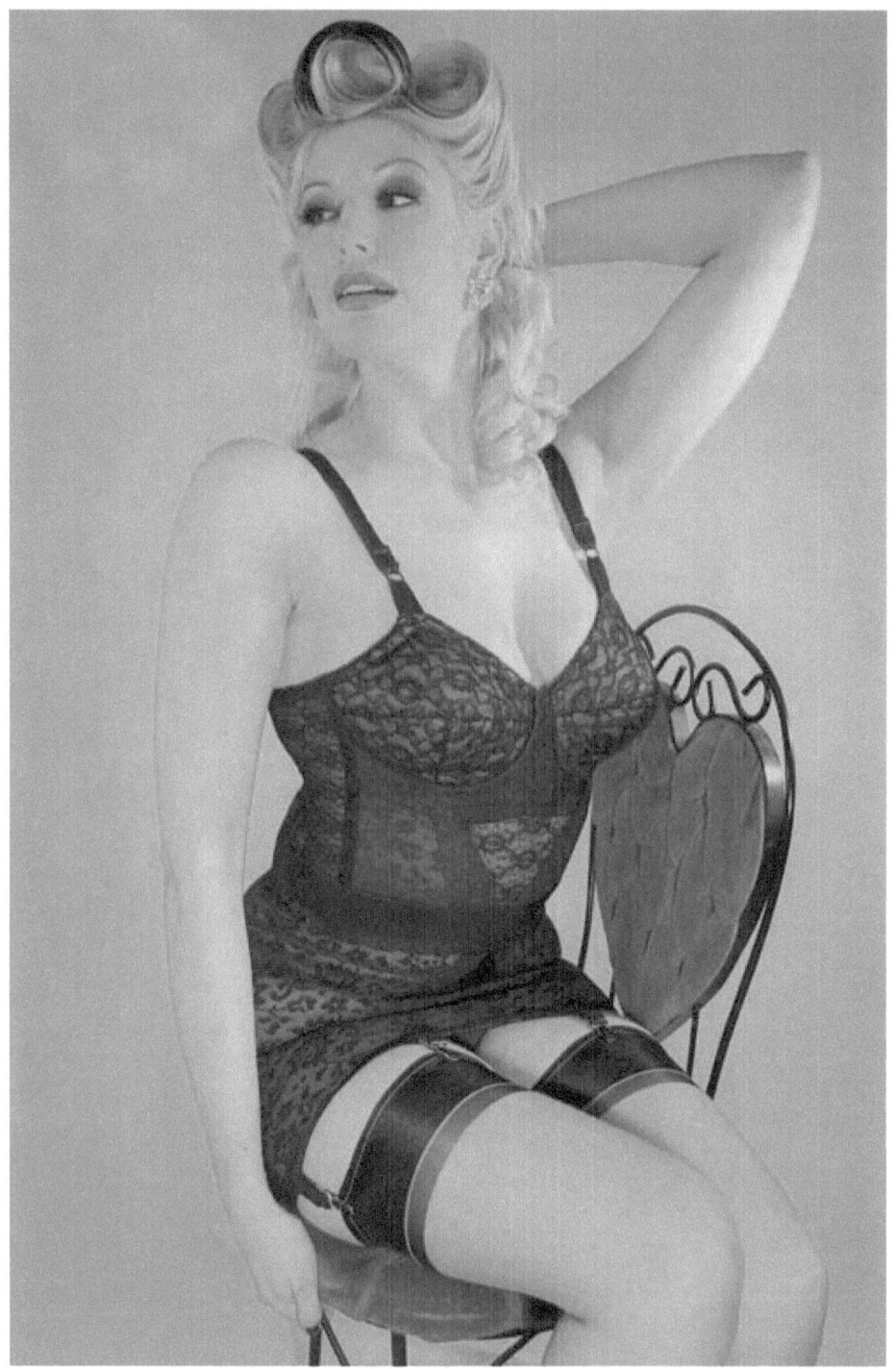

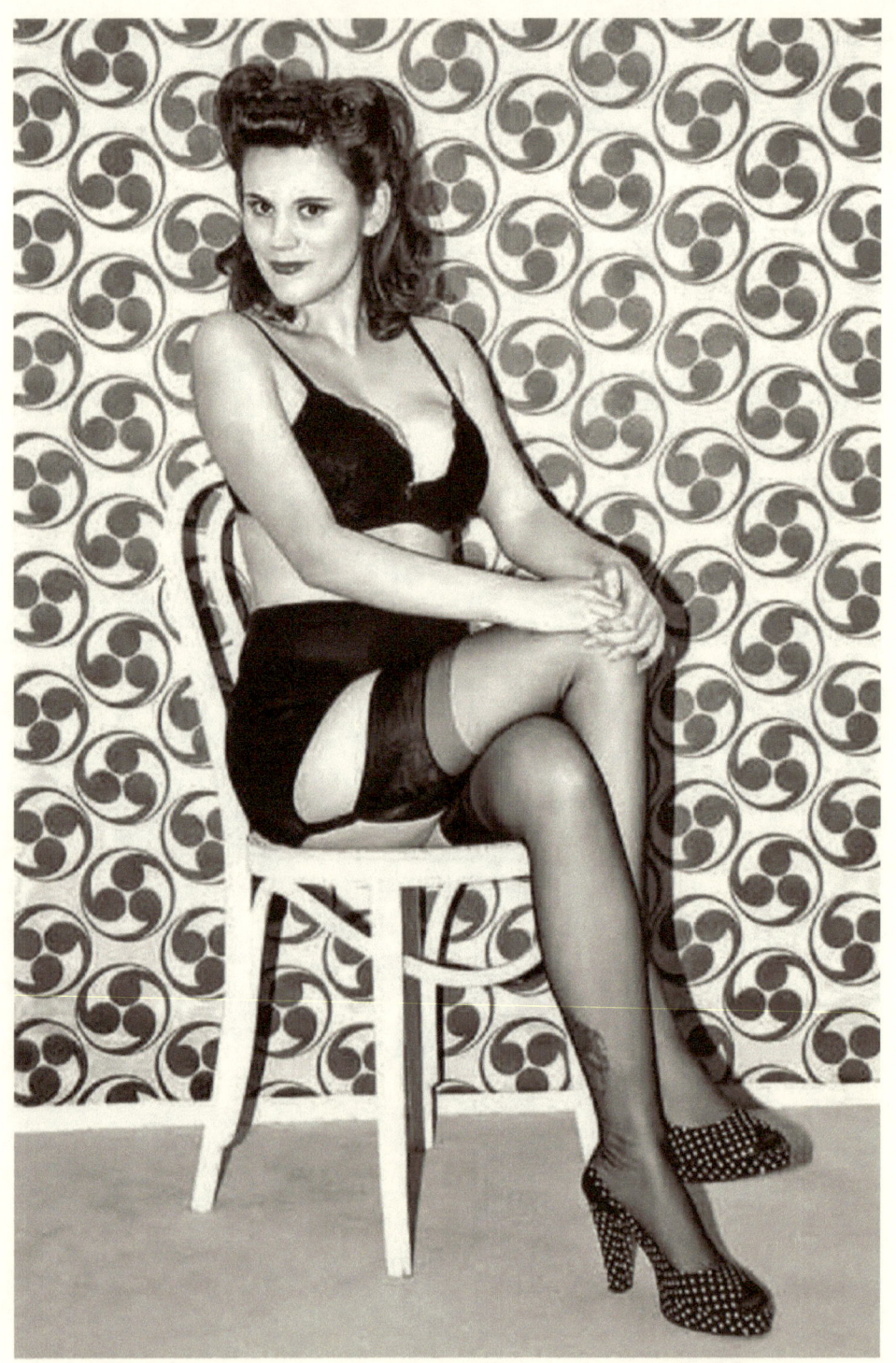

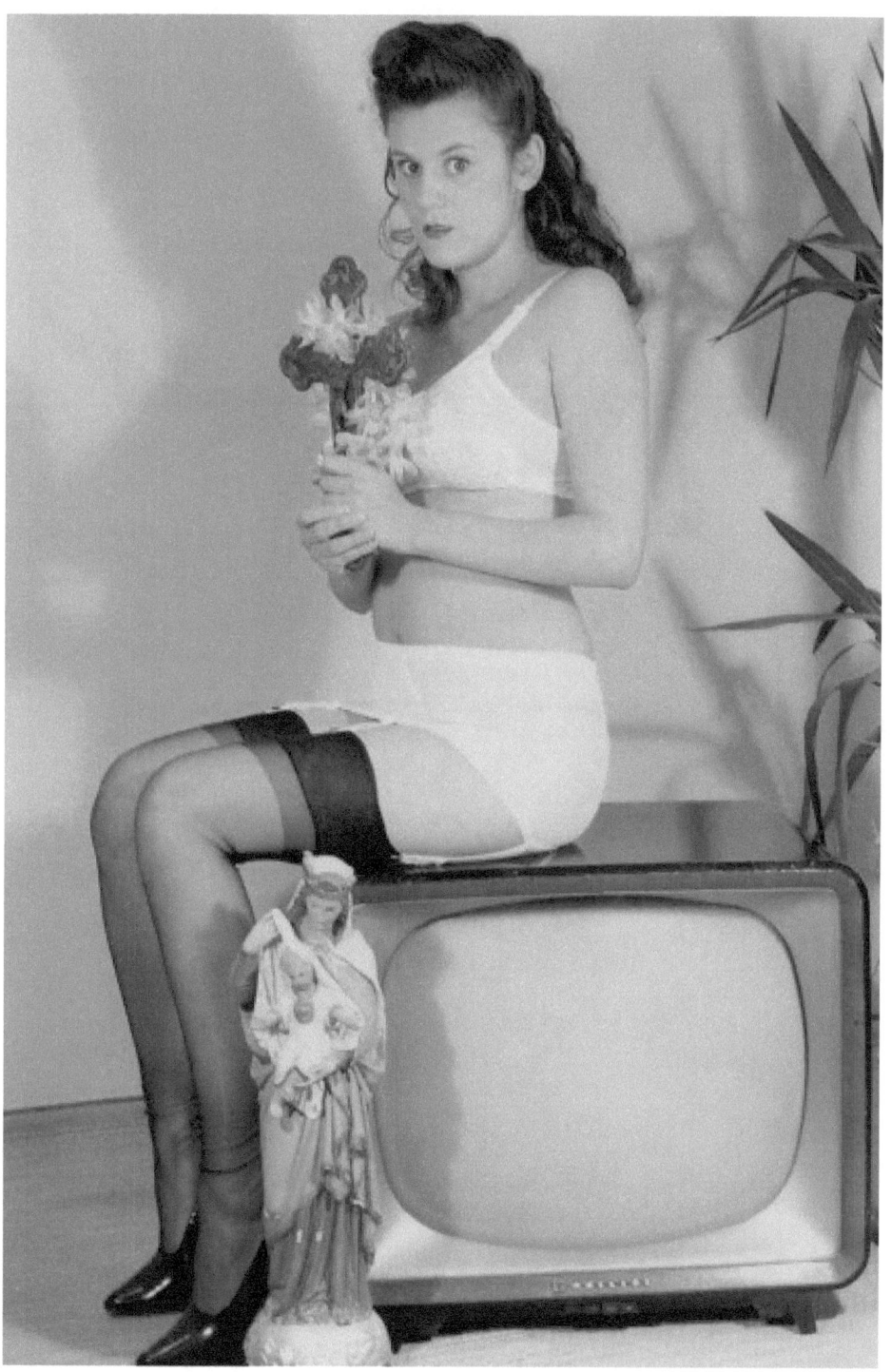

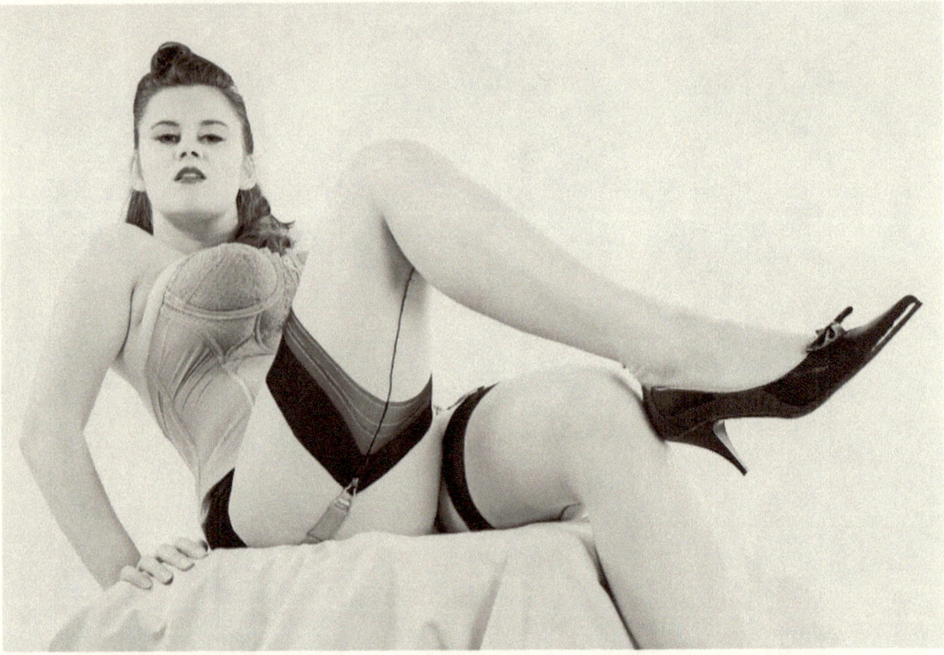

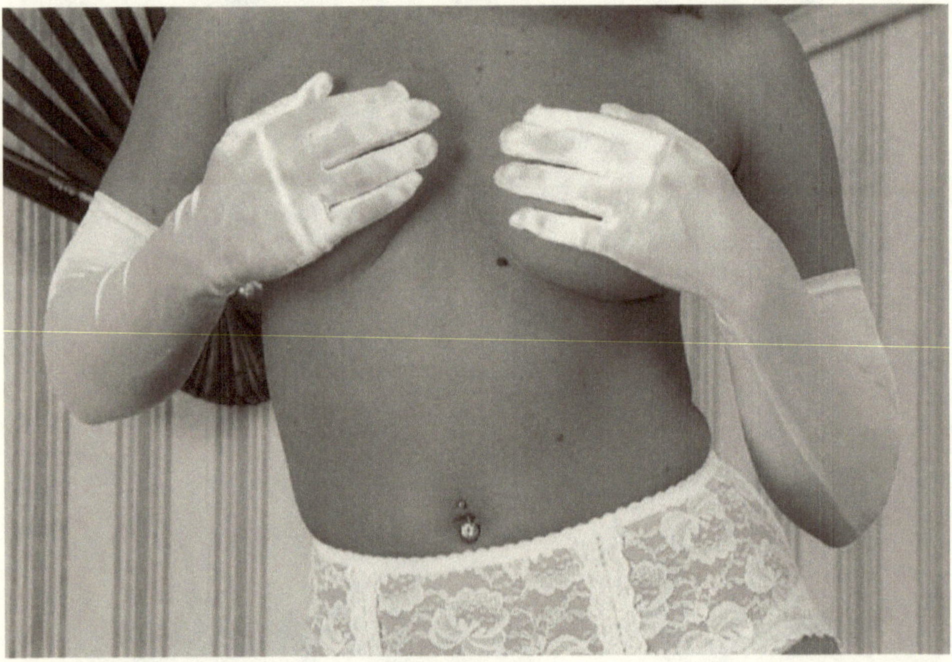

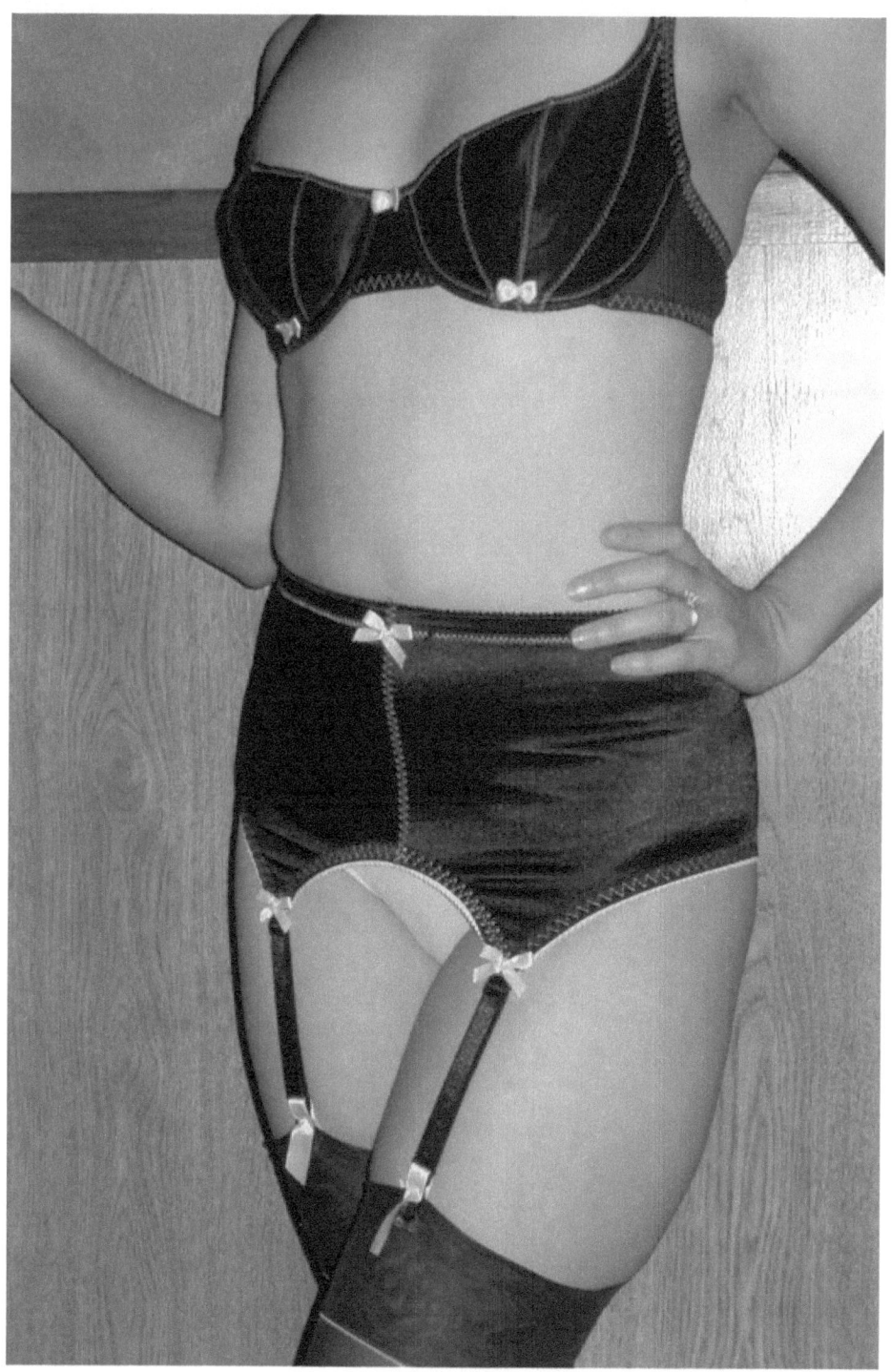

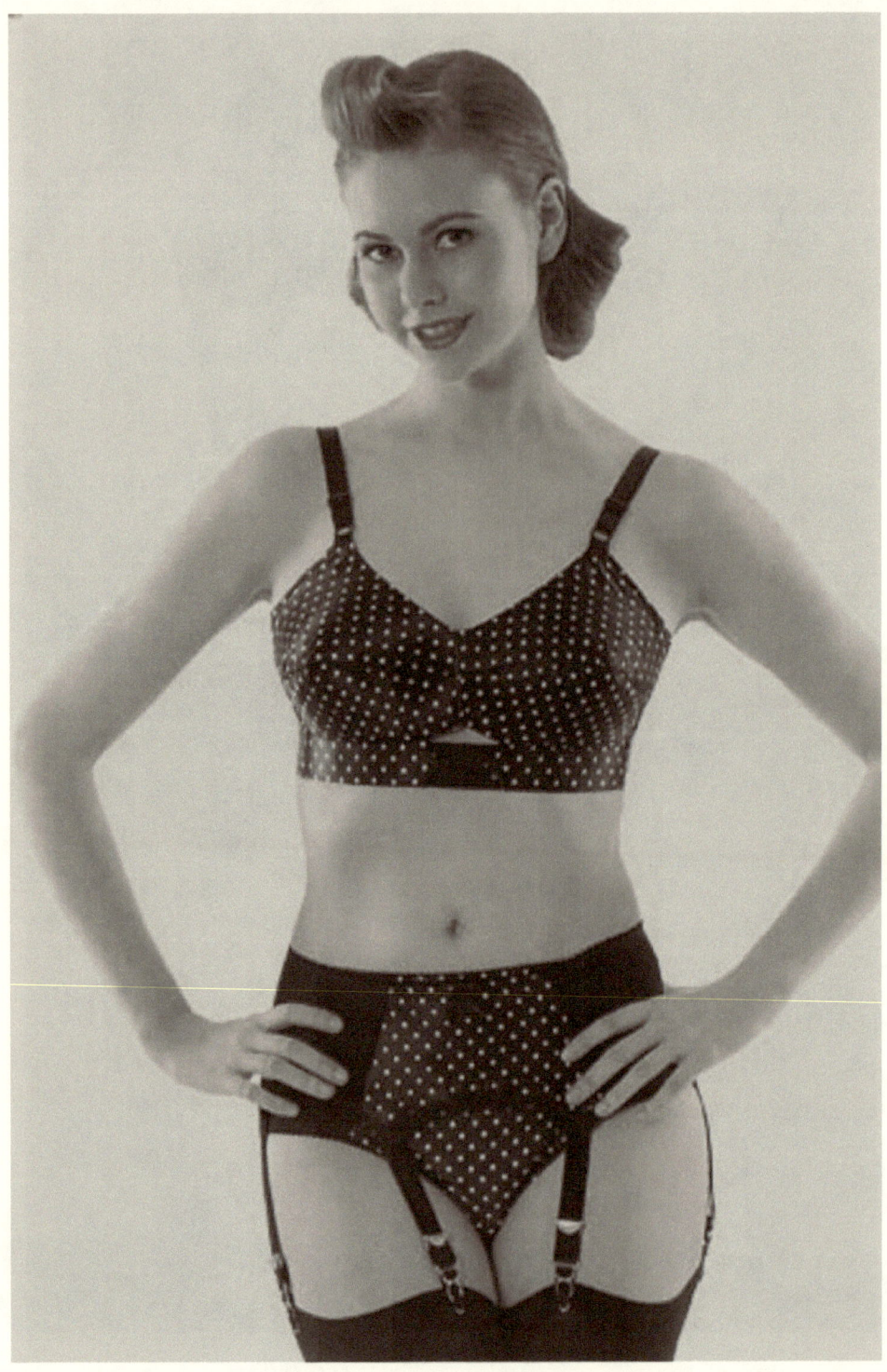

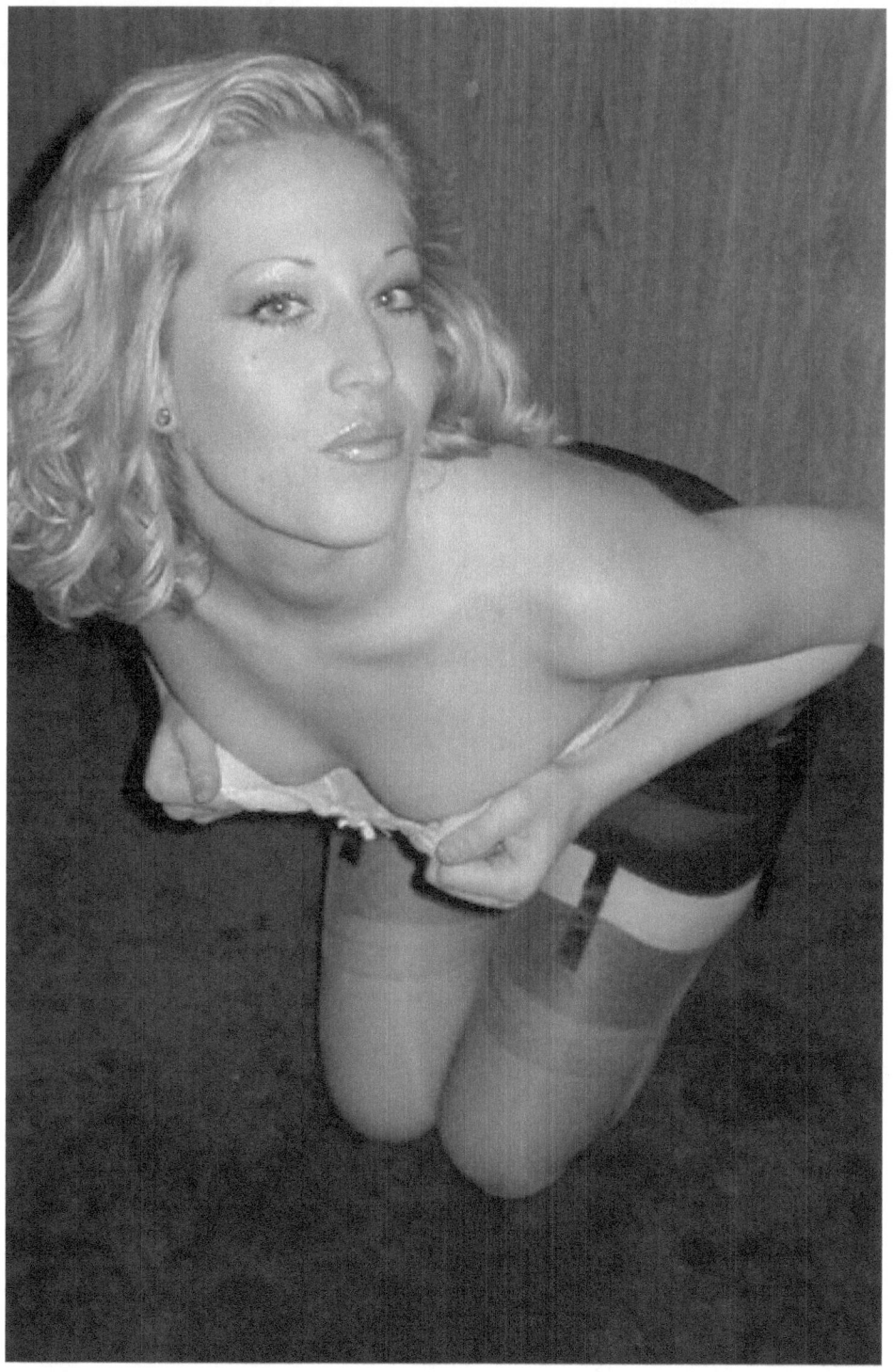

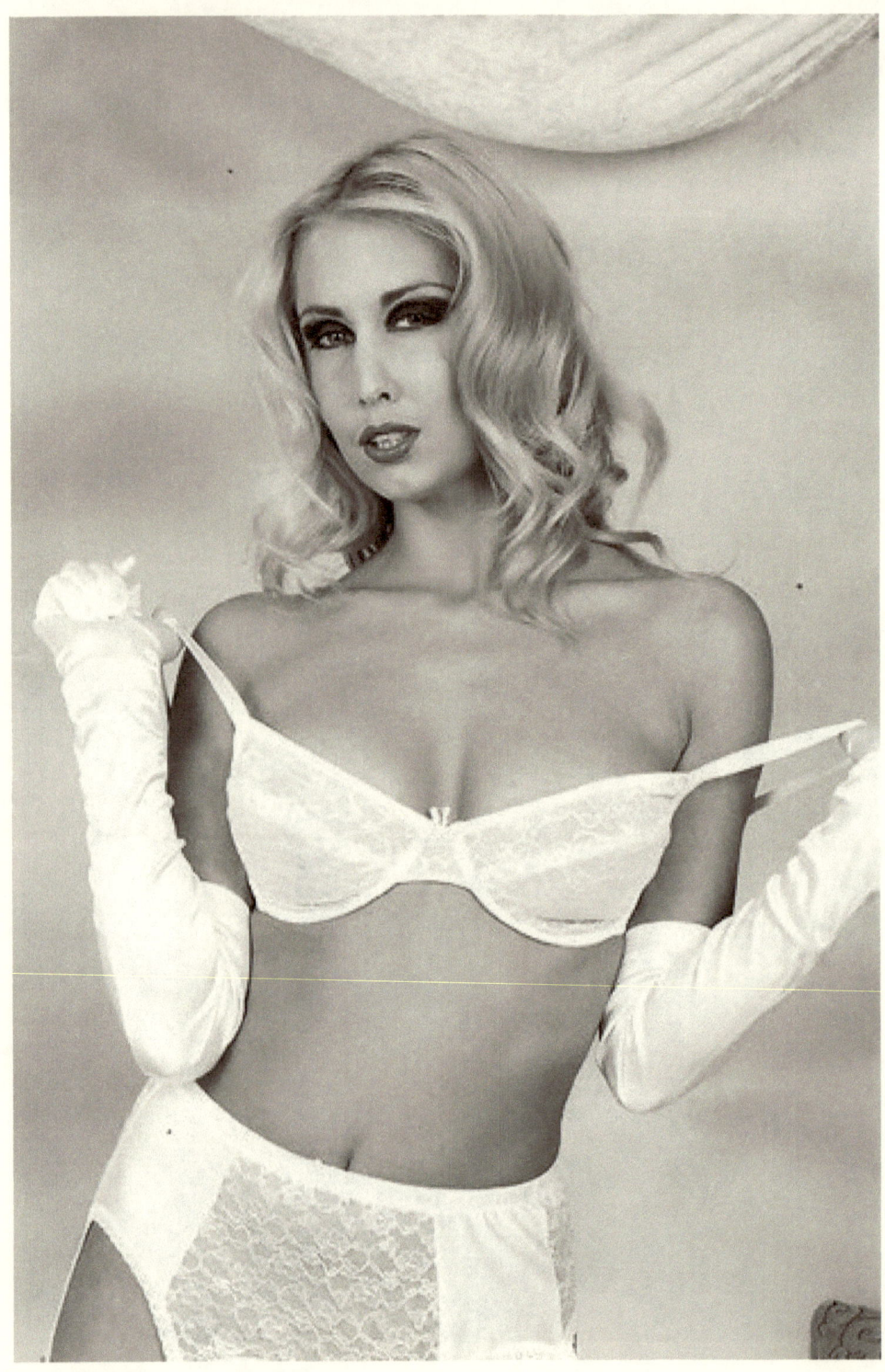

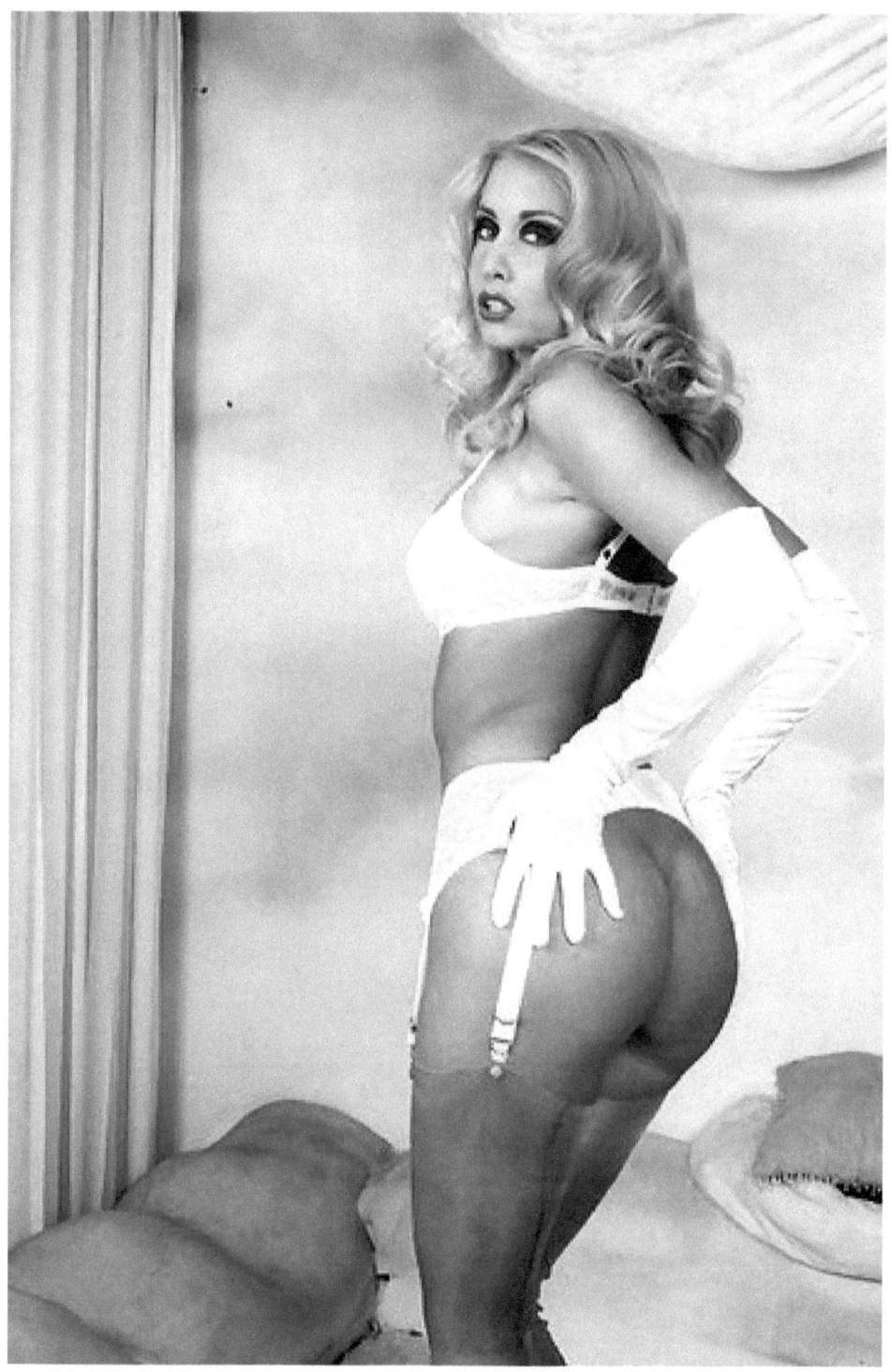

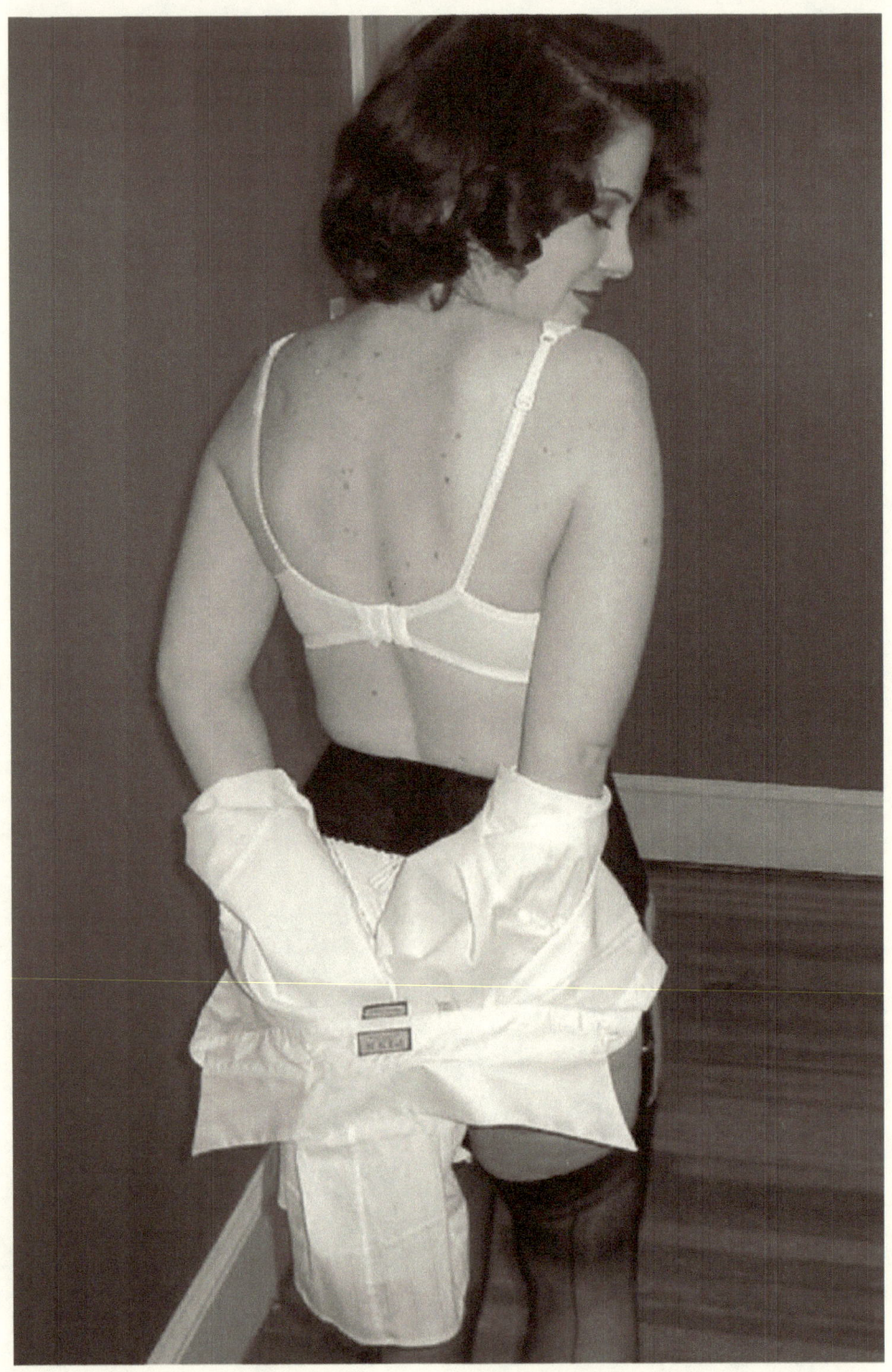

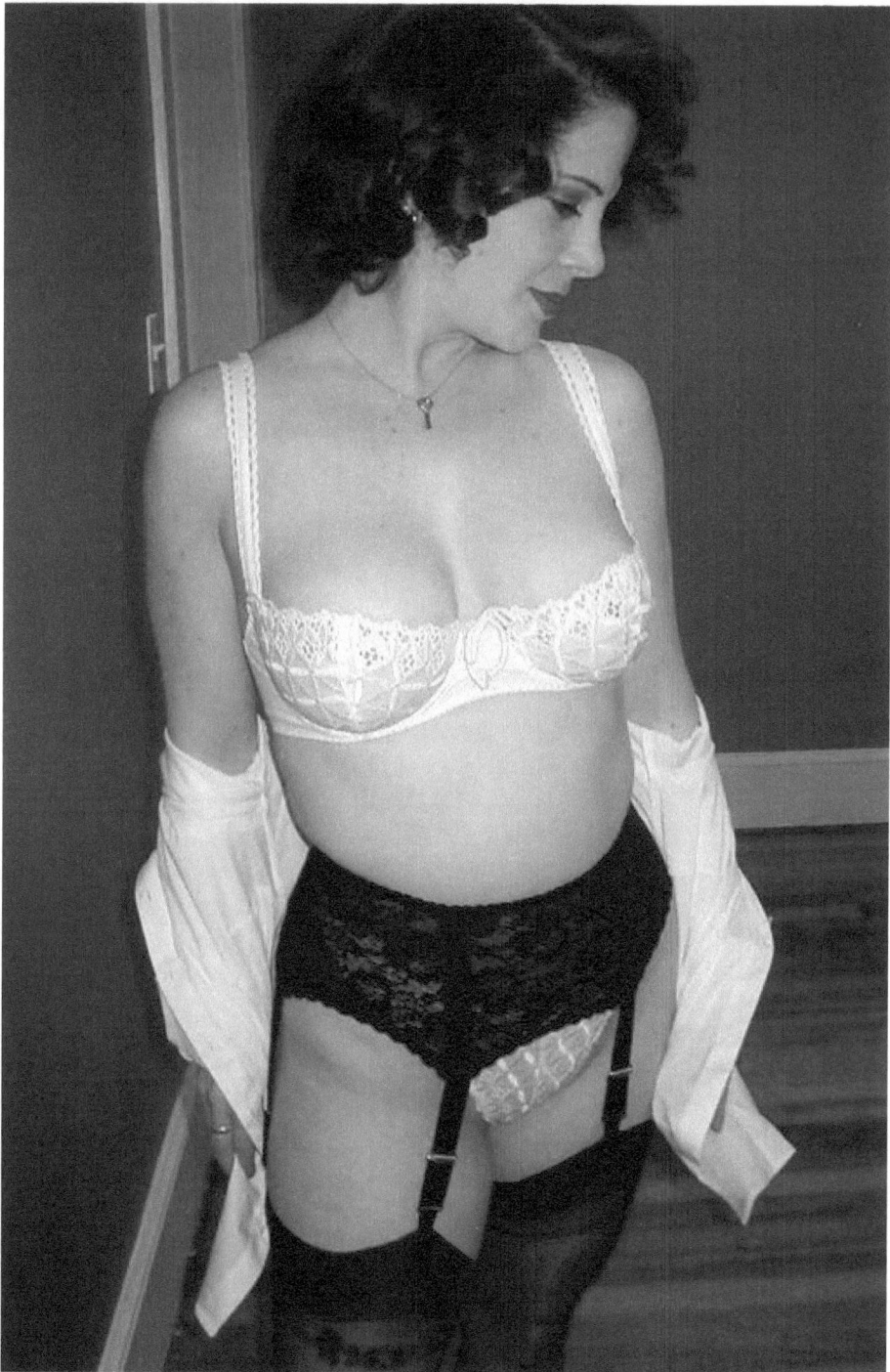

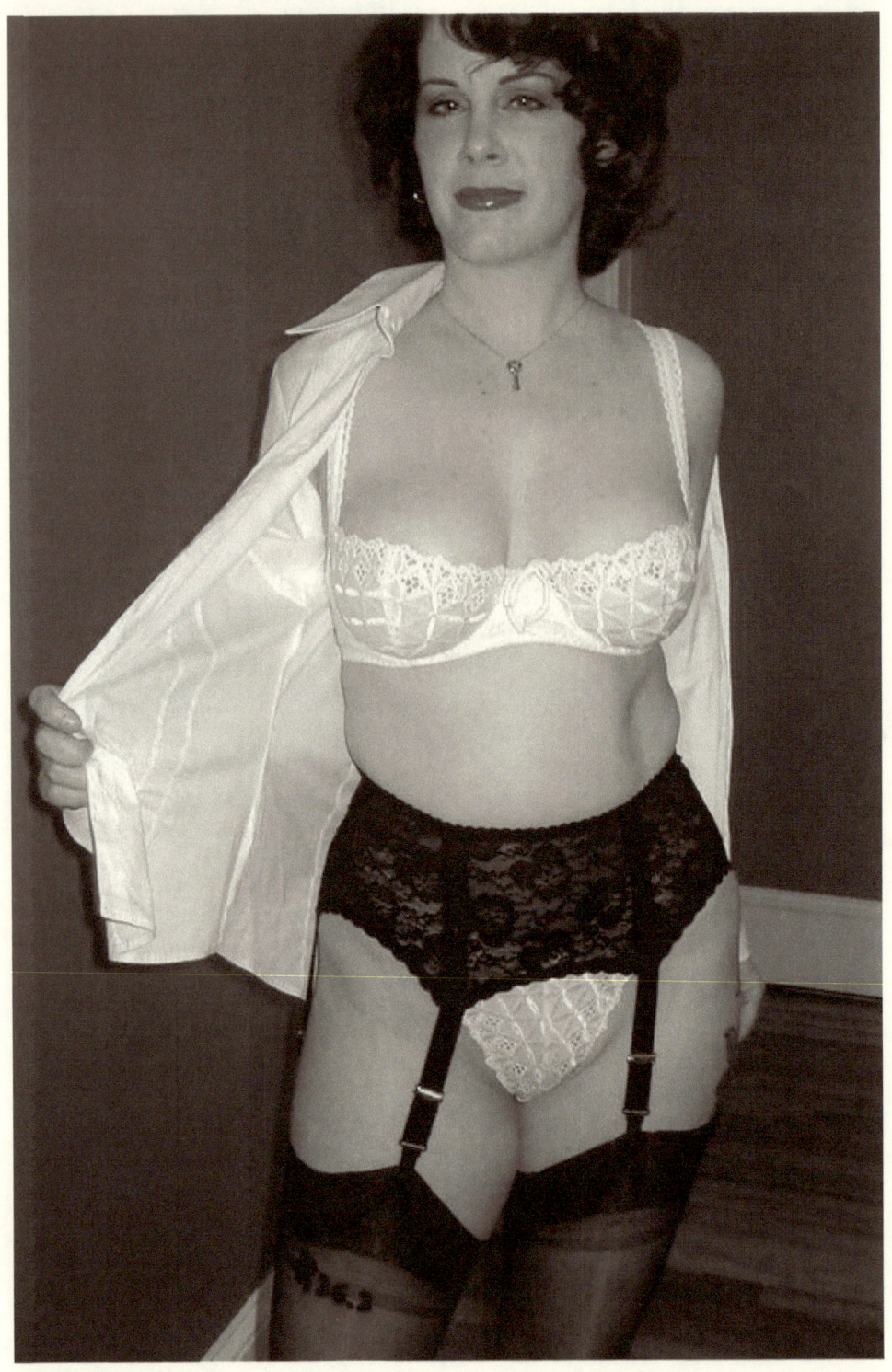

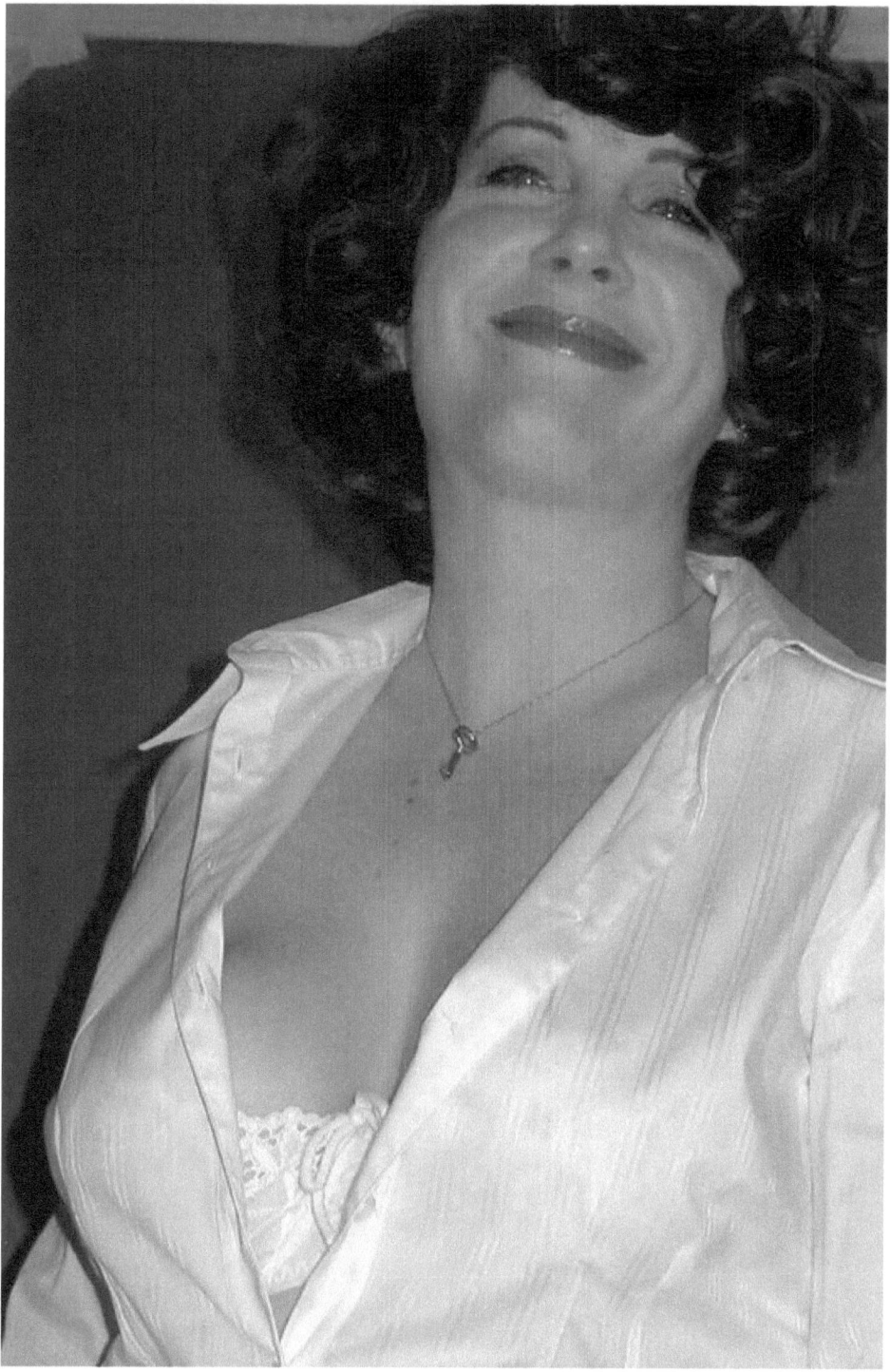

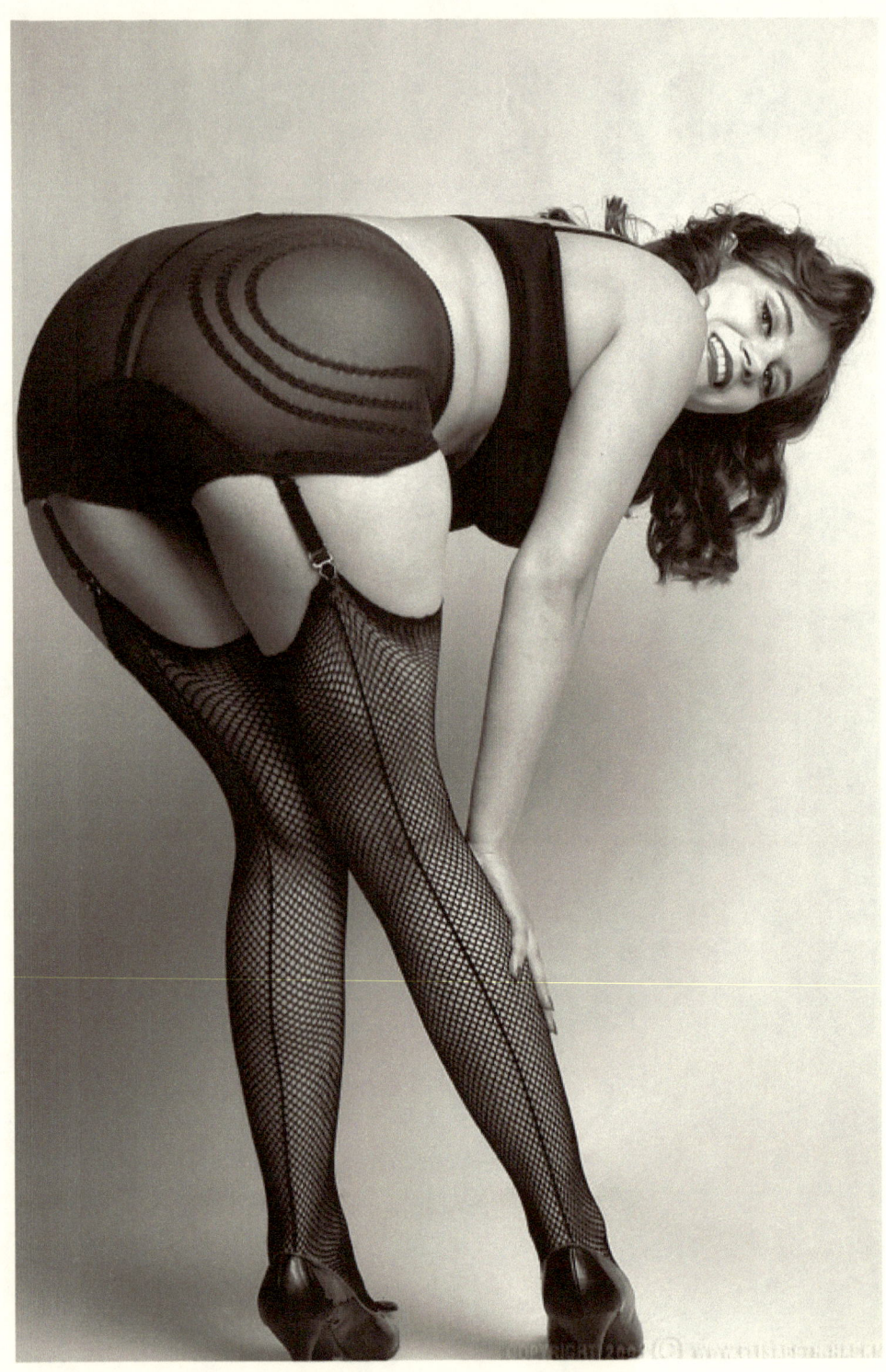

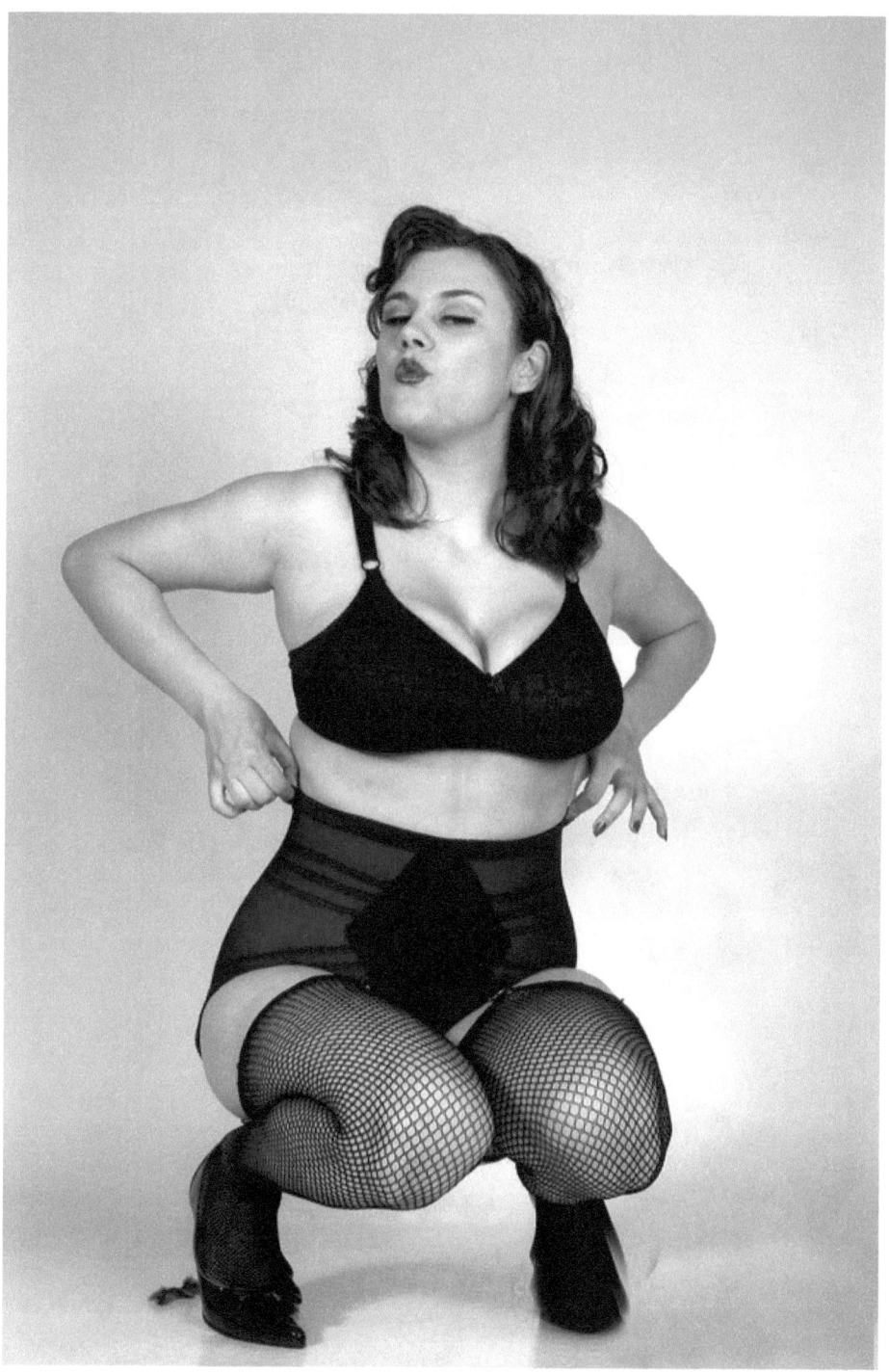

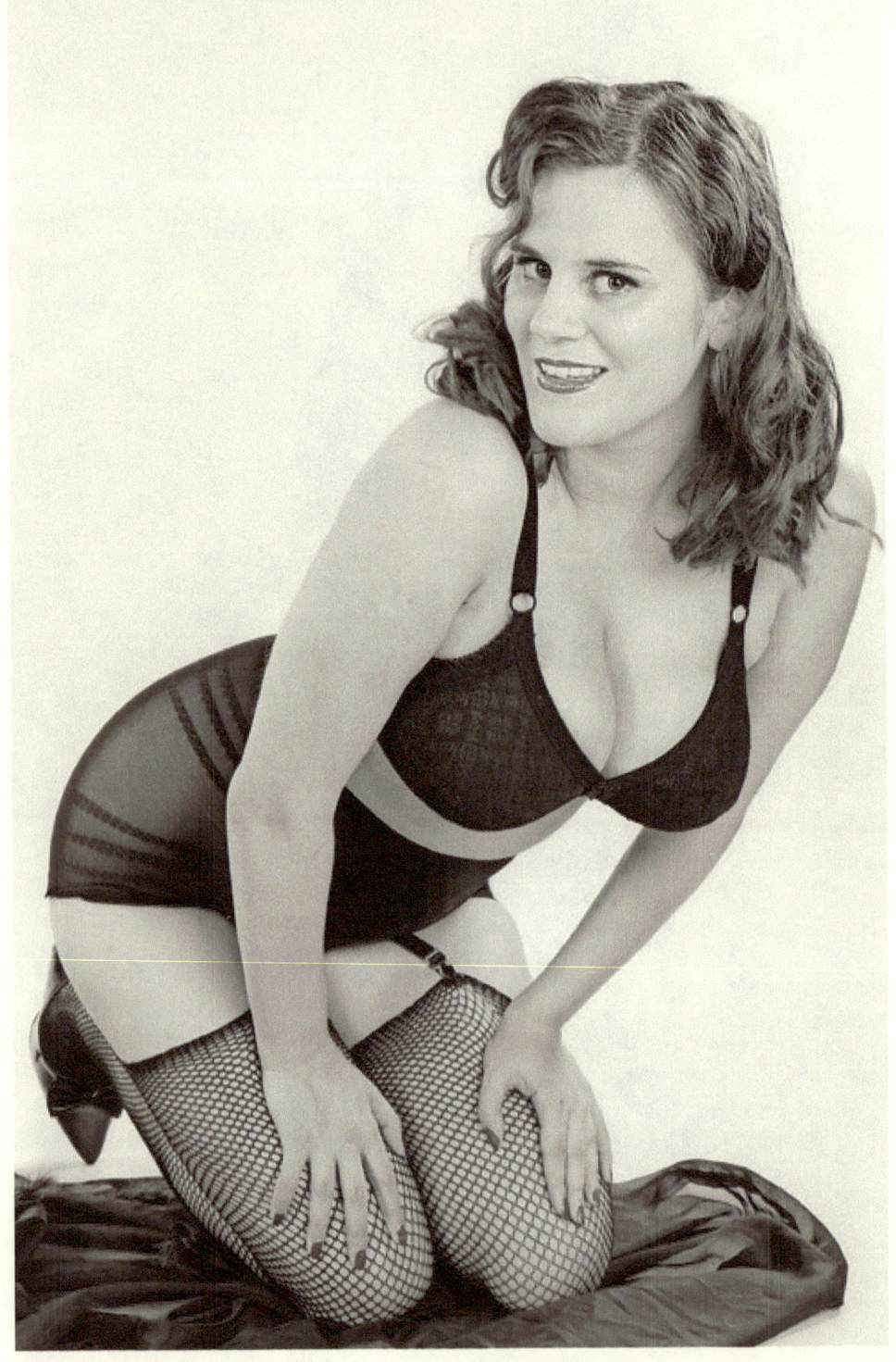

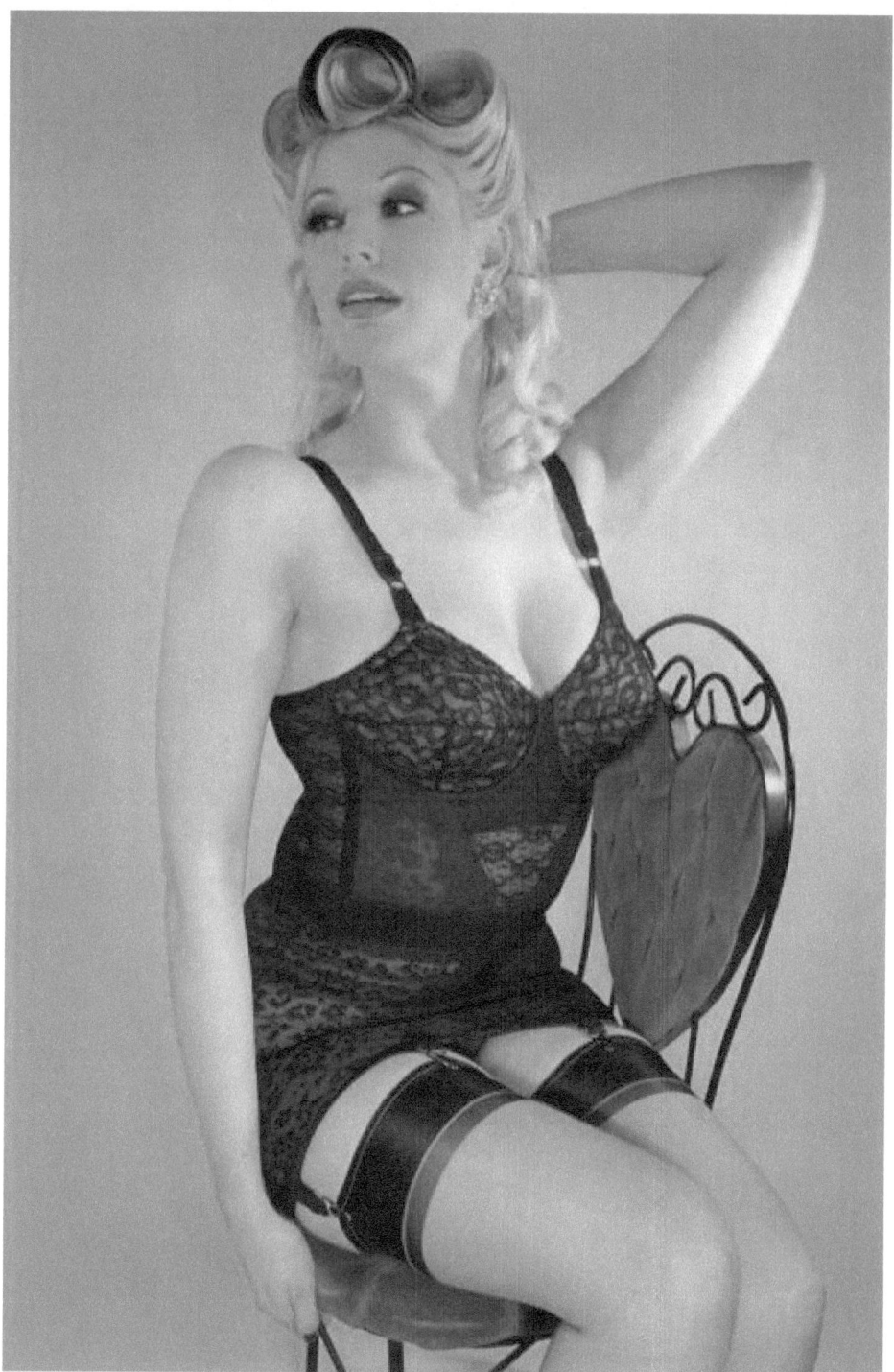

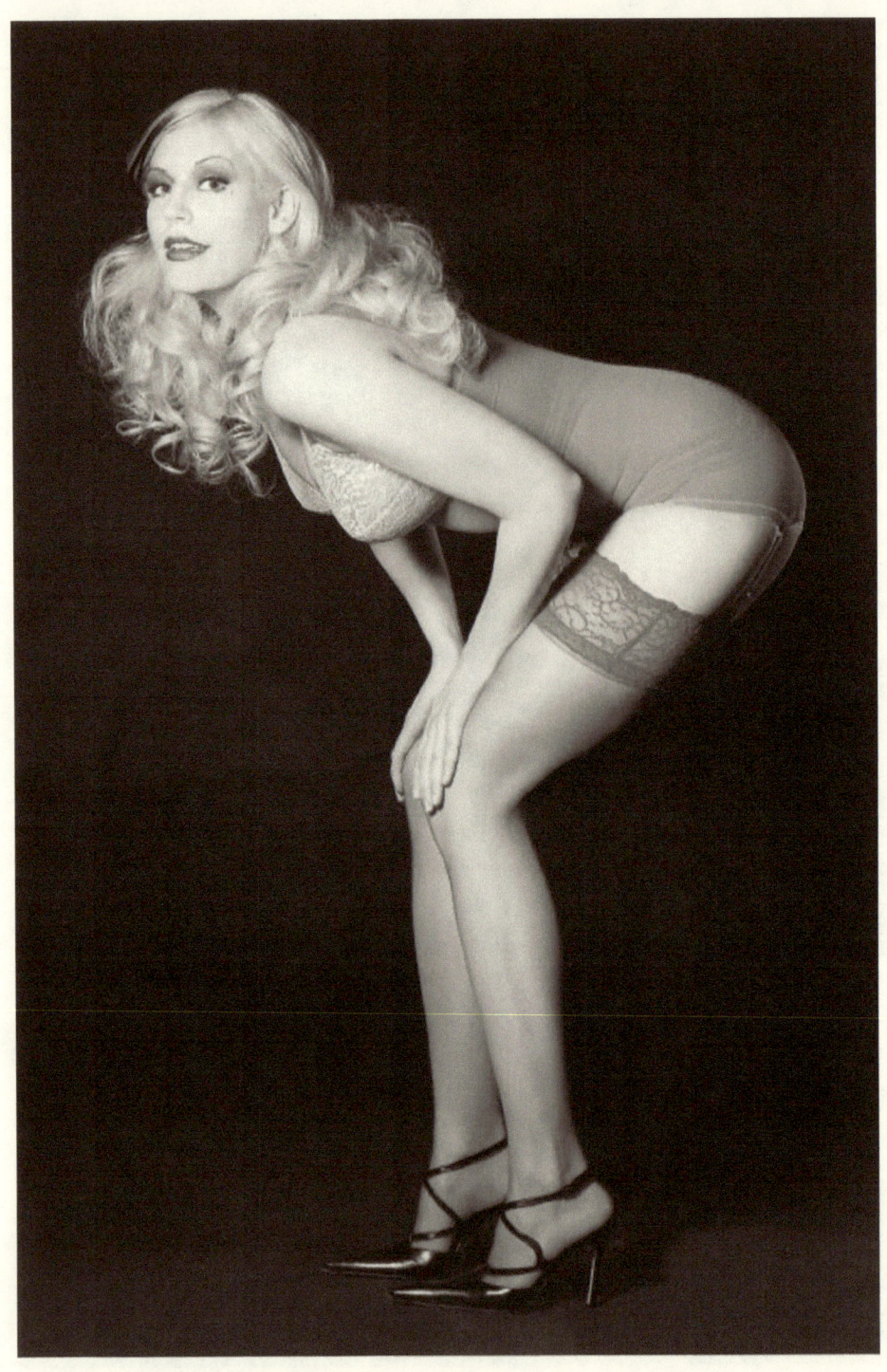

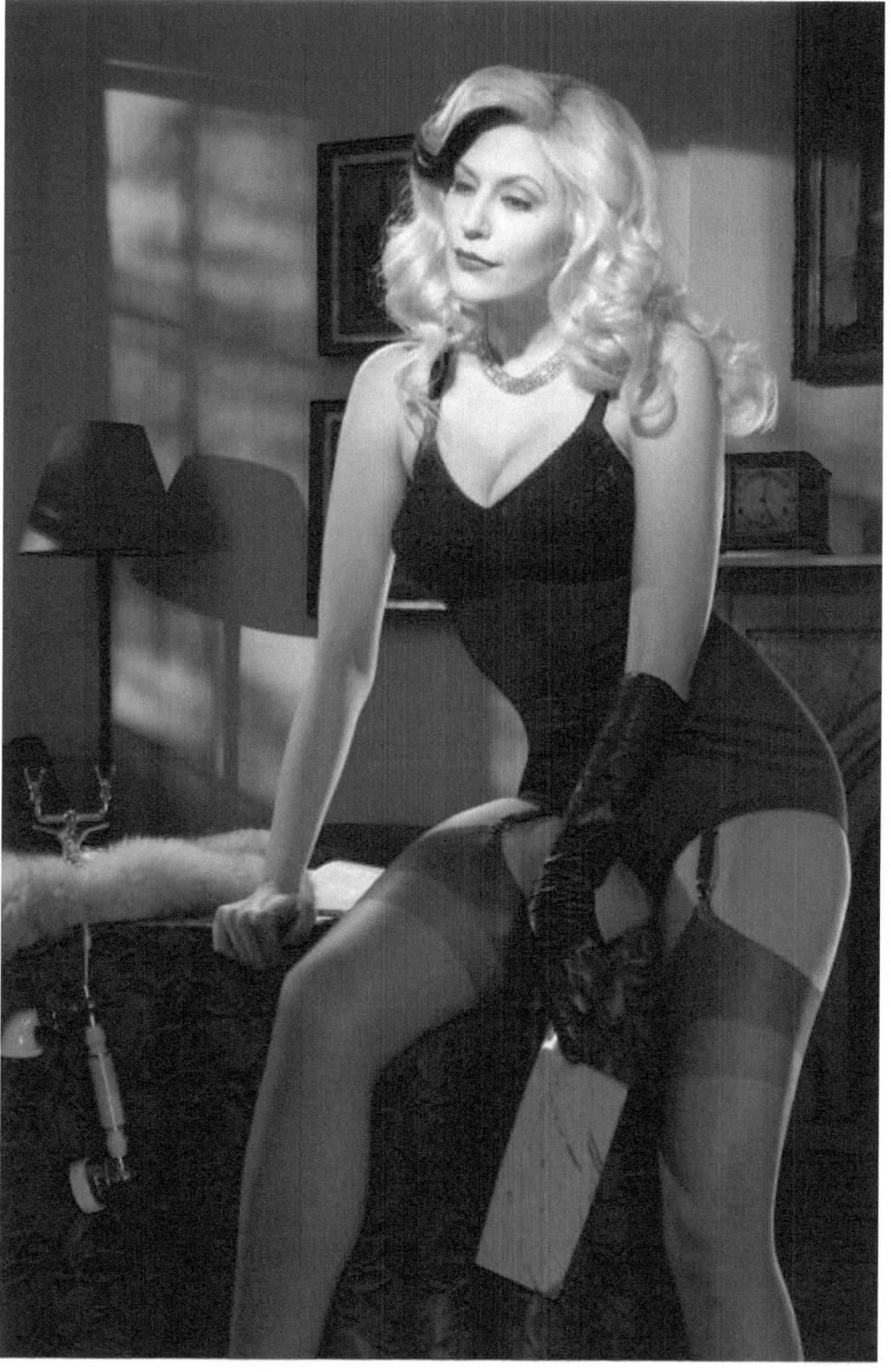

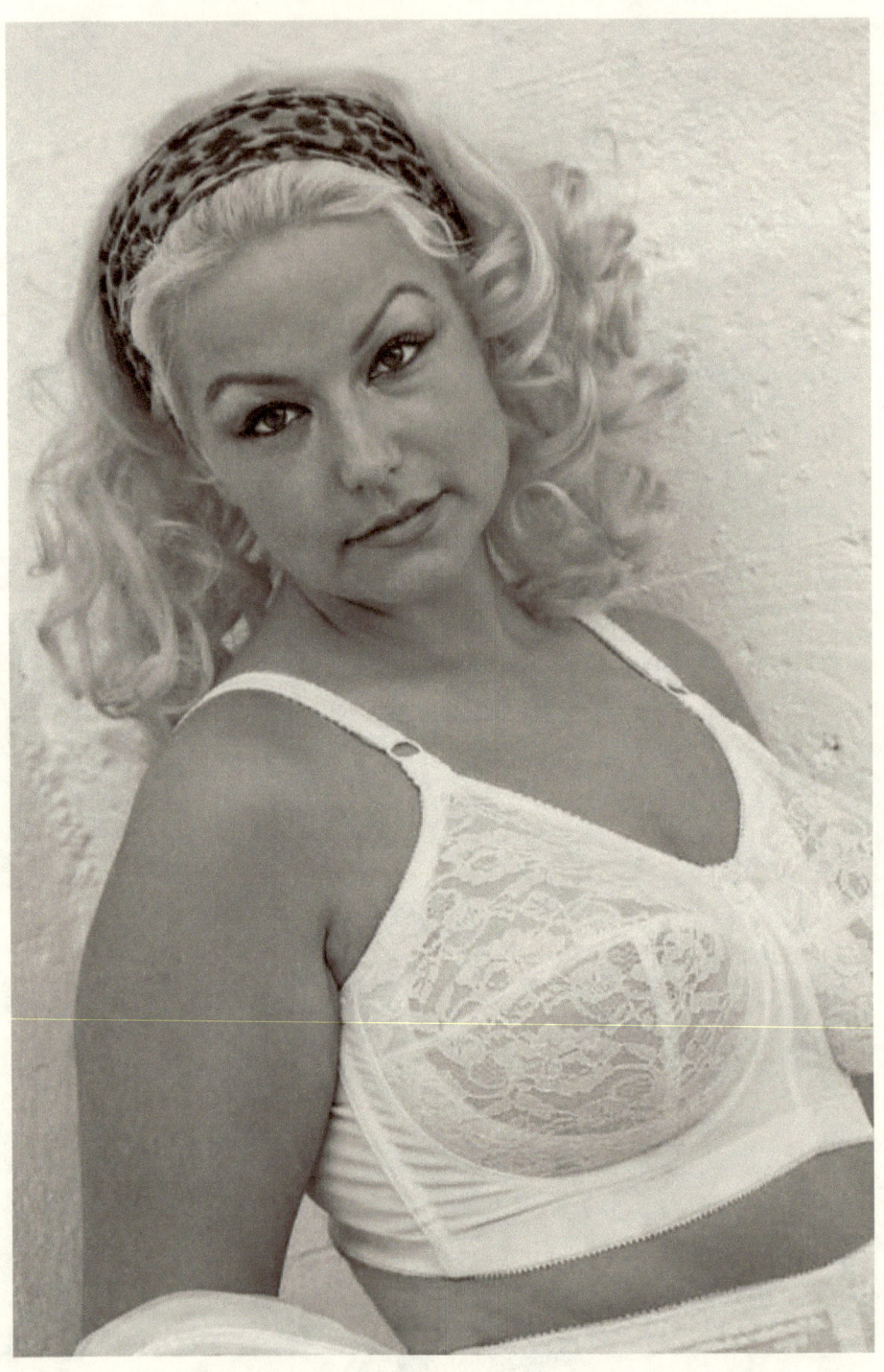

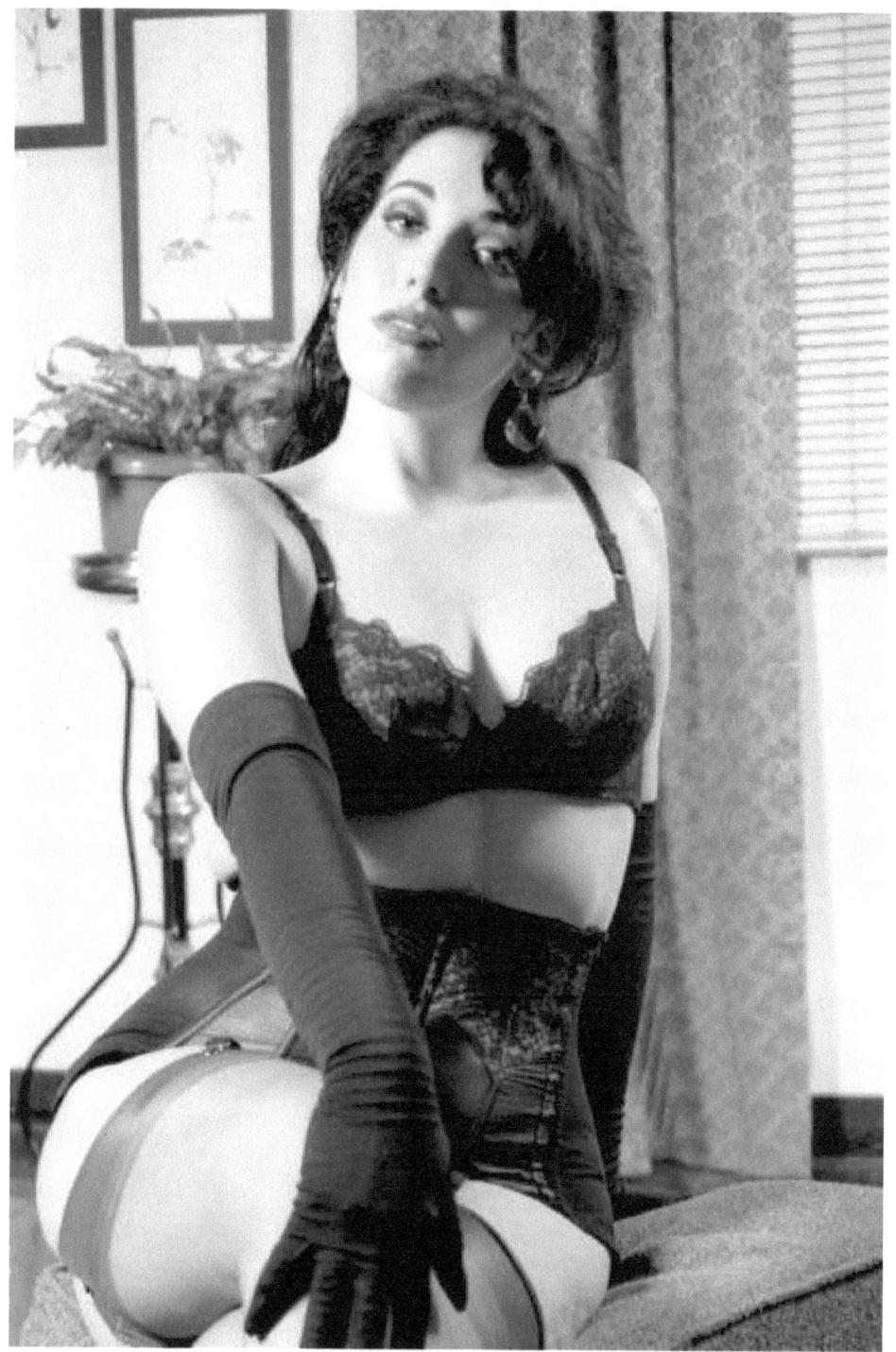